职业教育城市轨道交通系列创新教材

城市轨道交通行车组织

主　编　李意芬　黄　敏　王　玮
副主编　陆广华　刘秀丹

内容提要

全书分 11 个模块，内容包括城市轨道交通行车组织基础知识、城市轨道交通行车组织基本原理、城市轨道交通车站行车组织、城市轨道交通车辆段行车组织、城市轨道交通列车开行计划、城市轨道交通列车运行图编制、城市轨道交通行车调度工作、正常情况下的行车组织、非正常情况下的行车组织、列车折返方式与列车运输能力、城市轨道交通行车事故处理与预防等。

本书可作为职业院校城市轨道交通相关专业的教材，也可供相关技术人员作为参考之用。

图书在版编目（CIP）数据

城市轨道交通行车组织/李意芬，黄敏，王玮主编
.—上海：上海交通大学出版社，2017（2024 重印）
ISBN 978-7-313-16467-4

Ⅰ.①城… Ⅱ.①李… ②黄… ③王… Ⅲ.①城市铁路—行车组织—高等职业教育—教材 Ⅳ.①U239.5

中国版本图书馆 CIP 数据核字（2017）第 011168 号

城市轨道交通行车组织
CHENGSHI GUIDAO JIAOTONG XINGCHE ZUZHI

主　　编：李意芬　黄　敏　王　玮
出版发行：上海交通大学出版社　　地　　址：上海市番禺路 951 号
邮政编码：200030　　电　　话：021-64071208
印　　制：三河市骏杰印刷有限公司　　经　　销：全国新华书店
开　　本：787 mm×1 092 mm　1/16　　印　　张：14.5
字　　数：295 千字
版　　次：2017 年 1 月第 1 版　　印　　次：2024 年 7 月第 8 次印刷
书　　号：ISBN 978-7-313-16467-4
定　　价：43.00 元

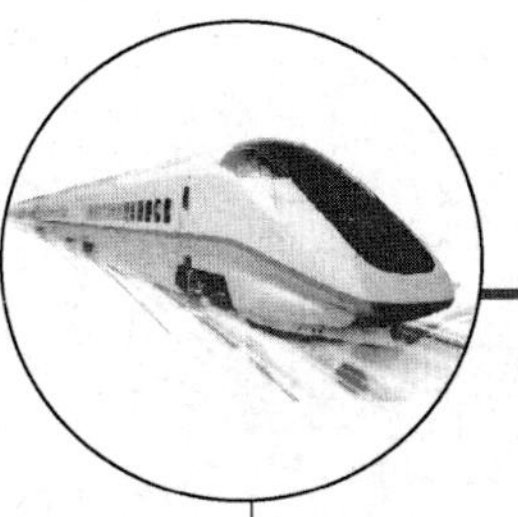

出版说明

近年来，我国经济持续快速发展，城市规模不断扩大，城市人口不断增加，导致城市交通拥堵问题日益严重，地面交通承载能力日显不足。在此形势下，大力发展轨道交通已经成为解决城市交通问题的重要手段。

截至2023年年底，中国内地共有59个城市开通运营城市轨道交通，城市轨道交通运营线路总长度达11 224.54 km。

我国正在经历着有史以来规模最大的城市轨道交通建设，城市轨道交通的高速发展带来了社会对城市轨道交通专业人才的巨大需求，同时，这样的需求也为职业教育城市轨道交通专业的发展带来了良好的契机。

为了适应和促进我国高等职业教育城市轨道交通专业教学的发展，规范城市轨道交通系列教材体系的建设，结合职业教育“校企合作，工学结合”的教学改革特点，我们特组织一批具有丰富教学经验的一线教师和企业人员编写了这套城市轨道交通系列规划教材。

本系列教材具有如下特色：

第一，严格遵循国家和行业现行标准与规范，同时结合国内各大城市轨道交通建设运营的实际情况组织编写。

第二，注重职业教育特点，采用项目式教学模式，侧重实际工作岗位操作技能的培养。

第三，注重理论与实践的有机结合，根据需要和实际情况有针对性地设置实训环节，以增强学生的实际操作能力。

为了支持“立体化”教学，我们特别为本系列教材精心策划了精品教学资料包，为广大读者提供丰富的教学资源，以满足网络化及多媒体等现代教学需求，有效提升教学质量。

希望各院校在使用本系列教材的过程中提出宝贵的意见和建议，我们将认真听取，不断完善本系列教材。

编审委员会

前言

随着我国经济的发展，城市规模不断扩大，城市人口呈现规模性增长，导致城市交通问题日益凸显。为了解决这一紧迫问题，我国各大城市在大力发展地面交通的同时，也将城市轨道交通（地铁）建设提上了日程。

城市轨道交通行车组织工作作为城市轨道交通运营的核心内容之一，需要多工种协同工作才能顺利完成，因此，无论是站务员、行车调度员、司机，还是检修员等，都需要掌握城市轨道交通行车组织的相关知识。本书为满足当前我国高等职业教育教学改革的需求，按照教育部职业教育国家规划教材编写指导思想和有关原则编写而成，以城市轨道交通系统行车专业岗位所需理论知识和操作技能为主，对城市轨道交通行车组织进行了全面而详细的讲解。

本书推荐学时安排如下表所示：

模　块	内　容	学　时
1	城市轨道交通行车组织基础知识	4
2	城市轨道交通行车组织基本原理	6
3	城市轨道交通车站行车组织	6
4	城市轨道交通车辆段行车组织	4
5	城市轨道交通列车开行计划	6
6	城市轨道交通列车运行图编制	6
7	城市轨道交通行车调度工作	4
8	正常情况下的行车组织	8
9	非正常情况下的行车组织	6
10	列车折返方式与列车运输能力	2
11	城市轨道交通行车事故处理与预防	2
总计		54

本书由李意芬、黄敏、王玮任主编，陆广华、刘秀丹任副主编。编写分工如下：模块1和模块6由陆广华编写，模块2和模块3由王玮编写，模块4和模块5由李意芬编写，模块7、模块8和模块9由黄敏编写，模块10、模块11和附录由刘秀丹编写。编者在编写过程中参考引用了国内外大量参考文献，在此向相关作者表示感谢。

由于编者水平有限，加之时间仓促，书中存在的疏漏和不足之处，敬请广大读者批评指正。

编　者

目录

模块 1 城市轨道交通行车组织基础知识

学习目标

(1)了解城市轨道交通对行车组织的要求。
(2)熟悉城市轨道交通系统的行车组织特点。
(3)知道城市轨道交通系统的主要行车设备。

学习重点

(1)城市轨道交通系统的行车组织特点。
(2)城市轨道交通系统的主要行车设备。

1.1 城市轨道交通对行车组织的要求

行车组织是城市轨道交通系统完成运营任务的核心,它担负着指挥列车运行、保证行车安全、提高运输效率的主要任务,它的优劣直接影响着乘客运输任务的完成情况。城市轨道交通对行车组织工作提出了很高的要求,主要表现在以下几个方面:

1. 安全性要求高

由于城市轨道交通,尤其是地下部分隧道空间较小,行车密度较大,故障排除难度大,若发生事故难以救援,将会造成非常严重的损失,因而,保障行车安全是行车组织工作的首要任务,这也对行车组织工作提出了更高的安全性要求。

2. 通过能力要求大

城市轨道交通一般不设站线,进站列车均停在正线上,现行列车停站时间直接影响后续列车接近车站,所以要求信号设备必须满足通过能力的要求。另外,不设站线使得列车正常运行的顺序是固定的,将有利于实现行车调度自动化。

3. 计划性要求强

城市轨道交通行车组织要有完善的行车计划且日常当中要严格遵守，即按图行车。在运营期间，各部门都要以运行图为依据，按照行车组织规则组织列车运行，列车发车时刻、停站时间、发车密度、运行交路等都需要提前制订计划。

4. 可靠性要求高

由于城市轨道交通隧道净空小，且装有带电的接触轨或接触网，行车时不便维修和排除设备故障，因而要求信号设备具有很高的可靠性，应尽量做到平时不维修或少维修。

5. 信号显示要求高

城市轨道交通地面信号机少，地下部分背景暗且不受天气影响，虽然直线地面瞭望条件好，但曲线地段受隧道壁的遮挡，信号显示距离受到限制，所以保证信号显示也是一个重要的方面。

6. 自动化程度要求高

城市轨道交通站间距短，列车密度大，行车工作十分频繁，而且地下部分环境潮湿，空气不佳，没有阳光，工作条件差，所以要求尽量采用自动化程度高的先进技术设备，以减少工作人员的数量，并减轻他们的劳动强度。

7. 限界条件要求严格

受土建限界的制约，要求城市轨道交通的室外设备及车载设备体积小，同时必须兼顾施工和维护作业空间。

1.2 城市轨道交通系统的行车组织特点

城市轨道交通的信号系统沿袭铁路的制式，但由于其自身的特点，与干线铁路有所不同：城市轨道交通在整个运输生产过程中调车作业甚少，行车组织基本上只从事列车运行组织和接发列车工作，由调度所（或中央控制室）和车站（车场）两级控制完成。城市轨道交通系统的行车组织具有以下特点：

1. 具有完善的列车速度监控功能

城市轨道交通所承担的客运量巨大，对行车间隔的要求远高于干线铁路，最短行车间隔达到 1.5 min 甚至更短，因此对列车运行速度监控的要求极高。

2. 联锁关系较简单，但技术要求高

城市轨道交通的大多数车站没有配线，不设道岔，甚至也不设地面信号机，仅在少数有岔联锁站及车辆段才设置道岔和地面信号机，故联锁设备的监控对象远少于干线铁路车站的监控对象，联锁关系远没有干线铁路复杂，除折返站外，全部作业仅供乘客乘降，非常简单。通常一个控制中心即可实现全线的联锁功能。

城市轨道交通信号自动控制最大的特点是把联锁关系和列车自动防护系统编/发码功能结合在一起，且包含一些特殊的功能，如自动折返、自动进路、紧急关闭、扣车等，增加了技术难度。

3. 车辆段独立采用联锁设备

城市轨道交通车辆段的功能类似于干线铁路区段站的功能，包括列车编解、接发列车和频繁的调车作业，线路较多，道岔较多，信号设备较多，一般独立采用一套联锁设备。

4. 行车调度自动化水平高

由于城市轨道交通的线路长度短，站间距离短，列车种类较少，行车规律性很强，因此它的调度系统中通常包含自动排列进路和运行自动调整的功能，自动化强度高，人工介入极少。

1.3 城市轨道交通系统的主要行车设备

城市轨道交通系统是由各种先进的设施和设备组成的，行车设备主要由车辆、线路、车站、车辆基地、轨道、信号系统、列车自动控制系统、通信系统、供电系统等构成。

1.3.1 车辆

车辆是城市轨道交通系统完成乘客运输任务的工具，同时也是整个城市轨道交通系统中最关键、技术含量高且集中的机电设备。从行车组织的角度来说，车辆是城市轨道交通行车组织工作的直接管理对象。根据功能的不同，其分为客车和工程车两种。

1. 客车

客车型号和技术参数不仅是确定线路技术标准的基础，也是确定系统运营管理模式和维修方式的基本条件，而且还是进行系统设备选型和确定设备规模的重要依据。城市轨道交通车辆的类型不同，其技术参数也不同，但其结构基本相同。一般城市轨道交通车辆主要由车体、车门、车钩及缓冲装置、转向架、制动装置等组成。

(1)车体。城市轨道交通车辆车体采用大断面铝合金型材或不锈钢材全焊接结构，底架、侧墙、车顶、端墙分别组焊后再在总焊装台上被焊接成整个车辆壳体。采用整体承载结构，可充分发挥车体各个构件的强度，提高车体的整体刚度，减小车辆自重，降低牵引能耗。

客室内装包括地板、预制成型的顶板、侧墙板、端墙板、侧顶盖板、车窗、空调系统进气排气口等，客室内一般安装有乘客座椅、照明灯、立柱扶手、灭火器、乘客文字信息显示器或图像显示屏、广播喇叭、乘客司机对讲装置、紧急开门装置、车门状态指示灯、安全监控摄像头、电气控制柜等。

(2)车门。城市轨道交通车辆车门包括客室车门、司机室侧门、客室与司机室通道门、司机室前端疏散门。

客室车门主要有内藏门、外挂门、塞拉门3种结构形式。由于客室车门关系到乘客的安全，要求在运行中可靠锁闭，在设计上通过监测装置将车门状态与列车的牵引指令电路联锁。同时，为了应对故障或意外的紧急情况，每个车门都配置了可现场操作的切除装置和紧急开门装置。

(3)车钩及缓冲装置。车钩及缓冲装置装在底架牵引梁上，是车辆的一个安全部件，其作用有以下几个：

①将车辆互相连挂，连接成为列车。

②传递纵向牵引力和冲击力。

③缓和车辆之间的动力作用。

④实现电路和气路的连接。

(4)转向架。转向架是车辆中一个关键的系统，涉及车辆的运行品质及乘客运输安全，是列车牵引力、车辆载荷和轨道外力的直接承受者。

转向架主要由构架、轮对、一系悬挂、二系悬挂、中央牵引装置、牵引电机(动车)、齿轮箱、联轴节、空气管路、制动单元等组成。

(5)制动装置。城市轨道交通车辆必须安装制动系统。制动系统的作用就是根据需要使车辆按规定减速、停车。制动系统由制动控制系统和制动执行系统组成。其中，制动执行系统分为摩擦制动、电气制动和磁轨制动等形式。

①摩擦制动。摩擦制动又称为机械制动，分为闸瓦制动和盘型制动。闸瓦制动又称为踏面制动，它是由闸瓦压紧车轮的踏面产生阻力实现制动；盘型制动就是在车轴上安装制动盘，通过闸片夹紧制动盘产生的阻力实现制动。

②电气制动。电气制动分为能耗制动和再生制动。能耗制动也称为电阻制动，它是将列车的动能经牵引电机及控制转换为电能消耗在电阻上。再生制动就是将列车的动能经牵引电机及控制转换为电能反馈到供电线路上。电气制动须与机械制动相配合。

③磁轨制动。磁轨制动是用电磁铁与钢轨间的作用力实施制动的。

2. 工程车

在城市轨道交通车辆中还有一种工程车，它的作用是维护线路设备设施，并负责突发事件处理、事故救援工作。按照用途不同，工程车可分为内燃机牵引车、轨道牵引车、接触网线车、起重车、清扫车、平板装卸车等。

1.3.2 线路

线路是城市轨道交通系统中车辆和列车运行的基础设施，它不仅确定了列车在城市三维空间的走向，而且是城市轨道交通安全、快速运行的前提条件。

1. 城市轨道交通线路的特点

城市轨道交通线路具有以下特点：

(1)城市轨道交通线路一经建成，无论是在地下、地面还是在地面以上，其位置的改变都十分困难，建成后的改建会引起周围建筑、道路等很大的拆迁工程，并破坏多年来逐渐形成的协调的环境。因此，线路设计要做长期的考虑。

(2)城市轨道交通线路一般为双线，通常每条线路设有一个车辆段和一个停车场。线路车站没有经常性的调车作业，为节省用地，一般车站不设到发线，车辆集中停放在车辆段或停车场。

(3)市内客运的运距短，且全面地分布在整个城市区域内，为保证线路的客流吸引力，通常站距设置为 1～2 km，因此站点设置密，停车频繁。

(4)由于线路各站点的吸引范围小，城市客流可容忍的等待时间较短，因而要求发车间隔时间不能太长，一般不超过 10 min。又因为短时间里聚集的客流量有限，所以列车编组长度通常为 4～8 节车厢，较城际列车的编组长度短。

2. 城市轨道交通线路的分类

城市轨道交通线路可分别按线路铺设的空间位置和线路在运营中的作用进行分类。

（1）按线路铺设的空间位置分类。城市轨道交通线路按其铺设的空间位置来分主要有地下线路、地面线路、高架线路 3 种类型，如图 1-1 所示。同一条轨道交通线路根据实际走向及线路区域分布可采用上述 3 种不同的空间布置方式。较为理想的铺设方式是在市中心人口、建筑密集，土地价值较高的区域，采用地下方式设置城市轨道交通线路，也可适当布置为高架方式；而在城市边缘区或郊区，则宜采用地面线路或高架线路。

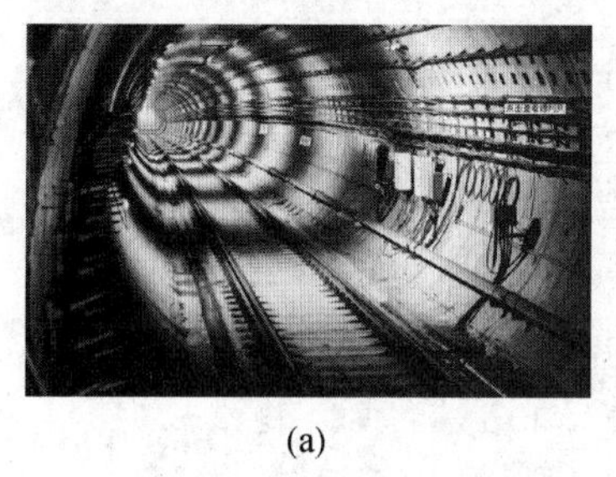

(a)

(b)

(c)

图 1-1 线路按其铺设的空间位置分类

(a)地下线路 (b)地面线路 (c)高架线路

①地下线路。地下线路常用于地下铁道系统，铺设于地下隧道内。隧道分为圆形隧道和矩形隧道，一般区间隧道为圆形隧道，站台两端为矩形隧道。隧道的开挖一般有明挖法和暗挖法，目前国内外普遍采用的是暗挖法中的盾构法。根据线路与城市道路的关系，城市轨道交通地下线路的平面位置主要有线路位于道路规划红线范围内和线路位于道路规划红线范围外两种情况（道路规划红线是指道路用地的边界线）。

地下线路与地面道路交通完全分离，基本不占城市地面空间，不受气候影响，建成运营后对道路交通及城市景观没有影响。但由于线路设于地下，需要较高的施工技术，较先进的管理，完善的环控、防灾措施，因而工程造价较高，运营成本较高，而且建设过程会影响地面交通，改造调整与线路维护均较困难。

目前，地下线路大多采用混凝土整体道床，主要由隧道、整体道床、侧沟、轨枕（混凝土长枕、混凝土短枕、支撑块等）、钢轨、扣件、钢轨联结零件等组成。

②地面线路。地面线路直接铺设于路面上，占用路面面积，对道路交通有很大影响。地面线路普遍采用碎石道床。碎石道床线路造价低，道床弹性好，但稳定性较差，运行噪声较大。由于地面线路直接铺设在地面上，因而施工简便，工程造价较低，运营成本低，线路调整与维护方便，但占地面积较多，会破坏城市道路路面，且运营速度难以提高，容易受气候影响。

在城市道路上铺设地面线路，一般有两种位置：一种位于道路中心带上，另一种位于快车道一侧。地面线路设置如图 1-2 所示。

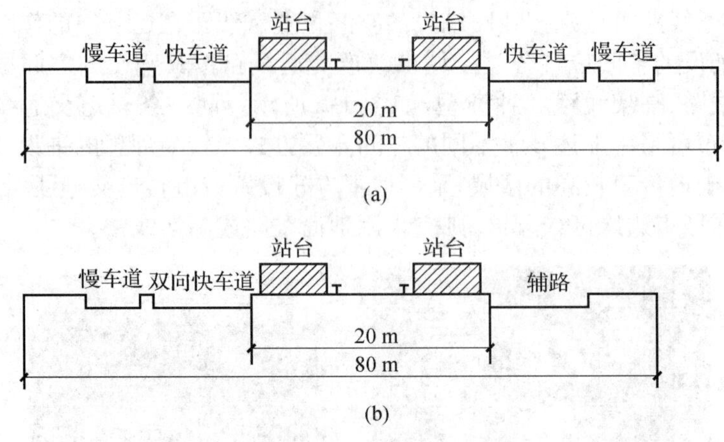

图 1-2　地面线路设置

(a)位于道路中心带上　(b)位于快车道一侧

地面线路主要由路基、碎石道床、侧沟、轨枕(木枕、混凝土枕)、钢轨、扣件、钢轨联结零件等组成。

③高架线路。高架线路的铺设于城市高架桥上，是城市轨道交通中一种重要的线路铺设方式。其一般沿城市道路一侧或中央铺设。桥面轨道线路大多采用混凝土整体道床。高架线路的铺设工程造价介于地下线路和地面线路之间。

高架线路结构稳定，比地面线路占地少，不影响地面道路交通；施工、维护、管理、环境控制、防灾等方面较地下线路方便。但采用高架桥形式会影响城市景观，线路容易受气候变化影响，占用一定的城市用地，列车运行时的噪声对沿街区域影响较大。

高架线路主要由高架桥、整体道床、侧沟、混凝土支撑块、钢轨、扣件、钢轨联结零件等组成。

(2)按线路在运营中的作用分类。城市轨道交通线路按其在运营中的作用分为正线、折返线、渡线、停车线、联络线、检修线、试验线、出入段(场)线、洗车线、安全线等。城市轨道交通线路的整体布置如图 1-3 所示。

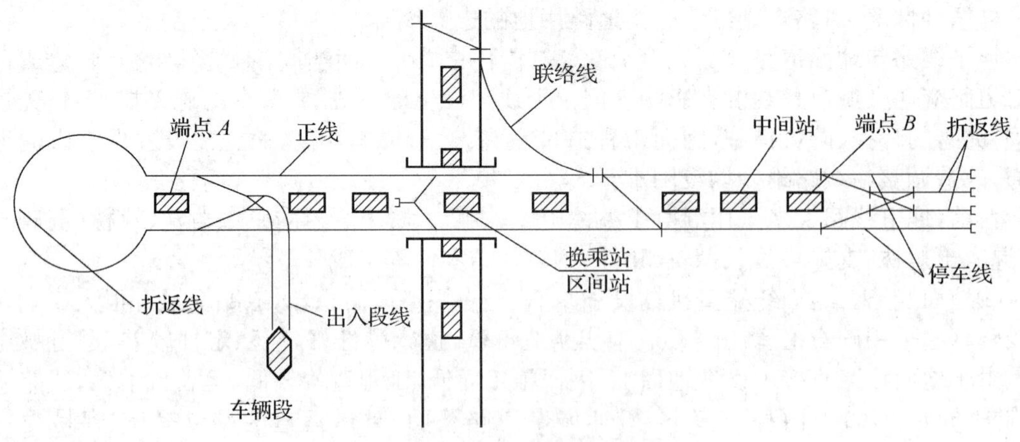

图 1-3　城市轨道交通线路的整体布置

①正线。正线是指连接所有车站、贯穿运营线路始终点、供车辆载客运行的线路，如图 1-4 所示。正线行车速度高，密度大，且要保证行车安全和乘车舒适性，对线路标准要求较高。正线与其他交通线路相交处一般采用立体交叉；在特殊条件下（如运营初期），两条线路或交通方式的运量均较小时，经过计算，通过能力满足要求时，也可考虑采用平面交叉。

图 1-4　正线

城市轨道交通系统的正线是独立运行的线路，大多数线路为全封闭，一般设计为双线，采用上、下行分行，实施右侧行车惯例，以便与城市地面交通的行车规则相吻合（世界上绝大部分国家的城市道路交通均实行右侧行车规则，也有部分国家的城市道路交通实行左侧行车规则）。一般南北走向的线路，向北的为上行，向南的为下行；东西走向的线路，向东的为上行，向西的为下行；环形线路内圈为上行，外圈为下行。

②折返线。折返线是指设在线路两端终点站或准备开行折返列车的区间站，方便列车调头、转线及存车等的线路。

城市轨道交通线路一般都较长，全线的客流分布不太均匀，这时可组织区段运行。区段运行是指列车根据运行调度的要求，在端点站与中间站之间或在中间站与中间站之间进行列车折返调头。故在这些地方需要设置折返线，折返线的形式应能满足折返能力的要求。折返线除了供运营列车往返运行时的调头转线使用外，有些也可以作为夜间存车使用。

折返线有以下几种折返方式：

a. 环形折返线。环形折返线俗称灯泡线，如图 1-5 所示。

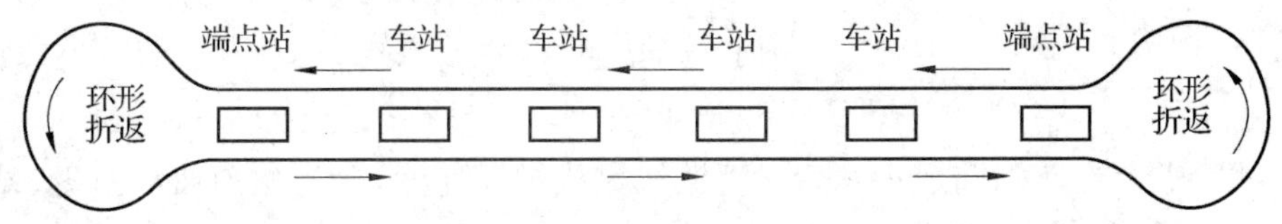

图 1-5　环形折返线

环形折返线是将端点折返作业转化为沿一个环形单线区段运行的作业，实质上取消了折返过程，变为区间运行，有利于列车运行速度的发挥，消除了因折返作业而形成的线路通过能力限制条件，是一种有利于提高运营效率的折返方法。

环形折返线中环线占地面积较大，尤其是在地下修建时难度更大，投资较高；环线折返丧失了一端停车维护、保养、检查的机动线路，对车辆技术要求和运行组织要求较高。线路机动性下降，线路延伸可能性甚微，一般只适用于线路较短、线路延伸可能较小且该端点站又往往在地面的情况。图 1-6 为天津地铁 1 号线的“灯泡线”局部。

图 1-6　天津地铁 1 号线的“灯泡线”局部

b. 尽端折返线。尽端折返线可分为单线折返、双线折返与多线折返等不同布置办法，如图 1-7 所示。尽端折返线弥补了环形折返线的不足，使端点站既可有效组织折返（如双折返线可明显缩短折返时间），又可备有停车线供故障停车、检修、夜间停车等作业使用。尽端折返线对于线路延伸也十分方便，比较适合于地下结构的端点站，以及线路较长或有延伸可能、土地不宜多占用的情况。

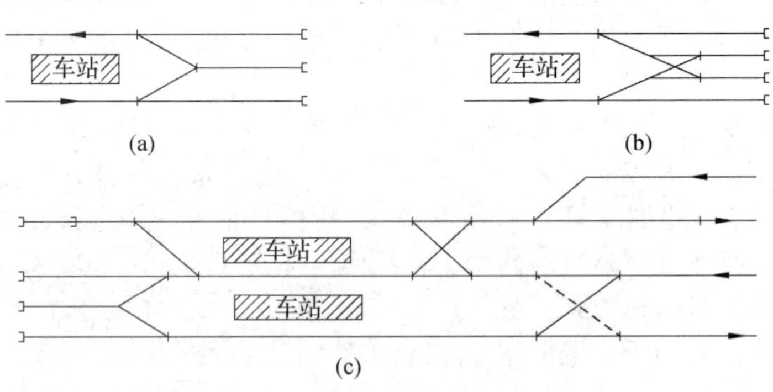

图 1-7　尽端折返线

(a)单线折返　(b)双线折返　(c)多线折返

c. 渡线折返。在车站前或车站后设置渡线完成折返作业，分为站前渡线折返、站后渡线折返和区间站渡线折返 3 种形式，如图 1-8 所示。

很明显，利用渡线折返需要修建的线路最少，投资下降。然而，列车进出车站与折返作业有严重的干扰，尤其是在区间站利用渡线进行区间列车折返时，需占用正线进行作业，故对运营管理要求十分严格。同时，列车运行间隔时间因受其制约而需要延长，导致线路通行能力下降，安全可靠性存在隐患。所以，列车运行速度较高、运行间隔时间较短（发车频率较高）、运量较大的线路不宜采用渡线折返。

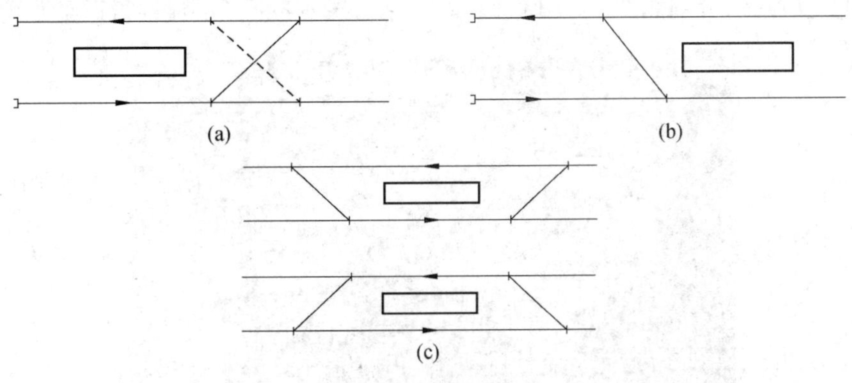

图 1-8 渡线折返

(a)站前渡线折返 (b)站后渡线折返 (c)区间站渡线折返

d. 单轨线路折返。单轨线路折返与双轨线路不同，必须采用专门的转线设备来完成，如图 1-9 所示。

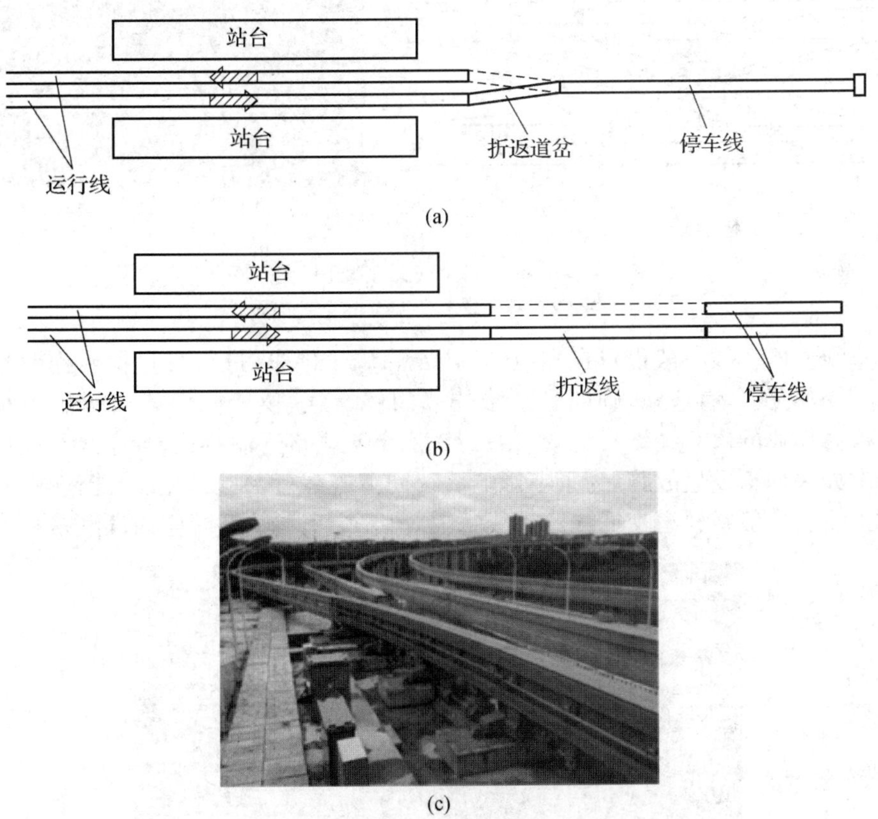

图 1-9 单轨线路折返

(a)单轨线路利用道岔进行折返 (b)单轨线路端点站平移折返 (c)实际利用道岔单轨折返图

单轨线路折返因需承载线路、使列车做转动或平移，故建造与投资均有一定的难度，也是单轨交通发展的一个制约因素(包括单轨线路间的分岔连接均需转动承载台的道岔)。

③渡线。渡线是指利用道岔将线路上下行正线(或其他平行线路)连接起来的线路。渡线分单渡线和交叉渡线，分别如图 1-10 和图 1-11 所示。图 1-8 所示的渡线折返是渡线的一种。

图 1-10 单渡线

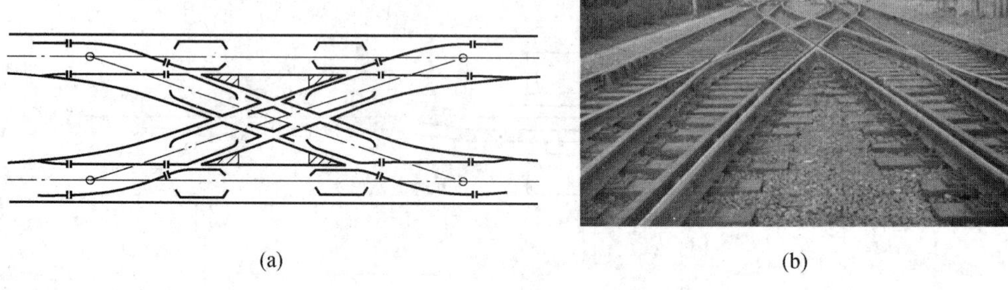

(a) (b)

图 1-11 交叉渡线

(a)交叉渡线示意图 (b)实际交叉渡线

④停车线。停车线一般设置在端点站，是专门用于停车、进行少量检修作业的尽端线，如图 1-12 所示。在车辆基地，则拥有众多的专用停车线，供夜间停止运营后列车的停放。需要进行检修作业的停车线设有地沟。城市轨道交通线路运输量大，列车运行间隔较密，在运营过程中如果列车发生故障，为了不影响后续列车的运行，在设计上应能使故障列车及时退出运营正线。一般在轨道交通线路沿线每隔 3～5 个车站的站端应加设渡线和停车线。

图 1-12 停车线

⑤联络线。联络线是城市轨道交通线路之间为方便调动列车等而设置的连接线路，主要是两条正线间的连接线，如图 1-13 和图 1-14 所示。联络线按其布置形式可分为单线联络线、双线联络线和联络渡线。

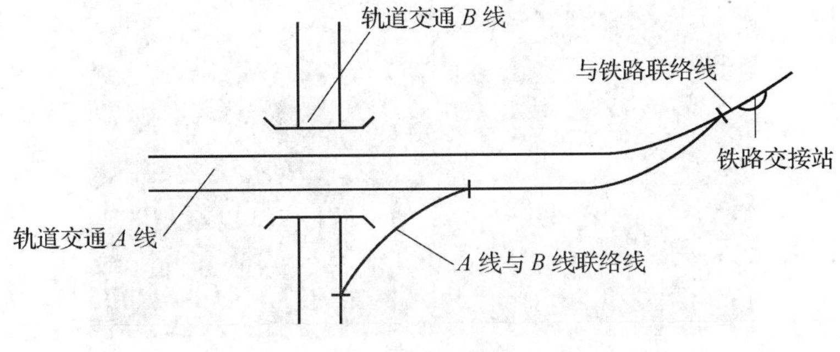

图 1-13 联络线

图 1-14 实际联络线

联络线因连接的轨道交通线往往不在一个平面上，因此有较大的坡道与较小的曲线半径，故列车运行速度不会太高。如果在地下建设，则施工难度较大，投资也随之加大。

⑥检修线。检修线是指设在车辆基地检修库内，专门用于检修列车的线路，如图 1-15 所示。检修线设有地沟，配有架车设备、检修设备。

图 1-15 检修线

⑦试验线。试验线是指设在车辆基地,用于对检修完毕的列车进行状态检测的线路,如图 1-16 所示。为达到必要的运行速度,试验线需有一定长度标准和平纵断面特点。

图 1-16 试验线

⑧出入段线。出入段线是专供列车进出车辆段的线路,如图 1-17 所示。为保证运行列车的停放和检修,应在城市轨道交通沿线的适当位置设置车辆段。车辆段与正线连接的线路为出入段线,其是车辆段与正线之间的联络通道。出入段线可以设计为双线或单线,与城市道路或其他地方的交叉处可采用平交或立交。

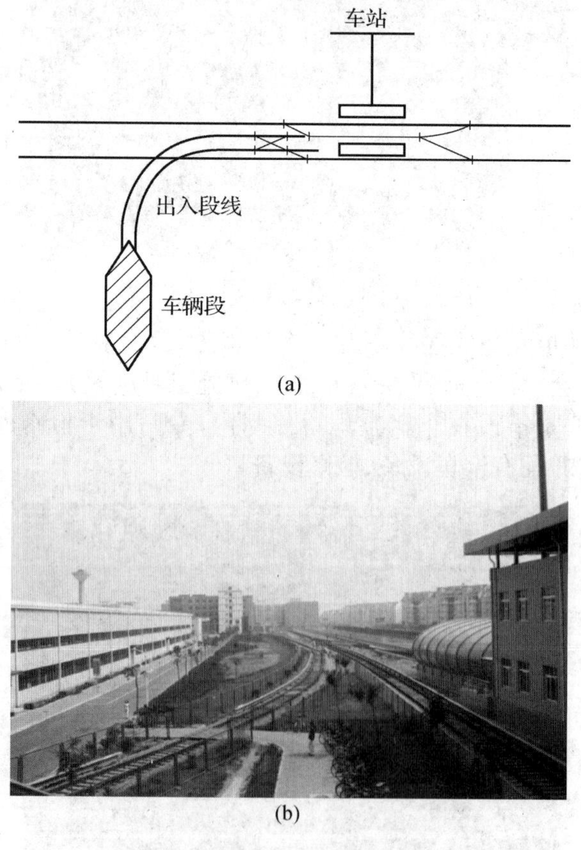

(a)

(b)

图 1-17 出入段线

⑨洗车线。洗车线是专门用于清洗车辆的线路,如图 1-18 所示。

图 1-18　洗车线

⑩安全线。在出入段线、折返线、停车线和岔线上应根据情况设置安全线,安全线的长度一般不小于 40 m。如当出入段线上的列车在进入正线前需要一度停车,且停车信号机与警冲标之间的距离小于列车制动距离时,应设安全线,如图 1-19 所示。

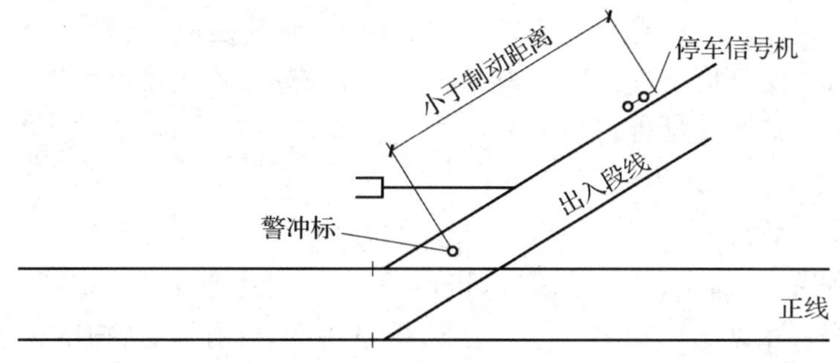

图 1-19　设置安全线

上述分类中的折返线、渡线、停车线、联络线、安全线也可称为辅助线,辅助线是城市轨道交通系统的重要组成部分,直接关系到系统运营组织的效率。检修线、试验线、出入段线、洗车线也可统称为车场线,是车辆段内进行厂区作业与停放列车的线路。

1.3.3　车站

城市轨道交通车站是客流的节点,是乘客出行的基地,乘客上下车及相关的作业都是在车站进行的;城市轨道交通车站是列车到发、通过、折返、临时停车的地点;城市轨道交通车站是轨道交通线路的电气设备、信号设备、控制设备等集中的场所,也是运营、管理人员工作的场所。

根据车站建筑的空间位置不同,车站一般包括主体、出入口、通道、通风道及风亭(地下)和其他附属建筑物。根据功能的不同,车站主体可分为站厅层、站台层和设备区。车站的主体是列车的停车点，它不仅是供乘客上下车、集散和候车的地方，一般也是办理运营业务和放置运营设备的地方。

(1)出入口。出入口用于吸引和疏解客流，其规模与出入口的乘客总设计流量有关。出入口一般布置在街道交叉口，以便大范围地吸引和疏解客流。

(2)站厅层。站厅层用于售票、检票，是布置部分服务与控制设备的场所，一般分为付费区和非付费区。根据客流的大小，在不影响客流集散的同时可以设置商业用房。有些车站的站厅还可考虑与地下商业街连接在一起布置。在站厅层的两端一般有设备用房、管理用房及辅助用房。

(3)站台层。站台层是供乘客上下车的平台，是分散上下客流、供乘客乘降的场地。站台的大小取决于远期预测的高峰小时客流量。站台层也设有设备用房及管理用房，一般不设辅助用房。站台层常用的站台形式有岛式站台、侧式站台和岛、侧混合式站台。

(4)设备区。设备区是安置各类设备、进行日常维修及设备保养的场所。其主要分为环控机房、事故风机房、通信机械室、信号机械室、通信测试室、环控电控室、消防泵房等。

(5)通道。通道是乘客进出车站、出入站台及换乘列车的必由之路。通道的数量和宽度不仅要满足方便乘客出入车站与高峰小时的乘客通行需求，还要满足紧急情况下乘客的快速疏散，同时还要兼顾与城市公路的立交功能。因此，通道的设计要与车站的总体设计相适应。

(6)通风道及风亭。车站是乘客非常集中的地方，尤其是地下车站人流密集，环境相对封闭，很容易造成车站环境空气污浊。为保证乘客及车站工作人员的健康，地下车站都设置了环境控制系统，可以为车站进行不间断的空气置换，以满足车站空气清新的要求，因此要设置相应的通风道和风亭以进行通风换气。

(7)管理用房。管理用房是车站工作人员的办公用房。其包括车站控制室(简称车控室)、站长室、站务室、广播室、票务值班室、售票亭、会议室及警务办公室等。

(8)辅助用房。车站的辅助用房包括卫生间、洗手间、更衣室、清扫工具室等。

为保证城市轨道交通车站上述各功能区能正常运营，需要相应的设备配套，如自动售检票系统、屏蔽门系统、环境控制系统、消防系统、给水排水系统、车站低压及照明系统、站内客运设备、环境与设备监控系统等，以满足各功能区为乘客提供满意服务的要求。

对于城市轨道交通系统最常见的地下车站，其出入口设置在地面，位置一般应尽量设于地面交通车站、停车场附近，以形成较好的换乘组合，并保证高峰时段客流通畅。地下车站的站厅一般设置于地下一层，地下站台则设置于地下二层，地面出入口、站厅、站台之间要设置快捷可靠的乘降设备，如楼梯、自动扶梯等。

1.3.4 车辆基地

车辆基地又称为车辆停放及维修基地，也叫车辆段，是车辆停放、保养、修理的专门场所，主要由停车场(库)、列检所(库)、站场线路、信号控制楼等组成。为了便于统一管理，往往将机电、通信与信号、公务、仓库、教育培训等部门、设施与车辆基地组建在一起，成为更大的车辆综合维修基地。

1. 车辆基地的组成

车辆基地以车辆运用、检修为主，但考虑到地铁系统管理需要，为了方便组织城市轨道交通地铁各专业的维修工作，可以将工务所、电务所、机电所、材料仓库、教育培训中心、行车控制中心等设施全部或部分与车辆基地建在一起，这样有利于协调各专业接口，对各专业维修工作进行有效的协调管理，可以合理规划、统一使用场地和设备，节约土地和投资，同时也有利于实现计算机网络和现代化管理。

车辆基地根据功能和规模的大小可划分为停车场、车辆段、列检所。

(1)停车场。停车场是供车辆停放的场所，承担的任务有车辆的停放、洗刷、清扫，以及车辆列检和乘务工作；停车场所在正线运营列车的故障处理和救援工作；车辆定修(年检)以下车辆的各级日常检查维修的修程，若遇到车辆的重大临修则采用部件互换的修理方式。每条地铁线路按其线路长短和配属车辆的多少设置停车场，根据需要再增加设置辅助停车场，辅助停车场仅设置停车、列检设施，只承担车辆的停放、清洁、列检工作。

停车场配备车辆运用、整备和日常检查维修及配套设施，主要有停车列检库、不落轮镟床、调机库、临修库和车辆自动洗刷库及出入段线、洗车线、试车线、各种车库线，以及牵出线、车线、走行线等各种辅助线路；主要设备有调机车(内燃机)、不落轮镟床、自动洗车机和车救援设备，以及为车辆提供重大临修服务的架车机、起重机等。

停车场不仅要有足够的轨道停车位，同时还要设置供管理人员、乘务员工作和活动休息的场所。

(2)车辆段。车辆段是城市轨道交通系统中对车辆进行运用、管理、停放及维修保养的场所。车辆段除具有停车场的功能外，还是对城市轨道交通车辆进行较大修程的场所。

①车辆段的主要功能。

a. 承担所属线路的车辆停放、清洁、列检工作。

b. 承担所在线路车辆的定修(年检)及以下车辆检查维修和临修工作。

c. 承担所属线路和由多条联络线互相沟通的线路的车辆架、大修工作。

d. 承担车辆部件的检测、修理工作，满足车辆各修程对互换部件的需求。其维修能力的设置也可使其成为地铁网络的车辆部件维修点，为其他车辆段服务。

②车辆段的设备设施。车辆段要在停车场的基础上增加车辆架、大修的设施设备，车辆检修方式主要采用部件互修。同时，根据工艺要求，要具备车辆部件的检修能力。

车辆段配备的车辆检修设施主要有车辆架、大修库、静调库和部件检修间，以及油漆间、机加工、熔焊间和必要的辅助间等。车辆架修、大修主要设备有架车机、移车台或车体吊装设备、公铁两用牵引车、转向架、车钩、电机等各种部件的试验和修理设备，车辆油漆设备，列车静态和动态调试设备。承担列车转向任务的车辆段还设置列车的回转线。车辆段内无物资总库时还要设置材料库，并配备必要的运输和起重设备。

车辆段主要划分为检修区和运营区，所有的检修工作均集中在检修区进行，运营区主要负责段属车辆的停放、列检和乘务工作。

车辆段一般还兼有综合检修基地的功能，是保障线路各系统正常运行的基地和管理部。一般在停车场设置的各系统的维修工区，属综合检修基地管辖。

(3)列检所。列检所的任务是利用列车停放时间和停放场地，对车辆的重要部件进行例行技术检查，对危害行车安全的一般故障进行重点修理。因此，列检所一般设在停车场或列车折返段(指列车折返时停留和准备场所)的停车线上。

2. 车辆基地的主要线路

(1)停车库线。停车库线要满足线路所有运用车辆的停放需要，线路长度根据车辆编组的需求进行设计，一般为列车长加 8 m，可设计为一线一列位或一线二列位，线路间隔通常为 3.8 m，通常设检修坑道。

(2)出入段线。出入段线位于车辆段或停车场与正线的结合处，是段(场)与正线的过渡线路，供车辆出入停车场或车辆段的线路。除特殊条件限制，其都要设置为双线，并避免切割正线，根据行车和信号要求留有必要的段(场)线路与运营正线的转换长度。其有效长度至少保证停放一列列车。

(3)牵出线。牵出线适应段(场)内调车的需要，牵出线的长度和数量根据列车的编组长度、调车作业的方式与工作量确定。

(4)静调线。静调线设在静调库内，在列车检修完毕到试车线试车之前，要在静调库对列车进行静态调试，检查列车各部分的技术状态，对各种电气设备、控制回路的逻辑动作和整定值进行测试与调整。静调线全长设置地沟，地沟内设置照明光带。静调线为平直线路，静调库内还要设置车间牵引电力电源和相关的测试设备。车辆段在车辆检修后进行车辆的尺寸检查，其中要对车辆的水平度进行检查，需要轨道高差精度等标准较高的线路(称为零轨)，宜设在静调线。

(5)试车线。试车线供定修、架修、大修后列车在验收前的动态调试。试车线的有效长度应满足列车最高时速和全制动的需求。试车线一般为平直线路，线路中间要设置不小于一单元列车长度的检查坑，供列车临时检查用。为进行列车车载信号装置的试验，试验线还应设置信号的地面装置，试车线旁应设置试车工作间，内设信号控制和试车必须配置的有关设备、设施与仪器。试车线应采取隔离措施。

(6)洗车线。洗车线供列车停运时洗刷车辆用，洗车线中部设有洗车库。洗车线一般为贯通式，尽量和停车线相近，这样可以缩短列车行走时间，并减小对车场咽喉地区通过能力的压力。洗车库前后要设置不小于一列列车长度的直线段，以保证列车平顺进出洗车库。

(7)检修线。检修线是指用于车辆各种不同修程的专用线路，检修线为平直线路，布置在检修、定修、架修、大修库内。其包括架修线、大修线、定修线、临修线、静调线等。这些线路设有 1.4～1.6 m 深的检修坑道，中间设有维修平台，根据需求配有架车机、悬挂式起重机、转向架、转向盘等设备。

(8)临修线。当列车发生临时故障和破损时，在临修线上完成对车辆的临修工作，临修线的长度能停放一列列车，并考虑列车解编的需要。

以上线路是保证列车运行和检修的主要线路，除此之外，维修基地内还必须按需要设置临时存车线、检修前对列车清洗的吹扫线、材料装卸专用线、内燃调机车、特种车辆(如轨道车、接触网架线试验车、磨轨车、隧道冲洗车等)停车线、联络线和与铁路连通的地铁专用线等。

3. 车辆运用、检修库房和车间及其主要设备

(1)停车列检库及其附属车间。停车列检库兼有停车、整备、清扫、日常检查、司机出乘等多种功能,为实现这些功能,停车列检库除设有停车线外,以及运用车间、运转值班室、司机待班室等司机出乘用房,以及列车及列车车载信号检修用房。

由于列车本身价格昂贵,在地铁运行中占据着重要地位,因此在停车列检库都设置自动防灾报警设备,和整个消防系统联系在一起。架空接触网或接触轨应进库,接触轨应加防护装置,每条库线两端和库外线之间及停车台位之间设置隔离开关,可以对每条停车线的接触网(接触轨)独立停、送电,每条停车线还应有接触网(接触轨)送电的信号显示和列车出、入库的音响报警装置。停车线兼作车辆列检线,应有检查地沟。

地铁车辆除了有自动洗刷机洗刷外,对自动洗刷不到的部件应进行人工辅助洗刷,每日还要对列车室进行清扫、洗刷和定期消毒。这些工作在清扫库进行,清扫库一般毗邻停车列检库,库内应设置上、下水及洗刷平台。

在停车列检库两端应有一段平直硬化地面,作为消防、运输通道,通道应该设置可动防护栏杆,平时封锁,仅在特殊情况下使用。

(2)检修库及其辅助车间。检修库及其辅助车间的平面布置情况主要取决于车辆的配属量、车辆的修程、检修方式及其工艺流程,同时要综合考虑自然地形条件、工件运输线路,以及安全、防火和环保要求等因素。

①双周、双月检库。双周、双月检都要在库内对列车的走行部、车体及车顶设备进行检查,为便于作业并保证安全,线路采用架空形式。除线路中间设置地沟外,在检修线两侧设有3层立体检修场地。底层地坪低于库内地坪(若以轨面标高为±0.00 m,其地坪标高约为−1.00 m),可以对走行部及车体下布置的电气箱、制动单元、蓄电池进行检查;中间为标高+1.10 m左右的平台,可对车体、车门进行检查作业;车顶平台标高为+3.50 m,主要对车辆顶部的受电弓、空调设备进行检修,车顶平台设有安全栏杆。双周、双月检库立体检修平台如图1-20所示。

图1-20 双周、双月检库立体检修平台

双周、双月检库根据作业的要求可设有悬臂吊,可以对需要进行拆、装作业的受电弓和空调设备进行吊装,还配置了液压升降车、蓄电池电气箱搬运车等运输车辆。

为了对车辆进行双周、双月检、定修(年检),还应设置受电弓、空调装置、车载信号、试验设备等辅助车间及备品工具间。

②定修库。定修库和双周、双月检一样，线路采用架空形式，线路中间设置检修地沟，线路两侧设置3层检修场地。车库设2 t起重机。车辆的定修和临修有时也可以在一个车库进行，合并为定修、临修库，这时必须根据列车编组在库内设置架车机组，在列车解钩后可以同步架起一个单元的车辆。车库内设有10 t起重机，可吊装车辆的大部件。定修库的辅助车间应和其他检修库统一考虑。

③架修、大修库。架修、大修库的布置应根据车辆检修工艺流程确定。对车辆设备和部件的检修方式主要采用互换修，作业流程根据实际情况一般采用流水作业和定位修方式相结合。采用部件互换修可以减少列车的停库时间，并且可以合理地安排计划，做到均衡生产，避免因某一部件检修周期长，而影响整列车的检修进度。联合检修厂房内设置车辆的待修部件、修竣部件和备用部件的存放场地。

架修、大修库内主要设备有地下式架车机（见图1-21）、移车台、假转向架、桥式起重机、公铁两用牵引车及必要的运输工具、工作平台等。

图1-21　地下式架车机

④辅助检修车间及其设备。地铁车辆是一种涉及多种专业、极其复杂的设备，在对车辆进行架修、大修时，都要架车、分解，以便对部件进行检修，这些检修工作都是在辅助检修车间进行的。这些辅助检修车间根据列车架修、大修的工艺流程，大部分都布置在检修主库的周围。

a. 转向架、轮对间。转向架、轮对间通过轨道和转向架、转盘架、大修库相连接，主要由转向架检修区、轮对检修区和轮对等部件的存放区组成。

• 转向架检修区。转向架检修区对转向架进行分解，分解后的部件被送到相应检修位置进行检修，恢复技术状态，然后进行组装。

• 轮对间检修区。轮对间检修区主要对轮对、轴箱、轴承进行检修。由于轴承的检修工作专业性强，需要大量的设备和较大的占地面积，但是每年的工作量很小，所以一般都将轴承检修工作委托社会专业单位。有条件的地方，也可以将探伤工作委托社会专业单位。

• 轮对等部件的存放区。转向架、轮对间要适应互换修方式，应有足够的轮对、转向架及其他部件的存放场地,还应配备相应的起重设备。

b. 电机间。电机间是对车辆牵引电机、空气压缩机电机,以及其他车辆设备(如制动电阻冷却风机等)的动力电机进行检修的辅助车间。电机大修专业性强,检修量少,并且需要绕线、浸漆、烘干等设备,一般都委托专业工厂进行。

c. 电器、电子间。电器间承担对车辆电气组件的检修作业,包括对列车的主控制器、主逆变器、辅助逆变器、各类高速开关、直流接触器等进行试验、检修、检验。电子间主要对列车牵引、制动、空调等计算机控制系统的各类电子控制板进行检修作业。

此外,辅助检修车间还有车门、制动、车钩、受电弓、空调检修间等。

上述辅助检修车间一般都布置在架修、大修主库的周围,可以使检修工序、流程合理、紧凑、简洁,缩短运输路程,提高工作效率。

(3)其他库房及车间。维修场地内有些库房及车间由于环境保护和劳动保护要求、检修的特殊要求等因素,或者由于设施和维修基地的检修共同使用,要单独设置。

①不落轮镟床库。地铁车辆转向架的轮对在运行中有时会出现踏面的擦伤、剥离和轮缘磨耗达不到运行技术要求的问题,需要及时镟削。使用不落轮镟床可以不拆卸轮对而直接对车辆的轮对踏面和车缘即时地进行镟削。运行的实践说明,不落轮镟床是保证地铁车辆正常运行的重要设备,开始建设时就要对此做充分考虑。

不落轮镟床需要在温度、湿度得到控制的环境中使用,为减少投资,在库内为镟床单独设置隔离的环境空间。

不落轮镟床库及其前后一列车辆范围的线路为平直线路。作业线的长度要满足列车所有车辆轮对镟削的要求,列车出入库和轮对的就位一般由专门的牵引设备承担。

②列车洗刷库。列车洗刷库建在洗刷线的中部,库内设有自动洗刷机,可用化学洗涤剂和清水对列车端部与侧面进行洗刷。在洗刷过程中,列车以低于 5 km/h 的速度通过洗车设备完成车体清洗作业,也可用专门设置的小车带动。目前,较高级的洗车设备具有喷淋、去污、上蜡、吹干等功能,减少了人工作业。为避免列车洗刷作业影响其他线路的进路,洗刷机前后线路的长度都不应小于一列车辆的长度。列车自动洗刷机如图 1-22 所示。

图 1-22 列车自动洗刷机

③蓄电池间。蓄电池间主要对地铁车辆的碱性蓄电池进行充电和检修，另外，也对各种运输车辆的酸性蓄电池进行充电和检修。蓄电池间要配置相应的试验、充电、通风、给水排水和防腐设备。放碱性蓄电池和酸性蓄电池的操作间应分开设置，防止酸气进入碱性蓄电池，酸、碱发生中和作用，影响电池的质量。蓄电池间要单独设置，并布置在长年主导风的向下风侧，还要有防爆措施。

④中心仓库。中心仓库承担城市轨道交通全线各专业所需机电设备、机具、工具、材料、备品备件的供应工作，主要工作环节有采购、入库、仓储、发放。仓库中应有仓储起重、运输等设备和设施，还应附有露天存放场和材料的专用轨道线，还需要设置专门的环控库房，以存放对环境要求高的精度配件。

对于易燃、易爆物品要单独设立危险品仓库，危险品仓库应单独设置在对周围建筑影响最小的位置，并与外界隔离，根据易爆、易燃物品的性质不同应分不同房间分别存放，建筑物的通风、消防等要符合有关规定。有时为了减少与邻近建筑物之间的防火距离，易燃品库也可采取半地下式或地下式的建筑。

城市轨道交通设备配件种类繁多(仅车辆配件就有数千种)，价格昂贵。仓库对物流的管理涉及社会流通领域和城市轨道交通内部生产领域。它既是各专业检修生产工艺的组成部分，与检修生产密不可分，要保证供应；又有着非常强的“成本中心”的作用，材料、备件的消耗管理和物流本身对资源的占用、消耗都与检修成本有着直接关系。

随着现代物流技术、计算机信息管理技术和电子商务的发展，中心仓库采用自动化立体仓库仓储技术、建设城市轨道交通自动化综合物流系统成为可能。

除此之外，根据需要还有调机(内燃机车)库、消防间、污水处理站、配电站、变电站、机械加工中心、汽车库等库房，车间也需要单独设置。

1.3.5 轨道

轨道是城市轨道交通系统的重要组成部分，轨道作为一个整体结构铺设在路基之上，直接承受列车车辆及其荷载带来的巨大压力，对列车运行起着导向作用。

轨道是由钢轨、轨枕、道床、扣件、道岔及其他附属设备等组成的构筑物。

1. 钢轨

钢轨是指两条呈直线形平行分布，安装在轨枕或路基之上的由钢铁材料制成的金属构筑物。钢轨是轨道的组成部分，其作用是直接承受车轮传递的列车及其荷载的重量，并引导列车的运行方向。此外，在城市轨道交通系统中，钢轨还要兼供轨道电路之用。

除上述功用外，钢轨有时还起到安全保护作用，这时的钢轨被称为护轨。其主要分为防脱护轨、桥上护轨和道岔护轨。

(1)防脱护轨。当列车以高速转弯时，外弯一面的轮缘承受着极大的压力，为防止轮缘负荷过重，在内弯的轨条处会装设一段钢轨，使另一边的轮缘分担列车转向时所产生的离心力，而通常这个附加的轨条会比正常的轨条高些，以加强保护。

(2)桥上护轨。在钢轨两侧分别装设两段钢轨，以防止列车在桥上或高地出轨时继续向外冲。

(3)道岔护轨。在道岔区为防止车轮在岔心处进错路线而安装的护轨为道岔护轨。

2. 轨枕

轨枕是轨道的基础部件,它是承垫于钢轨之下,将钢轨所承受的重量压力平均传递到道床上,同时又能有效地保持钢轨轨距和方向、几何形位的轨道部件。轨枕具有必要的坚固性、弹性和耐久性,能便于固定钢轨,有抵抗纵向和横向位移的能力,阻止钢轨因列车行驶压力而被拖动,保持两条钢轨间的一定距离和方位。列车经过时,它可以适当变形以缓冲压力,但列车通过后还得尽可能恢复原状。

3. 道床

道床是指路基、桥梁或隧道等下部结构之上,钢轨、轨枕上部结构之下的碎石、卵石层或混凝土层。

道床是钢轨或轨道框架的基础,主要作用是支撑轨枕,把来自轨枕上部的巨大荷载均匀地分布到路基面上,大大减少了路基的变形。道床依靠本身和轨枕间的摩擦,起到固定轨枕的位置、阻止轨枕纵向或横向移动的作用。

1.3.6 信号系统

信号系统是城市轨道交通系统中重要的设备之一。城市轨道交通的基本任务是安全、准时、高效率、高密度地运送乘客。因此,必须采用可靠的列车运行控制设备来指挥列车的运行,以确保列车运行的安全。从传统的闭塞、联锁信号设备到现代化的列车自动控制系统,是长期实践、经验的积累,以及技术不断改进和发展的结果。

1. 信号系统的作用

信号系统主要起到确保列车运行安全和提高轨道交通运行效率的作用。

(1)确保列车运行安全。城市轨道交通信号系统是指挥列车安全运行的关键设备,只有满足在列车运行前方的轨道区段没有列车占用(列车进路空闲)、道岔位置正确、没有敌对或相抵触的信号等条件时,才允许向列车发出允许列车前行的信号。所以,列车只有严格按照信号的显示运行,才能确保列车运行的安全;反之,将导致事故的发生。在城市轨道交通运输中,确保乘客的乘车安全是最重要的,所以信号系统担负着确保运输安全的重要使命。有了信号系统的保障,可以减少列车运行事故,并可以降低事故等级,减小事故损失。

(2)提高轨道交通的运行效率。在城市轨道交通中,信号设备对于提高行车效率有着极其重要的作用。由于采用了列车运行自动控制技术,列车以最高的允许速度运行时,行车间隔大大缩短,甚至可以达到 1.5～2 min,这样便加大了行车密度,缩短了列车停站时间,大大提高了轨道交通的运行效率。

2. 信号系统的特点

城市轨道交通具有高密度、短间隔、短站距和快速等特点,因而对交通保障系统有着安全要求高、通过能力大、抗干扰能力强、可靠性高、自动化程度高等要求。城市轨道交通信号系统改变了传统的铁路以地面信号显示指挥行车的方式,实现了以车载信号为主体信号的方式,用计算机系统实现了速度控制、进路选择和进路控制等,并逐步向无人驾驶的方向发展。

3. 信号系统的组成

城市轨道交通信号系统通常由信号基础设备、联锁系统、列车自动控制系统等组成，用于列车进路控制、列车间隔控制、调度指挥、信息管理、设备状态检测等，是一个高效的综合自动化系统，如图 1-23 所示。

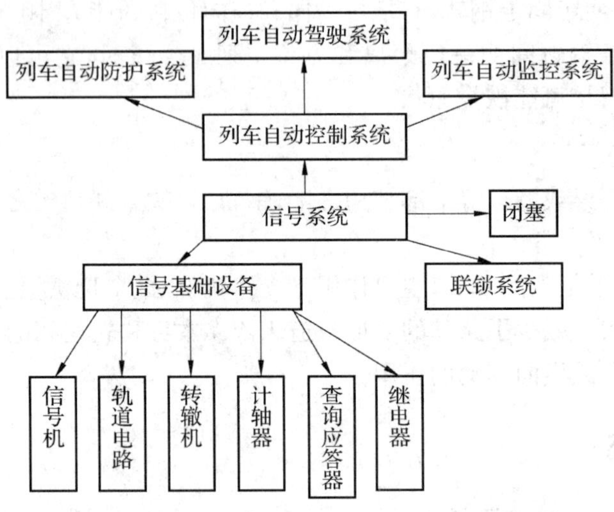

图 1-23　城市轨道交通信号系统的组成

1.3.7　列车自动控制系统

列车自动控制(automatic train control，ATC)系统，它是轨道交通列车控制的核心技术，也是城市轨道交通信号系统最重要的组成部分，如图 1-24 所示。它实现了行车指挥和列车运行自动化，最大限度地保证了列车运行安全，提高了运输效率，发挥了城市轨道交通的通过能力。

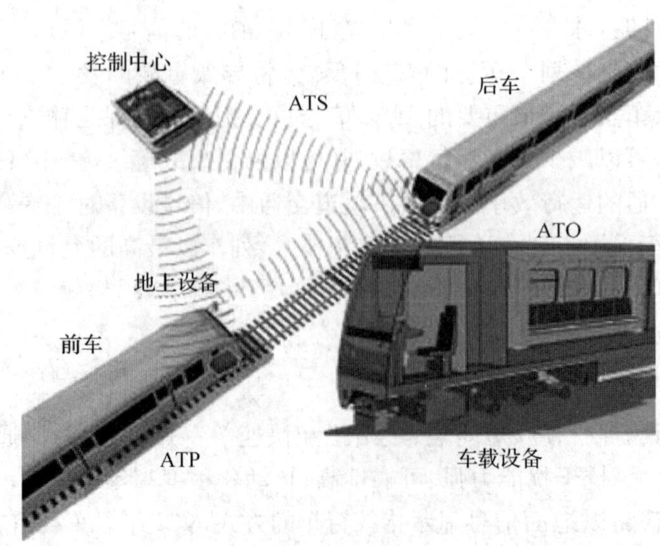

图 1-24　列车自动控制系统

1. ATC 系统

列车自动控制系统是对列车运行的全过程或部分作业实现自动控制的系统，是通过获取地面信息和命令控制列车运行，并及时调整与前行列车之间必须保持的距离以保证按照空间间隔运行的技术方法。

(1)ATC 系统的组成。ATC 系统由列车自动防护(automatic train protection，ATP)系统、列车自动驾驶(automatic train operation，ATO)系统和列车自动监控(automatic train supervision，ATS)系统三个子系统组成，简称“3A”子系统。各子系统之间相互支持，实现对列车的控制，保障列车行驶的安全和运输效率的提高。

ATC 系统设备分布于控制中心、车站、轨旁设备及列车中。ATC 列车自动控制系统框图如图 1-25 所示。

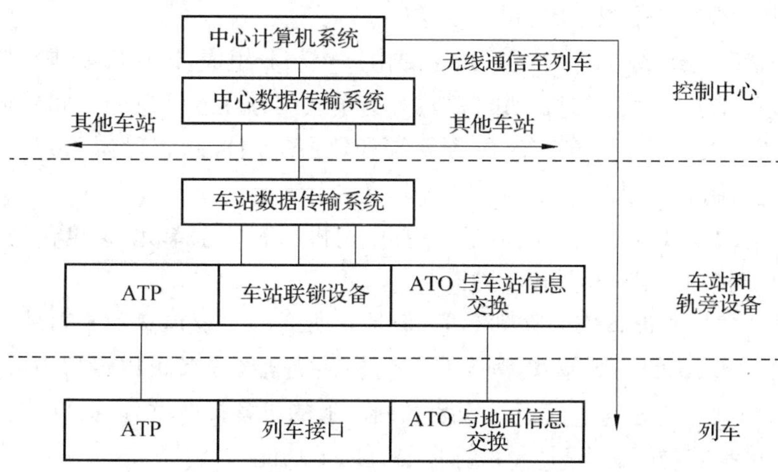

图 1-25 ATC 列车自动控制系统框图

(2)ATC 系统的功能。ATC 系统包括 5 个原理功能：ATS 功能、联锁功能、列车检测功能、ATC 功能和列车识别(positive train identification，PTI)功能。

①ATS 功能。ATS 功能可自动或人工控制进路，进行行车调度指挥，并向行车调度员和外部系统提供信息。ATS 功能主要由位于控制中心(operating control center，OCC)内的设备来实现。

②联锁功能。联锁功能响应来自 ATS 功能的命令，在满足安全准则的前提下，管理进路、道岔和信号的控制，将进路、轨道电路、道岔和信号的状态信息提供给 ATC 系统。联锁功能由分布在轨旁的设备来实现。

③列车检测功能。列车检测功能一般由轨道电路或相应的计轴设备等装置完成。

④ATC 功能。在联锁功能的约束下，根据 ATS 的要求实现对列车运行的控制。ATC 功能有 3 个子功能：ATP/ATO 轨旁功能、ATP/ATO 传输功能和 ATP/ATO 车载功能。ATP/ATO 轨旁功能负责列车间隔和报文生成；ATP/ATO 传输功能负责发送感应信号，它包括报文和 ATC 车载设备所需的其他数据；ATP/ATO 车载功能负责列车的安全运营、列车自动驾驶，并且为信号系统和列车司机提供接口。

⑤列车识别功能。PTI 功能通过多种渠道传输和接收各种数据，在特定的位置传给

ATS，向 ATS 报告列车的识别信息、目的号码、乘务组号和列车位置数据，优化列车运行。

(3)ATC 系统的分类。城市轨道交通 ATC，按闭塞制式可以分为固定闭塞式 ATC、准移动闭塞式 ATC 和移动闭塞式 ATC，按通信方式可以分为点式 ATC 和连续式 ATC。

2. ATC 的子系统

(1)ATP 子系统。ATP 子系统是保证行车安全、防止列车进入前方列车占用区段和防止列车超速运行的设备。ATP 子系统不断将来自联锁设备和操作层面上的信息、线路信息、前方目标点的距离和允许速度信息等从地面通过轨道电路等传至车上，从而由车载设备计算得到当前所允许的速度，或由行车控制中心计算出目标速度传至车上，由车载设备测得实际运行速度，依此来对列车速度实行监督，使之始终在安全速度下运行。当列车速度超过 ATP 装置所指示的速度时，ATP 的车上设备就发出制动命令，使列车自动地制动；当列车速度降至 ATP 所指示的速度以下时，可自动缓解。

①ATP 子系统的组成。ATP 子系统主要由 3 个部分组成，即用以实现控制列车运行的车载设备、用以产生控制信息的轨旁设备、轨旁与车载两方互通信息的中间传输通道。ATS 子系统负责监督和控制 ATP 子系统，联锁系统和轨道空闲检测装置为 ATP 提供基层的安全信息，ATP 的控制对象是列车。

ATP 子系统的车载设备主要包括车载主机、司机状态显示单元、速度传感器、列车地面信号接收器、列车接口电路、电源和辅助设备等。

ATP 子系统的核心设备安装在列车上，但是它所需的主要信息都来自轨旁设备。根据城市轨道交通信号系统的不同制式，列车自动防护系统轨旁设备可以设置点式应答器、轨道电路或计轴器，向列车传递有关信息。安装在列车上的设备接收并处理这些信息。

②ATP 子系统的功能。ATP 子系统主要有以下功能：

a. 速度监督与超速防护。

b. 测速与测距。

c. 车门与站台安全门的控制。

d. 列车检测。

e. 停车点防护。

f. 提供司机人机界面(man machine interface，MMI)。

g. 折返/改换驾驶室。

(2)ATO 子系统。ATO 子系统主要用于实现“地对车控制”，即用地面信息实现对列车驱动、制动的控制，包括列车自动折返，根据控制中心指令自动完成对列车的启动、牵引、惰行和制动，送出车门和站台安全门开关信号，使列车以最佳工况安全、正点、平稳地运行。

ATO 子系统实现列车自动驾驶，需要 ATP 和 ATS 提供支持。ATP 向 ATO 提供列车运行的速度、线路允许速度、目标速度和目标距离，以及列车当前所处位置等基本信息；ATS 向 ATO 提供列车运行作业和运行计划。

①ATO 子系统的组成。ATO 子系统由轨旁设备和车载设备组成。

ATO 轨旁设备通常也用作 ATP 轨旁设备，接收与列车自动运行有关的信息。地面信息接收、发送设备和轨道环线都属于 ATO 轨旁设备。这些轨旁设备，如点式应答器、轨道电路能够接收来自列车 ATO 车载天线发送的信息，也能够把 ATS 有关信息通过轨道环线或其他轨旁设备发送到列车上，由列车 ATO 车载设备进行接收并处理。地面信息接收、发送设备通常安装在线路旁，但是其调谐控制部分通常安装在信号设备室内，而轨道环线则安装在线路上。

ATO 车载设备由设在列车每一端司机室内的 ATO 车载控制器(包括司机控制台)、安装在列车每一端司机室车体下的两个 ATO 接收天线和两个 ATO 发送天线组成，还包括 ATO 附件，这些附件用于测量速度、定位和司机接口。ATO 车载设备通常和 ATP 车载设备安装在一个机架内。

②ATO 子系统的功能。ATO 子系统的功能分为基本控制功能和服务功能。

基本控制功能包括自动驾驶、自动折返、自动控制车门开闭等。自动驾驶又包含自动调整列车运行速度、停车点的目标制动、从车站自动发车、区间内临时停车等。

服务功能包括列车位置功能、允许速度功能、巡航/惰行功能、PTI 支持功能等。

(3)ATS 子系统。ATS 子系统主要是实现对列车运行及所控制的道岔、信号等设备运行状态的监督和控制，为行车调度人员显示出全线列车的运行状态，监督和记录运行图的执行情况，在列车因故偏离运行图时及时做出调整，辅助行车调度人员完成对全线列车运行的管理。

ATS 在 ATP 和 ATO 子系统的支持下，根据运行时刻表完成对全线列车运行的自动监控，可自动或由人工监督和控制正线(车辆段、停车场、试车线除外)列车进路，并向行车调度员和外部系统提供信息。

①ATS 子系统的组成。ATS 子系统由控制中心设备、车站设备、车辆段设备、PTI 设备及列车发车计时器等组成。

a. 控制中心设备。控制中心设备是 ATS 的核心。其用于状态表示、运行控制、运行调整、车次追踪、时刻表编制、运行图绘制、运行报告、调度员培训、与其他系统对接等。ATS 控制中心设备主要包括中心计算机系统、综合显示屏、调度员和调度长工作站、运行图工作站、培训/模拟工作站、绘图仪、打印机、维修工作站、局域网、不间断电源(uninterruptible power supply，UPS)及蓄电池。其设备组成如图 1-26 所示。

b. 车站设备。车站设备由 ATS 分机及车站现场控制工作站组成。

c. 车辆段设备。车辆段设备由 ATS 分机及车辆段终端组成。

d. PTI 设备。PTI 设备是 ATS 车次识别及车辆管理的辅助设备，由地面查询环路和车载查询器组成。

e. 列车发车计时器(train depart timer，TDT)。TDT 设备设于各站，为列车运行提供车站发车时间、列车到站晚点情况的时间指示，提示列车按计划时刻表运行。

②ATS 子系统的功能。ATS 子系统具有下列主要功能：列车运行情况的集中监视和跟踪；列车运行的自动记录；时刻表自动生成、显示、修改并优化；自动排列进路，按行车计划自动控制道旁信号设备以接发列车；列车运行自动调整；列车运行和设备状态自动监视；调度员操作与设备状态记录、运行数据统计及报表自动生成；运输计划管理、输出及统计处理；实现沿线设备及列车与控制中心之间的通信；列车车次号自动传递；车辆修程及乘务员管理；

系统故障复原处理;列车运行模拟及培训;乘客向导信息显示。

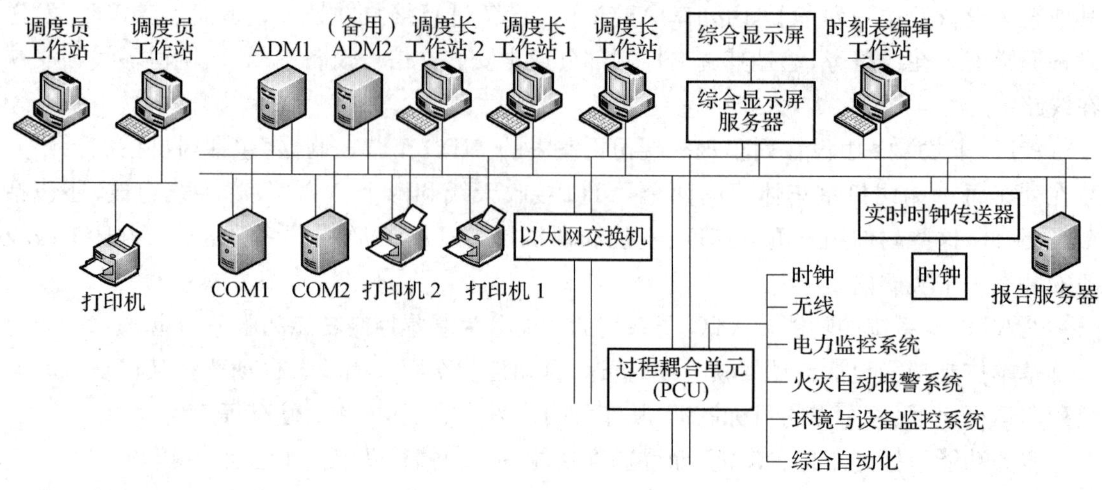

图 1-26　控制中心设备组成

1.3.8　通信系统

通信系统是实现列车运输集中统一指挥、行车调度自动化、列车运行自动化,提高列车运输效率的有效手段。通信系统是既能传输语音信号,又能传输文字、数据和图像等信息的综合业务数字通信网。

通信系统按其用途可分为电话系统(公务电话、调度电话、站内电话和轨旁电话)、无线调度系统、闭路电视系统、广播系统、时钟系统、商用通信系统等。

1. 电话系统

(1)公务电话。公务电话以数字程控交换机设备为核心,连接办公室、OCC、车站、设备室等电话分机,以满足城市轨道交通对内和对外的通信,为保证安全和减少成本使用专网网络构建。

(2)调度电话。调度电话为运营、电力、维护和救灾等提供有效的通信,为控制信息的行车调度员、环控调度员、电力调度员、设备维修调度员等提供专用直达通信。

(3)站内电话和轨旁电话。

①站内电话。站内电话是为了适应站内岗位之间频繁通话而建立的独立的内部电话系统。站内电话主要提供车站内部通信和与相邻车站、联锁站间的直达通信。站内电话是一个车站内部的电话系统,一般采用小型交换机实现。

②轨旁电话。轨旁电话是根据系统运营、维护及应急需要,供列车司机和维修人员在紧急情况下及时联系车站及相关部门的电话系统。轨旁电缆连接轨旁电话与站内交换机,轨旁电话机具有抗冲击和防潮等特性,区间内每 150～200 m 安装一部电话,3～4 部轨旁电话机并接使用同一号码,通常在一条区间线路是几部电话交叉配置以提高可靠性。轨旁电话可同时接站内电话和公务电话,通过插座或开关实现号码转换。

2. 无线调度系统

无线调度系统是调度员与司机通信的唯一手段，也是移动作业人员、抢险人员实现通信的重要手段。无线调度系统有专用频道方式和集群方式两种形式。其中，专用频道方式是根据用途配置频道，每种频道只作一种用途，空闲时也不作他用；专用频道方式有着设备简单、通话速度快的特点，但是在话务负荷上分布不均，某些繁忙的信道经常阻塞，而某些信道又经常处在空闲状态。

3. 闭路电视系统

闭路电视系统方便控制中心调度管理人员、车站值班员、站台管理人员和司机实时监控车站客流、列车出入站、乘客上下车情况，以提高运营组织管理效率，保证列车安全、正点，同时借助车站和中心录像进行安全及事故取证。

4. 广播系统

广播系统是城市轨道交通运营行车组织的必要手段，它的主要作用有：对乘客进行广播，通知列车到站、离站、线路换乘、时间表变更、列车误点、安全状况；播放音乐，以改善站厅、站台、列车车厢等的候车和乘车环境；进行防灾广播，播放突发或紧急情况，组织指挥事故抢险，提高应急响应能力；对运营人员进行广播，发布有关通知信息，协同配合工作；等等。

5. 时钟系统

时钟系统是为运营准时、服务乘客、统一全线设备标准时间而设置的，系统采用全球定位系统(global positioning system，GPS)标准时间信息。

6. 商用通信系统

商用通信系统为乘客提供在城市轨道交通内的无线通信、广播、无线上网等服务，主要有城市广播、中国移动全球移动通信系统(global system for mobile communications，GSM)通信、通用分组无线服务技术(general packet radio service，GPRS)上网、中国联通GSM通信、码分多址(code division multiple access，CDMA)通信及4G服务等。

1.3.9 供电系统

城市轨道交通供电系统是由电力系统经高压输电网、主变电所降压、配电网络、牵引变电所降压、整流等环节向城市轨道交通系统输送电力的能源系统。而城市轨道交通系统与一般电力用户有很大区别，所以其供电系统的功能、要求和构成也存在一定的特殊性。

1. 城市轨道交通供电系统的功能

城市轨道交通供电系统是城市轨道交通运营的动力源泉，负责为电动列车提供牵引用电，为车站、区间、车辆段、控制中心等建筑物提供动力和照明用电。因此，其应具备安全可靠、经济适用、调度方便的特点，具备供电、故障自救、自我保护、防止误操作等功能。

(1)供电服务功能。为城市轨道交通安全运营服务是城市轨道交通供电系统的最基本功能，即为所有用电设备提供安全、可靠的电能。城市轨道交通系统中的用电设备既有风机、水泵、照明灯具等固定设备，也包括运动着的列车。这些设备的电压等级、制式不同，对电源的要求也不同。城市轨道交通供电系统就是为这些用电设备提供合格的电力，使其正常运行,保证城市轨道交通安全运营。

(2)故障自救功能。系统的安全性、可靠性是供电系统的首要要求,城市轨道交通供电系统应设置必要的备用措施,以保证供电系统发生任何一种故障时都不影响城市轨道交通的正常运行。双电源是城市轨道交通供电系统的主要原则,两路电源互为备用,当一路电源发生故障时,另一路电源应能满足系统正常供电的要求。

(3)自我保护功能。城市轨道交通供电系统应设置完整、协调的保护措施,各级保护应相互配合和协调,保护装置应满足可靠性、灵敏性、速动性、选择性的要求。在系统某处发生故障时,应使最近的保护装置动作,只切除故障部分的设备,从而缩小故障影响范围。

(4)防止误操作功能。防止误操作是保证系统安全、可靠地运行所不可缺少的环节。供电系统中任何一个环节的操作都应有相应的联锁条件,避免因误操作而发生故障。

(5)灵活的调度功能。城市轨道交通供电系统应能在控制中心进行集中控制、监视和测量,并根据运行需要方便、灵活地进行调度,变更运行方式,分配负荷潮流,使系统在更加经济合理的模式下运行。

(6)控制、显示和计量功能。系统应能方便地进行各种控制操作,各环节的运行状态应有明确的显示,各种电量的测量和电能的计量应准确。另外,应具备远距离控制、监视和测量功能,在控制中心即可根据运行需要方便地进行调度,提高系统运行的经济性。

(7)电磁兼容功能。城市轨道交通处于强电、弱电多个系统共存的电磁环境,为了使各种设备或系统在这个环境中能正常工作且不对该环境中其他设备、装置或系统构成不能承受的电磁干扰,各种电气和电子设备的系统内部与其他系统之间的电磁兼容显得尤为重要。供电系统既是电磁干扰源,又是电磁敏感设备,要在技术上采取措施抑制干扰,提高抗干扰能力。

2. 城市轨道交通供电系统的基本要求

城市轨道交通供电系统对保证城市轨道交通正常、安全运行具有很大的影响,它应具备安全可靠、经济适用和满足不同用户需求的基本要求。

(1)供电系统必须安全可靠。城市轨道交通电动列车和车站设备都是为乘客提供服务的设备,在运营过程中,一旦供电中断,受影响最大的是行车和客运两个部门。所以,城市轨道交通供电系统必须具有高度的安全可靠性,以保证供电的连续性和稳定性。为此,各变电站均采用两路进线,并互为备用;电源容量设计时应为发展留有余地;而且应选用先进、可靠的电气设备,采用模块化的计算机控制系统,实现实时监控,调度自动化的运行模式;并以专人定时巡视检查来进一步保障供电运行的安全可靠。

(2)供电系统必须经济适用。经济是指在满足供电系统安全可靠的前提下,实现项目在全生命周期内供电系统费用的最低化。经济性不但要求节省初期的工程投资,还要尽量降低运营成本,以保证项目在全生命周期内实现最佳的技术经济效果。适用是指城市轨道交通供电系统的建设应满足业主的建设目的和对性能的要求,主要通过系统设计来实现。

(3)供电系统必须满足不同用户的需求。无论是车站还是列车的用电设备,对供电都有不同的要求,为了分析其用电要求,首先对供电负荷进行分类。按供电对象的重要性可将供电负荷分为3类。

①一级负荷。一级负荷必须连续供电,不可间断,一旦停电将造成重大人员伤亡和经济

损失。城市轨道交通电动列车、通信信号设备、车站通风、消防设备等属于一级负荷，必须确保不间断供电。为此，必须采取两路电源供电，当任何一路电源失电后，应自动、迅速切换至另一路电源。除由两个电源供电外，还应增设应急电源，并严禁将其他负荷接入应急供电系统。可作为应急电源的有独立于正常电源的发电机组、供电网络中独立于正常电源的专用的馈电线路、蓄电池、干电池。

②二级负荷。二级负荷为不可停电负荷，一旦停电将造成较大人员伤亡和经济损失。城市轨道交通车站照明、自动扶梯等设备属于二级负荷，应确保连续供电，如果停电，在一定程度上会影响客运服务质量，但并不影响列车运行安全。设计时，一般采用二路进线电源，再分片、分区供电。

③三级负荷。三级负荷是除一级、二级负荷以外的负荷。城市轨道交通的商业用电、广告照明等设备属于此类负荷，应确保正常供电，在维修保养或其他必要期间，如负荷高峰期可以停电。停电后不会影响客运服务质量和列车运行，其用电可根据电网负荷情况进行调整。

城市轨道交通供电系统，必须依据不同用电需求区别对待，才能满足和保障用户的用电需求，实现城市轨道交通的正常运营。

3. 城市轨道交通供电原理

城市轨道交通供电电源一般取自城市电网，通过城市电网一次电力系统和轨道交通供电系统实现输送或变换，最后以适当的电流（直流或交流）形成和电压等级供给用电设备。其中，牵引供电系统和动力照明系统是城市轨道交通供电系统中最主要的组成部分。从发电厂经升压变电所、高压输电网、区域输电网、区域变电站至主降压变电所部分通常被称为城市电网一次电力系统。城市轨道交通供电原理如图 1-27 所示。

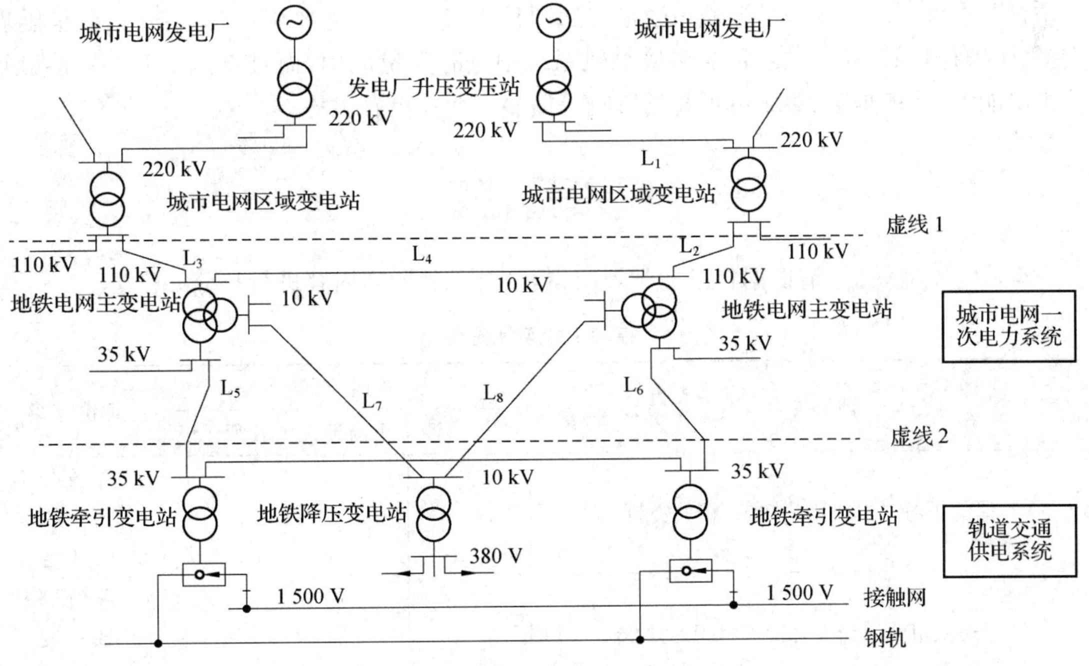

图 1-27 城市轨道交通供电原理

城市轨道交通是一个重要的用电部门，按规定须由两路独立的电源供电，当其中任何一路电源发生故障时，另一路应能保证一级负荷的全部用电需要。因此，城市轨道牵引变电所的电源进线来自两个区域变电所或来自一个区域变电所的两路独立电源，当一路电源失压时，另一路电源自动切入，使城市轨道交通系统能获得不间断的电源。

4. 牵引网供电制式

(1)牵引网的电流制。直流馈电方式不但适用于电阻启动控制方式，也适用于斩波调压和变频调压等电子控制方式。采用直流供电的电动车辆具有调速范围大、调速方便、易于控制、启动制动平稳、接触网简单、投资省、电压质量高等优点，所以，目前城市轨道交通电力机车基本上都采用直流制。

(2)牵引网的电压等级。目前，世界上城市轨道交通中的直流牵引电压等级繁多，如570 V、600 V、625 V、650 V、700 V、750 V、780 V、825 V、900 V、1 000 V、1 100 V、1 200 V、1 500 V、3 000 V，其发展趋向是国际电工委员会(International Electrotechnical Commission，IEC)标准中的600 V、750 V和1 500 V；我国国家标准规定为750 V、1 500 V两种，其电压允许波动范围分别为500～900 V、1 000～1 800 V。在选择电压等级时，要结合系统馈电方式，根据车辆、线路等工程特点综合比较确定。

(3)牵引网馈电方式及其与电压等级的关系。馈电方式与电压等级是牵引网供电制式中的关键点，两者密切相关。对于一个具体的城市轨道交通工程，馈电方式与电压等级的选择，应该结合起来统一考虑。牵引网的馈电方式有架空接触网和接触轨两种方式，我国牵引网供电制式有直流1 500 V架空接触网、直流1 500V接触轨、直流750 V架空接触网、直流750 V接触轨4种方式。

与750 V电压等级相比，1 500 V电压等级的供电距离更远，电压损失和电能损耗更小，但防护要求也更高。我国早期城市轨道交通项目中，1 500 V主要用于架空接触网，但随着支持、防护材料的不断发展，目前在接触轨系统中也有大量应用，而且直流1 500 V接触轨在供电能力、施工难度、对城市景观的影响等诸多方面都更有优势。

学习评价

学习完本模块后，请根据自己的学习所得，结合下表所列内容进行打分评价。

模块1 学习评价表

评价内容	评价方式			评价等级
	自　评	小组评议	教师评议	
课前预习本模块相关知识、相关资料				A. 充分 B. 一般 C. 不足
了解城市轨道交通对行车组织的要求				A. 充分 B. 一般 C. 不足

（续表）

<table>
<tr><th rowspan="2">评价内容</th><th colspan="3">评价方式</th><th rowspan="2">评价等级</th></tr>
<tr><th>自　评</th><th>小组评议</th><th>教师评议</th></tr>
<tr><td>熟悉城市轨道交通系统的行车组织特点</td><td></td><td></td><td></td><td>A. 充分
B. 一般
C. 不足</td></tr>
<tr><td>知道城市轨道交通系统的主要行车设备</td><td></td><td></td><td></td><td>A. 充分
B. 一般
C. 不足</td></tr>
<tr><td>参加教学中的讨论和练习，并积极完成相关任务</td><td></td><td></td><td></td><td>A. 充分
B. 一般
C. 不足</td></tr>
<tr><td>善于与同学合作</td><td></td><td></td><td></td><td>A. 充分
B. 一般
C. 不足</td></tr>
<tr><td>学习态度，完成作业情况</td><td></td><td></td><td></td><td>A. 充分
B. 一般
C. 不足</td></tr>
<tr><td>总评</td><td colspan="4"></td></tr>
</table>

思考与练习

（1）城市轨道交通对行车组织有哪些要求？

（2）简述城市轨道交通系统的行车组织特点。

（3）根据功能不同，城市轨道交通车辆可以分为哪几种？

（4）简述车站的结构功能。

（5）简述轨道的组成。

模块 2 城市轨道交通行车组织基本原理

学习目标

(1)了解行车信号的概念,熟悉行车信号的分类。
(2)知道行车信号的基本要求。
(3)掌握行车信号机的类型和信号显示制度。
(4)熟悉行车标志。
(5)掌握行车闭塞法的相关知识。
(6)熟悉联锁和进路,掌握联锁的原理。
(7)掌握联锁设备的功能和要求。

学习重点

(1)行车信号机的类型和信号显示制度。
(2)行车标志。
(3)行车闭塞法。
(4)联锁的原理。

2.1 行车信号基础

行车信号是行车指挥系统所使用的指令,是保障城市轨道交通运行安全的最重要的工具和手段。

2.1.1 行车信号的概念和分类

1. 行车信号的概念

行车信号是用特定物体(包括灯)的颜色、形状、位置,或用仪表和音响设备等向行车人员传达有关机车车辆运行条件、行车设备状态、行车的指示和命令等信息。它是列车运行及调车作业的命令,有关人员必须严格执行。

2. 行车信号的分类

按照不同的分类标准,行车信号可以有不同的分类方法。

(1)按照感官方式分类。按照感官方式的不同,城市轨道交通信号一般分为视觉信号和听觉信号两种。

①视觉信号。视觉信号又可分为昼间信号、夜间信号和昼夜通用信号,昼间信号和夜间信号分别以不同的方式显示。千米标、曲线标、站界标、站界标、预告标等都属于昼夜通用信号,色灯信号也属于昼夜通用信号。

视觉信号的基本颜色有 4 种:红色表示要求停车,黄色表示注意或降低速度,绿色表示按正常速度运行,白色表示允许调车时越过调车信号机。

②听觉信号。听觉信号有号角、口笛、响墩等发出的声响和机车的鸣笛声等。

在昼间遇降雾、暴风、雨、雪及其他情况,致使停车信号显示距离不足 1 000 m,注意或减速信号显示距离不足 400 m,调车信号机调车手信号显示距离不足 200 m 时,应使用夜间信号。隧道内只采用夜间或昼夜通用信号。

(2)按照安装方式分类。按照安装方式的不同,行车信号可分为固定信号、手信号和移动信号 3 种。

①固定信号。固定信号是被固定安装在运行线路的一定位置上,用以指示列车运行和调车工作的信号,如信号机、行车信号标志牌、信号表示器等。

②手信号。手信号是行车有关人员手持信号旗或直接用手臂显示的信号,其用来表达相关的含义,指示列车或车辆的允许和禁止条件。

③移动信号。当运行线路在特殊情况下或需要施工、救援,要求禁止列车驶入某地点、区域或须减速运行时应设置移动信号,移动信号根据需要临时设置或撤除。移动信号有停车信号牌或灯、减速信号牌或灯、减速防护地段终端信号牌或灯等。

2.1.2 行车信号的基本要求

作为列车运行及调车作业的命令,有关人员必须严格执行信号的显示及规定。行车信号的基本要求如下:

(1)各种信号机的灯光排列、颜色、外形尺寸应符合规定的标准。

(2)信号机的显示方式和表达的含义必须统一且符合规定的要求。

(3)信号机的设置须保持能够进行实时检测、故障警告,为列车运行提供安全保障和正确信息。

(4)在一般情况下,信号机设置在运行线路的右侧,与列车司机的驾驶位置相同,便于瞭望和确认信号。

(5)行车手信号、行车听觉信号的显示方式和表达的含义应该符合规定的要求。

(6)信号机的设置及行车手信号、行车听觉信号的显示应考虑线路地形、地物的相关影响。

(7)各种地面信号机及表示器的显示距离应符合以下规定:

①行车信号和道岔防护信号应不小于 400 m。

②调车信号和道岔状态表示器应不小于 200 m。

③引导和道岔状态表示器以外的各种表示器应不小于 100 m。

2.1.3 行车信号机的类型和信号显示制度

1. 信号机的类型

信号机是地铁最常用的视觉信号设备,它的作用贯穿于行车工作的整个过程。

(1)信号机按其功能可分为进站信号机、出站信号机、防护信号机、调车信号机、复示信号机、阻挡信号机、引导信号机等。

①进站信号机:防护车站和指示列车运行条件的信号机。

②出站信号机:防护发车进路及运行线路。

③防护信号机:防护敌对进路的列车相互冲突的信号机,通常设置在平面线路的交叉地点。

④调车信号机:保证在机车、车辆在站内或车停基地内从事转线、编组作业时,能够安全、高效地进行。

⑤复示信号机:受地形、地物的影响,主体信号机的显示达不到规定的显示距离时,调车、出站及发车信号机前应设置复示信号机,以保证信号的连续显示。

⑥阻挡信号机:设置在线路尽头,不准车辆越过该信号机,防护线路终端。

⑦引导信号机:设置在进站信号机或接发车进路信号机机柱上。当主体信号机进行信号因故不能开放,显示一个红色灯光时,可点亮一个黄色灯光引导列车进站(场)。

(2)信号机按其安装方式可分为高柱信号机和矮柱信号机两种。

2. 信号显示制度

地铁一般采用三显示加一个防护区段的显示制度,即列车占用后,除用红灯显示来防护有车占用区段外,需再增加一个红灯防护区,即红、黄、绿的显示制度。

2.1.4 信号显示

1. 认识各种信号机

各种信号机的设置地点、作用等如表 2-1 所示。

表 2-1 各种信号机的设置地点、作用等

序号	名　　称	设置地点	作　　用	示意图及定位显示	注意事项
1	进站信号机	车站的入口处	(1)防护车站指示列车能否由区间进入车站，在站内不具备接车条件时，不准列车进入站内。 (2)指示列车进站后的运行条件是停车还是通过		二显示带引导信号
2	出站信号机	车站正线出口处	(1)指示列车在站内的停车位置。 (2)作为列车占用区间或闭塞分区的行车凭证		二显示不带引导信号
3	防护信号机	道岔前方	(1)向列车司机提示道岔状态及位置，指示列车的运行方向。 (2)锁闭该信号机进路上的有关道岔及敌对信号。 (3)防护闭塞区间，确保调车作业的顺利进行及行车安全		(1)二显示带引导信号。 (2)防护逆向道岔时带进路表示器
4	阻挡信号机	调车进路末端	反向阻挡信号机：指示调车车列通过道岔区段后的停车位置		一个常红灯
			顺向阻挡信号机：通常情况下随着列车运行自动变换显示，起通过信号机的作用；办理调车作业时，人为关闭使之成为阻挡信号机		二显示不带引导信号
5	预告信号机	进站、防护、分界点等信号机前方	复示进站、防护、分界点信号机的显示，以使司机掌握其后方信号机的开放或关闭状态		三显示信号机，没有定位显示
6	进站兼防护信号机	道岔前方车站的入口处	既有进站信号机的功能，又有防护信号机的功能		(1)二显示带引导信号。 (2)防护逆向道岔时带进路表示器
7	出站兼防护信号机	道岔前方车站的出口处	既有出站信号机的功能，又有防护信号机的功能		(1)二显示不带引导信号。 (2)防护逆向道岔时带进路表示器

（续表）

序号	名　　称	设置地点	作　　用	示意图及定位显示	注意事项
8	出站兼阻挡信号机	车站正线的出口处	通常情况下起出站信号机的作用；办理调车作业时，人为使之关闭，成为阻挡信号机		(1)为顺向阻挡信号机。 (2)办理正常发车进路时为出站信号机，显示绿灯；办理调车进路时，为阻挡信号机，显示红灯
9	引导信号信号机	进站、防护、调车信号机机柱上	当设备发生故障或其他原因致使信号机不能开放，在符合接发车条件或调车条件时，可开放引导信号，指示列车运行条件		(1)引导信号为月白色灯光。 (2)开放引导信号需人工确认、人工操作。 (3)信号机显示红灯时，引导信号才能开放
10	进路表示器	所防护进路运行方向有两个及其以上的防护信号机上	用以指示列车的运行方向		绿灯和白灯同时点亮
11	车载信号机	列车司机驾驶室里	ATP速度码。 正线：74/73、74/58、59/37、38/0、0/0。 站台：59/58。 道岔区段：38/37、38/27、28/27、28/0		以车载信号为主体信号

2. 手信号的显示内容及含义

手信号是指现场广泛采用的一种视觉信号，用以指示列车运行、调车作业和联系传达行车有关事项用的灯（旗）语，一般昼间地面用旗语，夜间车站用灯语。

(1)列车手信号。

①停车信号：红色灯光（无红色灯光时，用白色灯光急剧地上下摇动）。

②减速信号：黄色灯光（无黄色灯光时，用白色灯光或绿色灯光下压数次）。

③发车信号：绿色灯光上弧线向列车方向做圆形转动。

④通过信号：绿色灯光。

⑤临时停车信号：红色灯光高举过头上，左右摇动。

⑥导手信号：黄色灯光高举过头上，左右摇动。

⑦道岔开通信号:白色灯光高举过头上。

(2)调车手信号。

①停车信号:红色灯光。

②减速信号:绿色灯光下压数次。

③指挥机车、车辆向显示人方向来的信号:绿色灯光在下部左右摇动。

④指挥机车、车辆向显示人方向稍行移动的信号:绿色灯光下压数次后,再左右稍动。

⑤指挥机车、车辆向显示人相反方向去的信号:绿色灯光上下摇动。

⑥接信号:红、绿色灯光交互显示数次,无绿色灯光时,红、白色灯光交互显示。

⑦道岔开通信号:白色灯光高举过头上。

2.1.5 行车标志

地铁运行中的有关行车标志分为线路标志和信号标志。它们是行车工作的一个重要组成部分,主要用来对列车运行时的驾驶及运行设备的巡检、维修等指示相关目标、条件、操作要求。

1. 线路标志

线路标志是表示建筑物及线路设备位置或状态的标志。通过各种线路标志可以使工作人员明了线路情况,方便进行各种设备维修、检查工作,使列车操纵者能够掌握各种标志指示的条件并依据要求驾驶列车,达到运行安全和规范行车的目的。与行车直接有关的线路标志主要有百米标、公里标、曲线标、圆曲线及缓和曲线始终点标和坡度标等。

(1)百米标:表示正线距离里程计算起点每一百米的长度,以百米为单位。图 2-1 为 238 百米加 60 m,即 23.86 km。

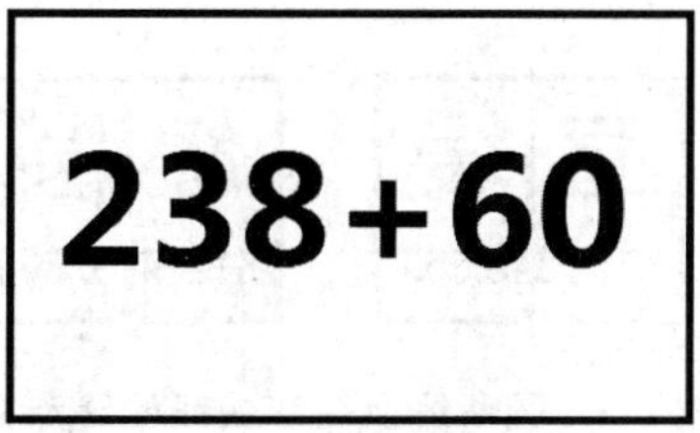

238+60

图 2-1 百米标

(2)公里标:表示地铁线路从起点开始计算的连续里程标志,以千米为单位。图 2-2 表示为 12 km。

图 2-2 公里标

(3)曲线标:曲线起点和曲线终点标志的简称,设在曲线中点处,标志上标明了曲线中心里程、圆曲线及缓和曲线长度、曲线半径大小、超高、加宽等有关数据,如图 2-3 所示。

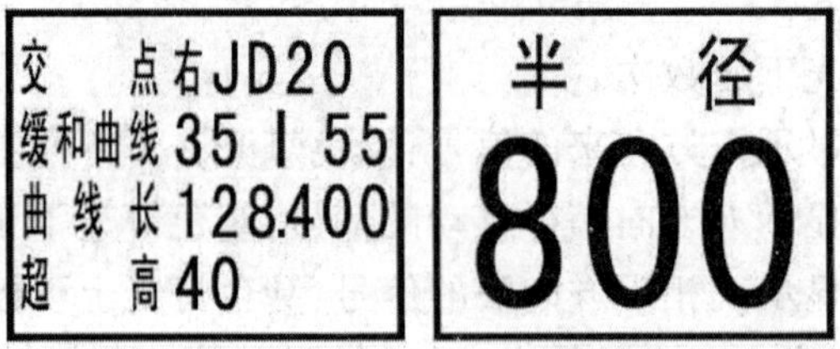

交　点右JD20
缓和曲线 35 | 55
曲 线 长 128.400
超　高 40

半 径
800

图 2-3　曲线标

(4)圆曲线及缓和曲线始终点标:设在直线、曲线、缓和曲线三者相互联系的节点处或开始与终止处,标明所指方向为直线、圆曲线、缓和曲线。

缓和曲线是指线路上直线和圆曲线相接处为减少振动而设置的一段半径渐变的曲线。缓和曲线起点设有弯度,然后逐渐变弯,弯度加大、半径减小,与圆曲线半径相同时和圆曲线相接。圆曲线是线路上的一段弧,弯曲程度用圆半径表示,即曲线半径,以米为单位。曲线半径越大,弯度越缓和,曲线半径越小,弯度越紧凑。圆曲线及缓和曲线始终点标如图 2-4 所示。

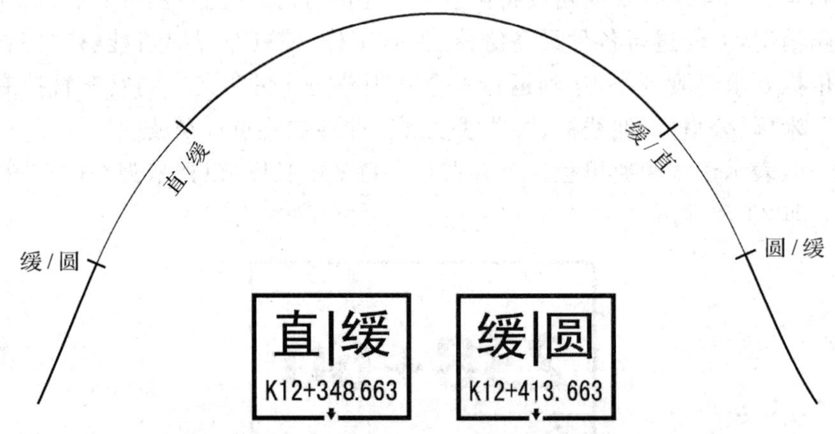

图 2-4　圆曲线及缓和曲线始终点标

(5)坡度标:设在线路纵断面的变坡点处,在正面和背面分别表示两边的坡度与坡段长度,箭头所指方向为上坡或下坡,箭尾数字表示坡度千分率,侧面标明变坡点位置。坡度标如图 2-5 所示,图中“3”表示坡度值为 3‰,斜向下的箭头表示下坡道,“665”表示坡长为 665 m,“K14＋675”是变坡点处的公里标。

图 2-5　坡度标

(6)桥梁标:表示桥梁位置(中心里程)的标志,一般设置在桥梁中心里程处或桥头端,上面标明桥梁编号及中心里程数。桥梁标如图 2-6 所示。

图 2-6　桥梁标

2. 信号标志

信号标志表示运行线路所在地点的情况和状态,指示行车人员依据标识的要求,及时、正确地进行相关作业与操作的标志。

与行车相关的信号标志主要有警冲标、站界标、鸣笛标、停车牌等。

(1)警冲标:在两条线路汇合处,为了防止停留在一线的车辆与邻线上的车辆发生侧面冲撞而设在两汇合线路之间间隔 4 m 的中间标志。股道之间间距不足 4 m 时,应将警冲标设在两线路中心线最大间距的起点处。警冲标如图 2-7 所示。

(2)站界标:车站与区间分界处的标志,主要用于车站管辖范围区界划分和列车运行时的位置识别。站界标如图 2-8 所示。

图 2-7　警冲标

图 2-8　站界标

(3)鸣笛标:要求司机鸣笛的标志。鸣笛标一般设在道口、桥梁、隧道口及线路状况复杂地段的外方规定位置。鸣笛标如图 2-9 所示。

(4)停车牌:指示列车停车位置的标志。通常用于车站站台规定的乘客上下车的停车地点及列车折返时指示司机停车的地点,它固定设置在规定位置。

(5)一度停车牌:要求列车(机车)在该地点停车后进行线路、道岔确认及相关操作后继续行驶的指示标志。

(6)车挡表示器:设在线路尽头线车挡上的表示器,便于司机及车辆调度员确认车挡位置。隧道内显示红色灯光,地面线路昼间停用红色方牌,夜间使用红色方牌。

(7)接触网终止标:表示接触网已终止的标志,设在接触网终端,警告司机不准越过该标,防止脱弓。接触网终止标如图 2-10 所示。

图 2-9 鸣笛标

图 2-10 接触网终止标

(8)预告标:通常设于非自动闭塞区段进站信号机外方,用以预告进站信号机位置及距离的标志。在城市轨道交通运输中的基地试车线设置了类似的预告标(警告标),用于预告试车线尽头端距离。预告标(警告标)为直立白色长方形牌,三个为一组,牌上分别涂有三条、二条、一条黑色斜线,表示距尽头车挡的距离。立牌地点距尽头的距离由城市轨道交通管理部门依据实际情况制定。预告标如图 2-11 所示。

图 2-11 预告标

(9)引导员接车地点标:引导员引导接车时所站位置的标志。引导员接车时原则上站在进站信号机外方或站界标处。如因地形、地物影响在上述地点显示手信号不能保证列车在

200 m以外确认时,引导地点应向区间延伸,在保证列车在200 m外方看清引导信号的地点设置引导员接车地点标。在信号标志中,有些标志具有警告意义和防护功能,运行列车必须在其标志的内方停车,不得越过或者相碰,一旦越过或者相碰将构成行车事故(事件),如警冲标、车挡表示器、接触网终止标等,它们与行车信号显示有相同性质的含义。引导员接车地点标如图2-12所示。

图2-12　引导员接车地点标

2.2 行车闭塞法

我国采用站间区间、所间区间或闭塞分区为列车运行的空间间隔。通过相邻车站、线路所、闭塞分区的设备或人为控制,使列车与列车互相保持一定间隔,以保证列车安全运行的行车方法,称为行车闭塞法。

2.2.1 行车闭塞法概述

1. 区间及闭塞分区的划分

区间与站内的划分,是行车组织工作的一项重要内容,是划定责任范围的依据。进入不同地段的列车必须取得相应的凭证或准许。

(1)站间区间:车站与车站间。在单线上,以进站信号机柱的中心线为车站与区间的分界线。单线铁路站间区间如图2-13所示。在双线或多线区间的各线上,分别以各线的进站信号机柱或站界标的中心线为车站与区间的分界线。双线铁路站间区间如图2-14所示。

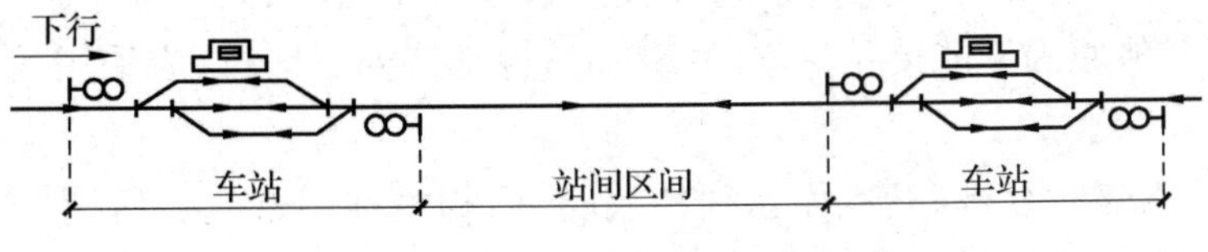

图2-13　单线铁路站间区间

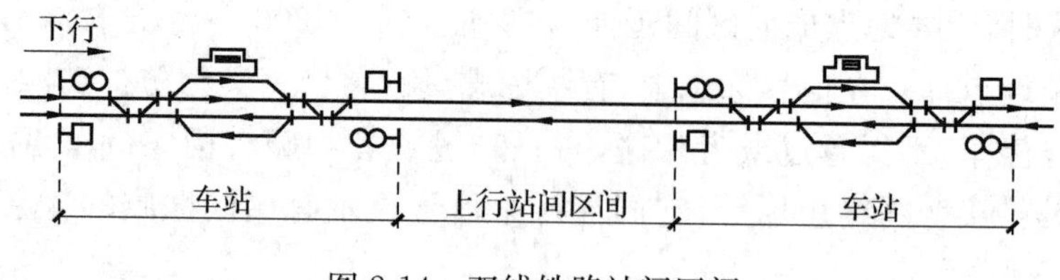

图 2-14　双线铁路站间区间

（2）所间区间：两线路所间或线路所与车站间，以该线上的通过信号机柱的中心线为所间区间的分界线。设有进站信号机的线路所，所间区间的分界方法与站间区间相同。双线铁路所间区间如图 2-15 所示。

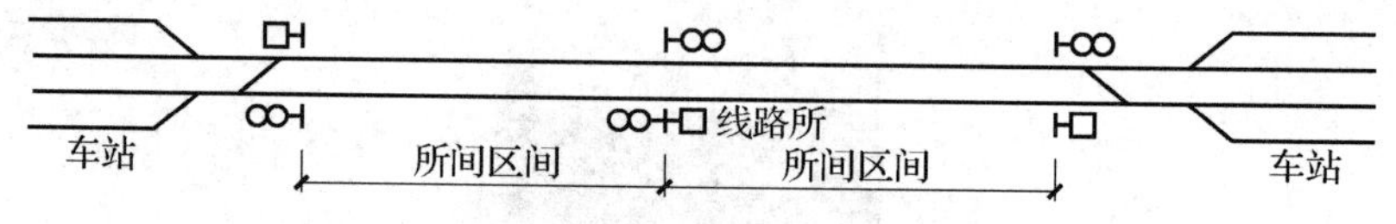

图 2-15　双线铁路所间区间

（3）闭塞分区：自动闭塞区间同方向相邻的两架色灯信号机间，以该线上的通过信号机柱的中心线为闭塞分区的分界线。双线铁路自动闭塞分区如图 2-16 所示。

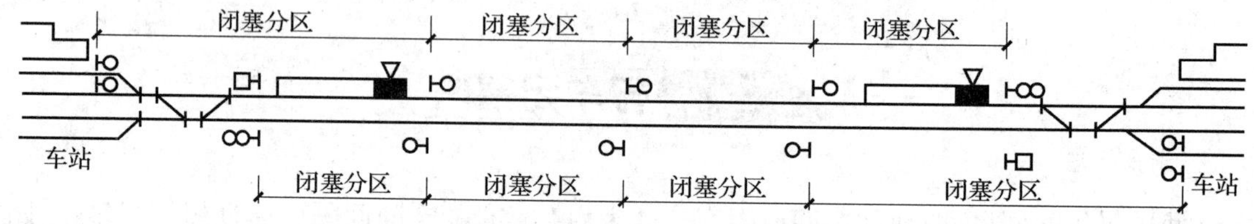

图 2-16　双线铁路自动闭塞分区

2. 行车闭塞法的分类

行车闭塞法可分为基本闭塞法和代用闭塞法（电话闭塞法）。

（1）基本闭塞法。各车站均须装设基本闭塞设备。基本闭塞法包括自动闭塞、自动站间闭塞和半自动闭塞。

双线区段正方向应采用自动闭塞。较繁忙的双线区段，为减少人工操作、便于列车运行调整、确保反向列车运行安全，在反方向上应装设自动站间闭塞设备。运量小且增长速度较慢或受其他条件限制的双线段，可采用自动站间闭塞或双线半自动闭塞。单线区段宜采用半自动闭塞，经过经济技术比较，运输繁忙时也可采用单线自动闭塞。一个区段内原则上应采用同一类型的闭塞方式。

（2）代用闭塞法（电话闭塞法）。当基本闭塞设备发生故障（如单线半自动闭塞出站信号机故障等）或因其他原因不能使用基本闭塞法时，为维持列车运行，应采用代用闭塞法（电话闭塞法）。

原则上不使用隔时续行办法，如必须使用时，由相关部门规定。所谓“必须使用时”，是指在有特殊情况需要连续放行大量同方向列车时使用，如军事运输、紧急的救灾运输、双线区间一切电话中断时的行车等。采用这种行车方法，应根据具体情况做好安全措施。

3. 区间状态

区间空闲、区间占用、区间封锁等统称为区间状态。

(1)区间空闲。区间未被列车、机车车辆占用，且相邻两站未办妥闭塞手续及出站调车手续时，称为区间空闲。

(2)区间占用。区间被列车、机车车辆占用，或相邻两站已办妥闭塞手续及出站调车手续时，称为区间占用。

(3)区间封锁。由于施工或区间发生事故等原因，根据调度命令，除指定列车外，禁止其他列车进入该区间，称为区间封锁。

4. 行车凭证

行车凭证是指车站发给列车占用区间(闭塞分区)的许可。

(1)行车凭证的分类。行车凭证有多种，按其使用时机可分为两大类。

①基本凭证：按基本闭塞法行车时使用的凭证。自动闭塞基本凭证为开放的出站信号机及通过信号机显示的进行信号。半自动闭塞基本凭证为出站或线路通过信号机显示的进行信号。

②书面凭证：在不能使用基本凭证的情况下所使用的行车凭证，如路票、绿色许可证、红色许可证、调度命令、车站值班员的命令等。

(2)行车凭证的作用。全面了解行车凭证的作用是正确使用行车凭证的前提。行车凭证的作用主要有以下几点：

①占用区间或闭塞分区的许可。这是凭证最主要的作用。

②指示列车运行条件。有的凭证指示列车运行方向，如出站信号机及进路表示器的显示、票上的反方向运行图章(两线或多线区间的线别章)；有的指明运行速度、到达地点、时间，如向封锁区间开行路用列车的调度命令；有的预告前方闭塞分区空闲与否，如自动闭塞区段的出站信号机和通过信号机的显示；等等。

③提醒注意事项。如绿色许可证上的未设出站信号机的线路上发出列车，提醒司机发车线路是非到发线，应引起注意，适当掌握速度；红色许可证上提示前发列车是否到达前方站，提醒司机注意区间可能还未空闲，从而加强瞭望，掌握速度；调度命令指明路用列车到达前方站还是返回本站，提示司机注意在站界标处的引导手信号或反向进站信号机的显示。

2.2.2 闭塞制式的实现

闭塞就是用信号或凭证来保证列车按照空间间隔制运行的技术方法，空间间隔制就是前行列车和追踪列车之间必须保持一定距离的行车方法。从各种不同的角度闭塞可以有各种不同的分类，总体来说可分为站间闭塞和自动闭塞两大类。

1. 站间闭塞

站间闭塞就是两站间只能运行一列列车，列车的空间间隔为一个站间。按技术手段和闭塞实现方法，站间闭塞又可分为电话闭塞、路签闭塞、路牌闭塞、半自动闭塞、自动站间闭塞。

(1)电话闭塞。它把电话闭塞作为一种最终的备用闭塞。

(2)路签闭塞和路牌闭塞。路签闭塞和路牌闭塞在我国已经被淘汰。

(3)半自动闭塞。半自动闭塞就是人工办理闭塞手续，列车凭信号显示发车后，出站信号机自动关闭的闭塞方法。其特征为站间只准走行一列列车，人工办理闭塞手续，人工确认列车完整到达和人工恢复闭塞。

(4)自动站间闭塞。自动站间闭塞就是在有区间占用检查的条件下，自动办理闭塞手续，列车凭信号显示发车后，出站信号机自动关闭的闭塞方法。其特征为：有区间占用检查设备，站间区间只准运行一列列车，办理发车进路时自动办理闭塞手续，自动确认列车到达和自动恢复闭塞。

2. 自动闭塞

自动闭塞就是根据列车运行及有关闭塞分区状态自动变换信号显示，而司机凭信号行车的闭塞方法。其特征为把站间划分为若干闭塞分区，有分区占用检查设备，可以凭通过信号机的显示行车，也可凭机车信号或列车运行控制的车载信号行车，站间能实现列车追踪，办理发车进路时自动办理闭塞手续，自动变换信号显示。

从保证列车运行而采取的技术手段角度来看，自动闭塞可分两大类：传统的自动闭塞和装备列车运行控制系统的自动闭塞。

(1)传统的自动闭塞。传统的自动闭塞属于固定闭塞的范畴，一般设地面通过信号机，装备有机车信号，保证列车按照空间间隔制运行的技术方法是用信号或凭证来实现的。传统的自动闭塞通常称为自动闭塞，因为要与装备列车运行控制系统的自动闭塞进行区分，故冠以“传统的自动闭塞”之称。目前，传统的自动闭塞一般适用于列车最高运行速度在 160 km/h 及以下的情况，可分为三显示自动闭塞、四显示自动闭塞和多信息自动闭塞 3 种。

(2)装备列车运行控制系统的自动闭塞。列车运行自动控制系统(以下简称列控系统)保证列车按照空间间隔制运行的技术方法是靠控制列车运行速度的方式来实现的。

从闭塞制式的角度来看，装备列车运行控制系统的自动闭塞可分为 3 类：固定闭塞、准移动闭塞(含虚拟闭塞)和移动闭塞。对于准移动闭塞，因它还不是移动闭塞，所以有时仍把它归入固定闭塞。

①固定闭塞。列控系统采取分级速度控制模式时，采用固定闭塞方式。运行列车间的空间间隔是若干个闭塞分区，闭塞分区数依划分的速度级别而定。一般情况下，闭塞分区是用轨道电路或计轴装置来划分的，它具有列车定位和占用轨道的检查功能。固定闭塞的追求目标点为前行列车所占用闭塞分区的始端，后行列车从最高速开始制动的计算点为要求开始减速的闭塞分区的始端，这两个点都是固定的，空间间隔的长度也是固定的，所以称为固定闭塞。

②准移动闭塞。准移动闭塞方式的列控系统采取目标距离控制(又称为连续式一次速

度控制)模式。目标距离控制模式根据目标距离、目标速度及列车本身的性能确定列车制动曲线,不设定每个闭塞分区速度等级,采用一次制动方式。准移动闭塞的追踪目标点是前行列车所占用闭塞分区的始端,当然会留有一定的安全距离,而厚型列车从最高速开始制动的计算点是根据目标距离、目标速度及列车本身的性能计算决定的。目标点相对固定,在统一闭塞分区内不依前行列车的走行而变化,而制动的起始点是随线路参数和列车本身性能不同而变化的。空间间隔的长度是不固定的,由于要与移动闭塞加以区别,所以称为准移动闭塞。

③虚拟闭塞。虚拟闭塞是准移动闭塞的一种特殊形式,它不设轨道占用检查设备,采取无线定位方式来实现列车定位和占用轨道的检查功能,闭塞分区是计算机技术虚拟设定的,仅在系统逻辑上存在有闭塞分区和信号机的概念。虚拟闭塞除闭塞分区和轨旁信号机是虚拟的以外,从操作到管理等,都等效于准移动闭塞方式。虚拟闭塞方式非常有条件将闭塞分区划分得很短,当短到一定距离时,其效率就接近于移动闭塞。

④移动闭塞。移动闭塞是全球铁路及轨道交通信号界公认的最先进的信号系统,国际上已有不少城市开始采用这种新技术对现有的城市轨道交通列车控制系统进行更新,我国武汉轨道交通 1 号线、广州地铁 3 号线等城市轨道交通线路也采用了移动闭塞。该技术的应用对保证行车安全、缩短列车运行间隔、提高线路通过能力均可起到重要作用,也给运营部门带来了良好的经济效益和社会效益。因此,采用移动闭塞方式是城市轨道交通发展的一种趋势。

2.2.3 传统自动闭塞

1. 传统自动闭塞的设备概况

传统自动闭塞是依靠运行中的列车自动完成闭塞作用的一种设备,将两端车站的区间正线划分为若干个闭塞分区,每个闭塞分区的起点设置一个通过色灯信号机进行防护。由于每个闭塞分区都装设轨道电路,因而能够准确反映列车的运行情况和钢轨的完善与否,并及时通过色灯信号机显示,向接近它的列车指示运行条件。因为出站信号机的关闭与通过色灯信号机的显示变化是随着列车的运行通过列车自动控制的,不需要人工操纵(但出站信号机的开放一般仍由车站值班员在排列进路时完成,只有当连续放行通过列车时,才改由列车运行控制),所以称为自动闭塞。

下面以三显示自动闭塞区段为例介绍传统自动闭塞设备概况,如图 2-17 所示。车站值班室设有操纵台面板,操纵台面板上装有各种表示灯、信号机复示器及操作按钮等设备。

可见,处在自动闭塞区段的车站,其控制台上除有站内线路、信号机的有关表示外,还有邻近车站的两个闭塞分区的占用情况表示,即第一、第二接近及第一、第二离去,以使车站值班员了解列车在邻近车站闭塞分区的运行情况。出站信号机的开放受第一、第二远离分区的空闲情况影响。根据列车性质和闭塞分区占用情况,控制开放出站信号。

2. 传统自动闭塞的作用原理

传统自动闭塞的作用原理如图 2-18 所示。

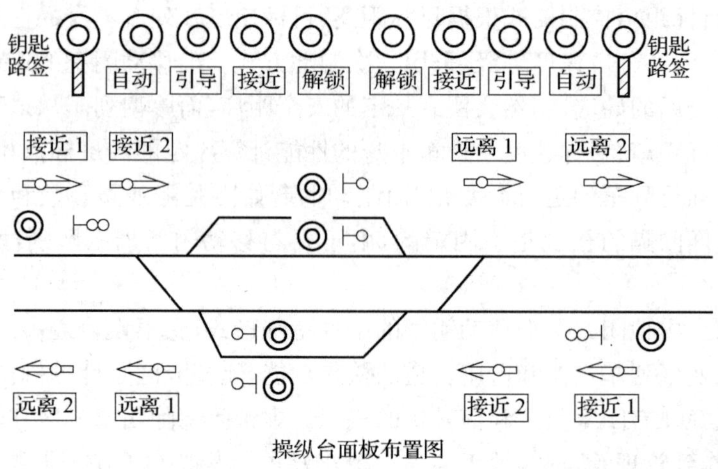

图 2-17 传统自动闭塞设备概况

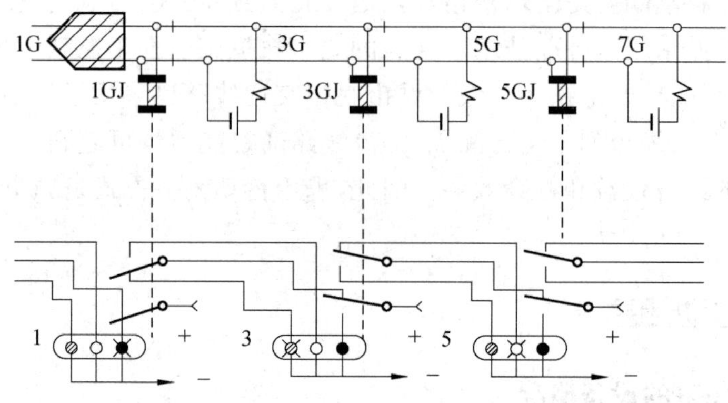

图 2-18 传统自动闭塞的作用原理

从图 2-18 可以看出，每一个闭塞分区构成一个独立的轨道电路。当分区内无列车占用时，轨道继电器有电吸起。当列车在闭塞分区 1G 内运行时，由于轨道继电器 1GJ 被列车的轮对短接，它的前接点断开，继电器接通后接点，使 1 号信号机显示红灯，表示该闭塞分区有车占用。3G 分区内无车，轨道继电器 3GJ 有电吸起，又因轨道继电器 1GJ 接点落下，使 3GJ 前接点闭合而接通 3 号信号机的电路，使 3 号信号机亮黄灯，表示它所防护的闭塞分区空闲，要求后行列车注意运行，前方只有一个闭塞分区空闲。5 号通过信号机由于轨道继电器 5GJ、3GJ 都在吸起状态，通过轨道继电器 5GJ 和 3GJ 的前接点闭合绿灯电路而亮绿灯，准许后行列车按规定速度运行，前方至少有两个闭塞分区空闲，其余以此类推。当线路上的钢轨折断时，由于轨道电路断电，继电器失磁释放衔铁，使信号机显示红灯，所以能更好地保证行车安全。

3. 传统自动闭塞法的类型

传统自动闭塞法有三显示自动闭塞、四显示自动闭塞和多信息自动闭塞。

(1)三显示自动闭塞。

①红色灯光:前方闭塞分区有车占用,停车,不准越过信号机。

②黄色灯光:前方仅有一个闭塞分区空闲,减速通过。

③绿色灯光:前方至少有两个闭塞分区空闲,按规定速度通过。

三显示自动闭塞在绿色灯光条件下,至少有两个闭塞分区空闲可供列车占用。因此,列车基本上是在绿色灯光或黄色灯光下运行的,可以保持较高速度运行或只需要短暂减速运行,适合于客货列车混行的铁路系统。

(2)四显示自动闭塞。

①红色灯光:前方闭塞分区有车占用,停车,不准越过信号机。

②黄色灯光:前方仅有一个闭塞分区空闲,低速列车减速通过。

③黄绿色灯光:前方有两个闭塞分区空闲,高速列车减速通过。

④绿色灯光:前方至少有三个闭塞分区空闲,按规定速度通过。

四显示自动闭塞保证列车在绿色灯光条件下运行,可以充分发挥列车运行速度,比较适合于较高速度的铁路区段或城市轨道交通系统。

三显示自动闭塞和四显示自动闭塞分别如图 2-19(a)、(b)所示。

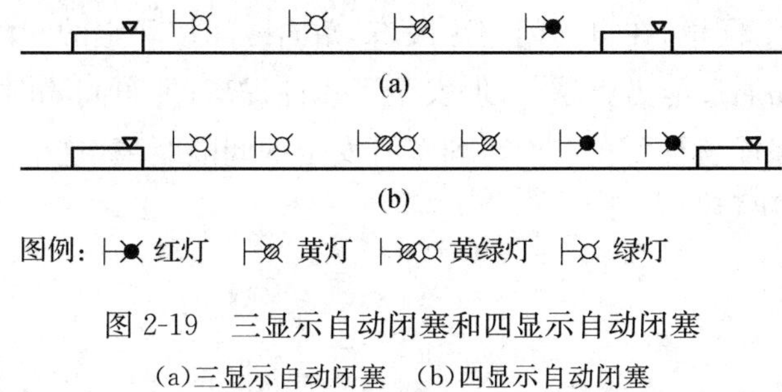

图 2-19 三显示自动闭塞和四显示自动闭塞

(a)三显示自动闭塞 (b)四显示自动闭塞

(3)多信息自动闭塞。多信息自动闭塞也称为多显示自动闭塞,是四显示及以上自动闭塞的统称。多于四显示时,地面通过信号机往往不具备多显示的条件,而以机车信号显示为主。

4. 自动闭塞设备的使用与区间行车办法

(1)自动闭塞设备的使用。在采用传统自动闭塞方式时,车站进站信号机和出站信号机的开放需车站值班员在控制台上操纵。

双线自动闭塞区段的车站发车时,车站值班员不需办理闭塞手续,在发车进路准备妥当后,从控制台上确认区间空闲符合发车条件时,即可开放出站信号机发车。为使接车站做好接车准备,应向接车站通报列车车次、出发时刻及有关注意事项。

单线自动闭塞区段的车站发车时,发车站得到行车调度员准许后,按下发车按钮,该列车运行方向的发车表示灯及接车站的接车表示灯亮起,车站值班员即可开放出站信号机发车,列车到达后,接车站的接车表示灯和发车站的发车表示灯均熄灭,表示区间空闲。

(2)自动闭塞区间的行车办法。采用传统自动闭塞方式,列车进入闭塞区间的行车凭证为信号机的准许信号显示。

在三显示区段,列车进入闭塞分区的凭证为出站或通过信号机的黄色灯光或绿色灯光。为确保客运列车的安全,对客运列车及在车站跟随客运列车后面通过的列车,只准在出站信号机显示绿色灯光的条件下从车站出发或通过。

三显示自动闭塞中,黄灯是注意信号,表示运行前方有一个闭塞分区空闲,一个闭塞分区的长度能满足从规定速度到零的制动距离,可以越过黄灯后再开始制动。四显示自动闭塞中,黄绿灯是警惕信号,表示运行前方有两个闭塞分区空闲,两个闭塞分区的长度能满足从规定速度到零的制动距离,也可以越过黄绿灯后再开始减速,黄灯是限速信号,列车越过黄灯时必须减速至规定的限速值,不然就难以保证在下一个红灯前可靠停车。

在四显示区段,列车进入闭塞分区的凭证为出站或通过信号机的黄色灯光、黄绿色灯光、绿色灯光。对客运列车及跟随客运列车后面通过的列车,进入闭塞分区的凭证为出站信号机的黄绿色灯光或绿色灯光,但特快乘客列车由车站通过时的凭证为出站信号机的绿色灯光。

5. 自动闭塞区间列车运行间距与发车间隔时间

前后列车在区间内运行间距越大,通过能力越差,但运行安全程度越高,列车的运行速度也可发挥到最佳点。同样,在自动闭塞区段,车站向区间按一定的间隔时间连续发车。发车间隔时间越长,线路通过能力就越差,但安全可靠性提高;发车间隔时间越短,则线路通过能力就越强,但必须保证续行列车与前行列车有安全的间隔距离,这个安全的间隔距离可以由自动闭塞的制式来决定。

2.2.4 移动闭塞

1. 移动闭塞的概念

移动闭塞(moving block,MB)是一种新型的闭塞制式,它不设固定闭塞区段,前、后列车都采用移动式的定位方式。移动闭塞可解释为:列车安全追踪间隔距离不预先设定,而随列车的移动不断移动并变化的闭塞方式。

在城市轨道交通中,移动闭塞是一种采用先进的通信、计算机、控制技术相结合的列车控制技术,所以国际上有习惯称其为基于通信的列车控制(communication based train control,CBTC)系统。

移动闭塞可借助感应环线或无线通信的方式实现。早期的移动闭塞系统大部分采用基于感应环线的技术,即通过在轨间布置感应环线来定位列车和实现车载计算机与控制中心之间的连续通信。现在大多数先进的移动闭塞系统都采用无线通信系统实现各子系统间的通信,构成基于无线通信技术的移动闭塞。

2. 移动闭塞与固定闭塞的区别

移动闭塞是基于区间闭塞原理发展起来的一种新型闭塞技术。它根据实际运行速度、制动曲线和进路上列车的位置,动态计算相邻列车之间的安全距离。根据当前的运行速度,后续列车可以安全地接近前一列列车尾部最后一次被证实的位置，直至两者之间的距离不小于安全制动距离。由此可见，它与固定闭塞相比，最显著的特点是取消了以信号机分隔的固定闭塞区间，列车间的最小运行间隔距离由列车在线路上的实际运行位置和运行状态确定，所以闭塞区间随着列车的行驶不断地向前移动和调整。在移动闭塞技术中，闭塞区间仅仅是保证列车安全运行的逻辑间隔，与实际线路并无物理上的对应关系。因此，移动闭塞在设计和实现上与固定闭塞有比较大的区别。移动闭塞一般采用无线通信和无线定位技术来实现。

从闭塞制式的角度来看，装备列车运行控制系统的自动闭塞可分为固定闭塞、准移动闭塞（目标点相对固定，起始点相对变化）和移动闭塞 3 类。

传统信号系统的主要设计方法是列车定位基于轨道电路，通过线路旁信号机显示、车站停车和司机告警等来确保后续列车不能进入被前一列列车所占用的闭塞区间，从而保证了一定的列车安全间隔。与此不同，移动闭塞系统独立于轨道电路，通过列车的精确定位来提高安全性和列车运行密度，通过车载和地面安全设备之间的快速连续双向数据通信实现对列车的控制。一套移动闭塞系统可安全地允许多列列车同时占用同一闭塞分区，此区间对于固定闭塞而言只能被一列列车安全占用，从而能提高发车间隔，增加乘客运能。而在传统的固定闭塞制式下，系统无法知道列车在分区内的具体位置，因此列车制动的起点和终点总在某一分区的边界，为充分保证安全，必须在两列车间增加一个防护区段，这使得列车间的安全间隔较大，降低了线路的使用效率。

准移动闭塞在控制列车的安全间隔上比固定闭塞更进了一步。它采用报文式轨道电路辅之环线或应答器来判断分区占用情况并传输信息，信息量大；可以告知后续列车继续前行的距离，后续列车可根据这一距离合理地采取减速或制动，列车制动的起点可延伸至保证其安全制动的地点，从而可改善列车速度控制，缩小列车安全间隔，提高线路利用效率。但准移动闭塞中后续列车的最大目标制动点仍必须在先行列车占用分区的外方，并没有完全突破轨道电路的限制。

3. 移动闭塞技术的原理

(1)地铁信号和列车自动保护系统。在轮轨交通中，为保证列车运行安全，须确保列车以一定的安全间隔运行。早期，人们通常将线路划分为若干闭塞分区，以不同的信号表示该分区或前方分区是否被列车占用等状态，列车则根据信号显示运行。不论采取何种信号显示制式，列车间都必须有一定数量的空闲分区作为列车的安全间隔。

地铁的信号原理也基于此。但由于地铁的特殊条件，对安全的要求更加严格，因此必须配备列车自动保护 ATP 系统。ATP 通过列车间的安全间隔、超速防护及车门控制来保证列车安全畅通的运行。在固定划分的闭塞分区中，每一个分区均有最大速度限制。若列车进入了某限速为零或被占用的分区，或者列车当前速度高于该分区限速，ATP 系统便会实施紧急制动。ATP 地面设备以一定间隔或连续地向列车传递速度控制信息。该信息至少包含两部分：分区最高限速和目标速度（下一分区的限速）。列车根据接收到的信息和车载信息等进行计算并进行合理动作。速度控制代码可通过轨道电路、轨间应答器、感应环线或无线通信等传输，不同的传递方式和介质也决定了不同列车控制系统的特点。为了保证安全，地铁 ATP 在两列车之间还增加了一个防护区段，即双红灯区段防护，如图 2-20 所示。后续列车必须停在第二个红灯的外方，保证两列列车之间至少间隔一个固定闭塞分区。

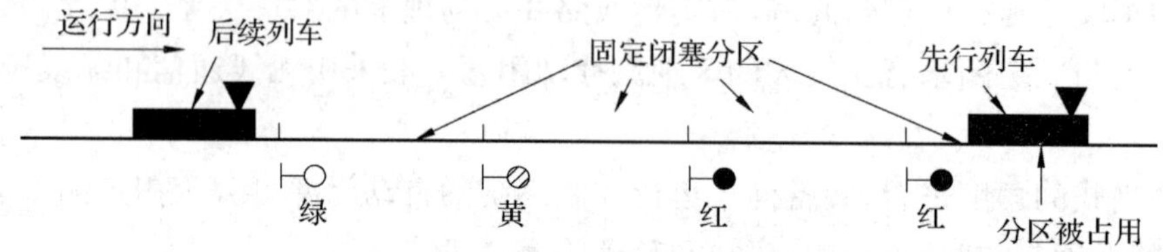

图 2-20　地铁 ATP 的双红灯区段防护

(2)移动闭塞——基于通信的列车控制系统。移动闭塞技术在对列车的安全间隔控制上更进了一步。通过车载设备和轨旁设备间不间断的双向通信，控制中心可以根据列车实时的速度和位置动态计算列车的最大制动距离。列车的长度加上这一最大制动距离并在列车后方加上一定的防护距离，便组成了一个与列车同步移动的虚拟分区，如图 2-21 所示。由于保证了列车前后的安全距离，两个相邻的移动闭塞分区就能以很小的间隔同时前进，这使列车能以较高的速度和较小的间隔运行，从而提高运营效率。

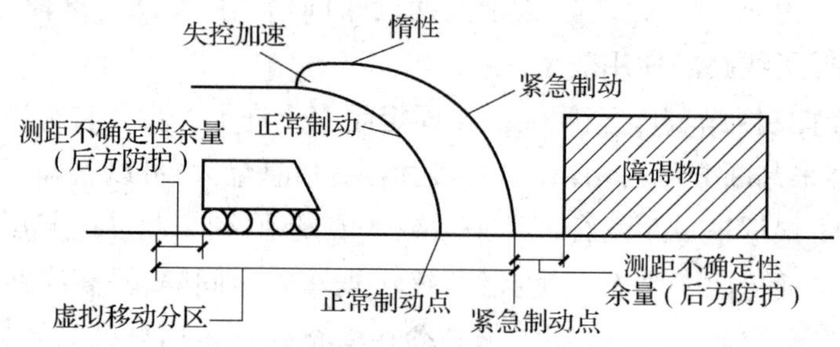

图 2-21　移动闭塞系统的安全行车间隔

移动闭塞的线路取消了物理层次上的分区划分，而是将线路分成了若干个通过数据库预先定义的线路单元，每个单元长度为几米到十几米之间，移动闭塞分区即由一定数量的单元组成，单元的数目可随着列车的速度和位置而变化，分区的长度也是动态变化的。线路单元以数字地图的矢量表示。如图 2-22 所示，线路拓扑结构的示意图用一系列的节点和边线表示。任何轨道的分叉、汇合、走行方向的变更及线路的尽头等位置均由节点(node)表示，任何连接两个节点的线路称为边线。每一条边线有一个从起始节点至终止节点的默认运行方向。一条边线上的任何一点均由它与起点的距离表示，称为偏移。因此，所有线路上的位置均可由矢量(边线，偏移)来定义，且标识是唯一的。

移动闭塞系统中列车和轨旁设备必须保持连续的双向通信。列车不间断地向轨旁控制器传输其标识、位置、方向和速度，轨旁控制器根据来自列车的信息计算、确定列车的安全行车间隔，并将相关信息(如先行列车位置、移动授权等)传递给列车，控制列车运行。

边线 $e7$ 连接节点 $n5$ 和 $n6$，默认方向为从 $n6$ 到 $n5$ 方向；节点 $n5$ 与边线 $e7$、$e8$ 和

$e11$ 相连。

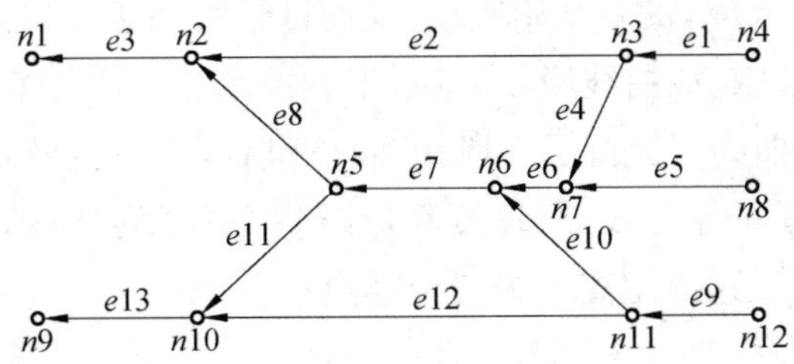

图 2-22 线路拓扑结构的示意

早期的移动闭塞系统是通过在轨间布置感应环线来定位列车和实现车载控制器(vehicle on-board controller，VOBC)与列车控制中心(vehicle control center，VCC)之间的连续通信的。现今，大多数先进的移动闭塞系统已采用无线通信系统实现各子系统间的通信。在采用轨旁基站的无线通信系统中，系统一般考虑以 100%的无线信号冗余率进行基站布置，以消除在某个基站故障时可能出现的信号盲区。

4. 移动闭塞的基本要素

在移动闭塞技术中，闭塞分区仅仅是保证列车安全运行的逻辑间隔，与实际线路并无物理上的对应关系，因此，移动闭塞在设计和实现上与固定闭塞有比较大的区别。其中列车定位、安全距离和目标点是移动闭塞技术中最重要的 3 个概念，可以作为移动闭塞的 3 个基本要素。

(1)列车定位。列车定位是移动闭塞技术的基础，要实现闭塞区间的动态移动，首先必须实时、准确地掌握列车的位置信息，确定列车间的相对距离，系统不断地将该距离与所要求的运行间隔距离相比较，确定列车的安全运行速度。所以说，没有准确的列车定位，就没有移动闭塞。列车定位由地面设备和车载设备共同完成，在列车的轮轴上安装有车轮转速计以确定列车的运行方向和走行距离。列车运行的起始点确定以后，根据车轮转速计所检测到的列车运行方向和走行距离，就可以精确地确定列车在线路上的实际位置。但是，由于车载定位设备存在着测量误差，特别是列车经过长距离运行后，这个误差会不断地积累，直接影响列车定位的精度。所以，在线路上每隔一段固定距离，就需要安装一个地面定位设备。当列车经过这些地面定位设备时，由车载传感设备检测到该定位点，获知列车的确切位置，从而消除车载定位设备所产生的累积定位误差。在基于环线通信的移动闭塞系统中，感应环线每 25 m 交叉一次。列车通过环线交叉点时可以检测到交叉点前后环线的信号相位发生了变化，从而判定列车经过该交叉点。由于感应环线交叉点间的跨度是固定的，所以列车每经过一个环线交叉点，就可以修正一次车轮转速计的测量误差，从而达到准确定位列车的目的。

(2)安全距离。安全距离是基于列车安全制动模型计算得到的一个附加距离，它保证追踪列车在最不利条件下能够安全地停止在前行列车的后方，不发生冲撞。所以，安全距离是移动闭塞系统中的关键，是整个系统设计的理论基础和安全依据。

如图 2-23 所示，假定追踪列车 T_1 在 A 点以线路允许的最高速度运行。此时，前方列车

T_2 处于 E 点，正常情况下，追踪列车开始进行常用制动，沿制动曲线 d 停止在 B 点。但是如果此时追踪列车 T_1 发生故障，没有开始制动，反而以最大加速度加速，直至车载控制器检测到列车速度超出了容许范围，如曲线段 a 之后，车载控制器启动列车紧急制动系统。在紧急制动力生效前，列车又沿曲线 b 运行了一段距离。然后制动力生效，列车沿曲线 c 紧急制动停止在 C 点。考虑到列车的定位误差、速度测量误差等不确定因素，列车停止的实际位置也有可能是 E 点，因此将 BE 这段距离称为安全距离。

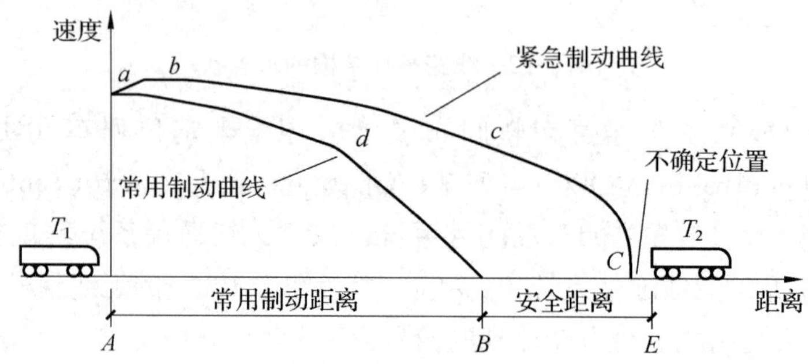

图 2-23　安全距离示意

可以看出安全距离是附加在列车常用制动距离上的一段安全富余量。列车行驶过程中，追踪列车和前行车始终保持 1 个常用制动距离再加上 1 个安全距离的移动闭塞间隔，确保在最不利条件下追踪列车和前行列车不发生碰撞。安全距离与线路状况、列车性能等因素有关。在系统设计阶段，通常规定了系统能使用的最小安全距离，同时在满足运营时间间隔的前提下，采用比理论计算值大的安全距离，以提高系统运行的安全性。

(3)目标点。目标点是列车移动的凭证，如同固定闭塞系统中的允许信号，列车只有获得了目标点，才能够向前移动。目标点通常是设在列车前方一定距离的某个位置，一旦设定，即表明列车可以安全运行至该点，但不能超过该点。移动闭塞系统正是通过不断前移列车的目标点，引导列车在线路上安全运行。

如图 2-24 所示，假如列车 T_1、T_2 运行在线路无岔区段上，那么追踪列车 T_1 的最远目标点可以设定在距离前行列车 T_2 尾部一个安全距离的地方。若前方列车停车，那么追踪列车的目标点 TPa 将停止在该点上。当列车 T_1 运行至距目标点 1 个常用制动距离时，若开始制动，可保证列车停止在目标点后方。如果前行列车 T_2 继续向前行驶，则追踪列车 T_1 的目标点 TPa 也向前不断移动从而在列车 T_1、T_2 之间形成一个移动的闭塞区间。

对于道岔区段，目标点的确定如图 2-25 所示。当列车 T_1 需要通过道岔 SW 前，若该道岔没有锁闭在规定位置，列车的目标点将停止在道岔前方 1 个安全距离的位置，如 TPb。待道岔转换并锁闭到规定位置后，目标点就可以越过道岔区域，移至道岔后方 TPc 点，列车得到该目标点后才可以行驶通过道岔 SW，实现列车运行与道岔间的联锁，保证列车在道岔区域内的安全行驶。

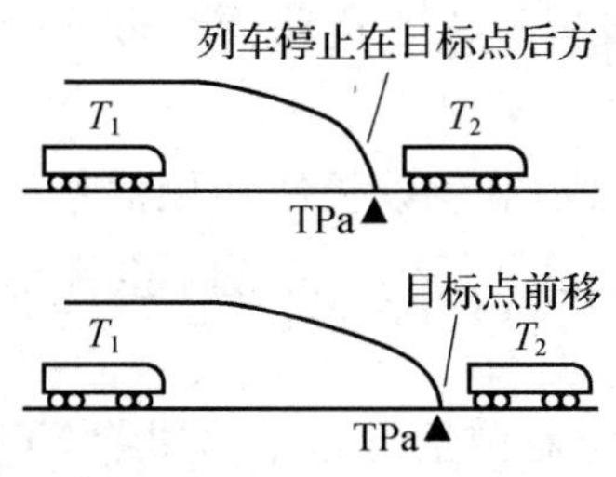

图 2-24　无岔区段目标点确定

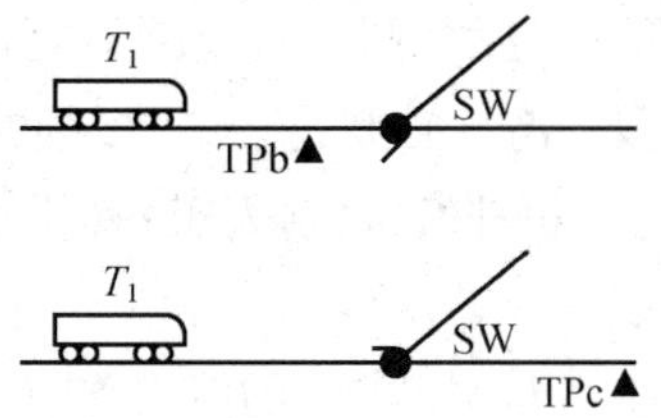

图 2-25　道岔区段目标点确定

5. 移动闭塞系统的主要运行模式及行车方法

国内城市轨道交通行业采用的主要是 SelTrac MB 移动闭塞系统，它可以提供两种主要运行模式，即列车自动控制(ATC)模式和后退模式。

(1)列车自动控制模式。ATC 模式下，系统根据 SelTrac 移动闭塞原理自动地控制列车，司机的干预最少。该模式是 ATC 系统和列车运营服务的常用工作模式。

正常运营条件下，列车的运行由列车控制中心进行控制，列车在 ATC 系统控制下自动地在整个线路上运行，司机仅对运行进行监视。ATC 系统将在车场边界转换轨处进行列车自检，并在自检成功后使其自动投入到正线运营当中。退出运营的列车将自动返回到车场边界转换轨，车场的列车自动监控子系统 ATS 从这里控制列车进入车场。

①信息传输路径。ATC 模式下的信息传输路径，即基于电缆环线传输方式的移动闭塞，如图 2-26 所示。

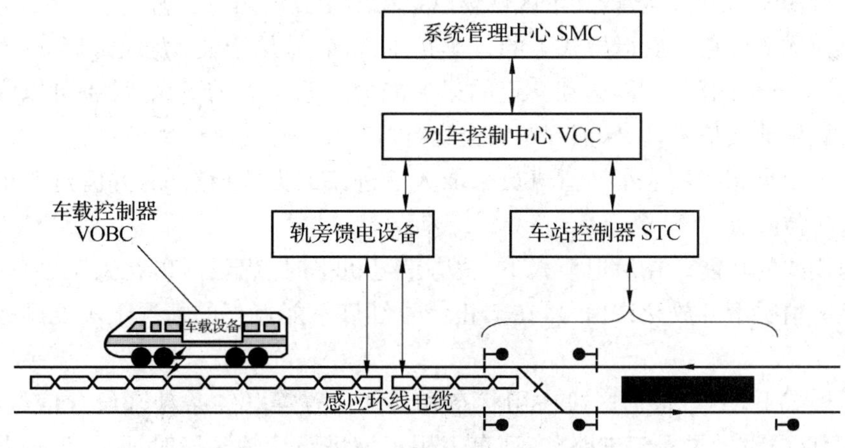

图 2-26　基于电缆环线传输方式的移动闭塞

②进路与道岔控制。ATC 模式下，VCC 负责列车的安全间隔和运行(安全运行还包括对道岔的操作)，VCC 按照系统管理中心(system management centre，SMC)中执行的时刻表(或运行线)正确排列进路。

当列车按所分配的进路前进时，VCC 将在列车前方预留相应的轨道及道岔，并在允许列车通过之前命令系统资源控制器(system resource controller，SRC)转换道岔到所需位置。当 VCC 确认列车已从相关轨道及道岔出清，预留取消。

一旦中心调度员在中心控制室的 VCC 终端上设置了人工进路预留道岔命令或者调度员人工单独预留道岔命令，系统就不会自动转换道岔。

③信号显示与计轴状态。ATC 模式下，信号机显示蓝色以提醒司机信号机防护区域是“自动”区域，人工列车(限制人工)禁止通过。ATC 模式下，ATC 系统不会在信号机上显示其他灯光。

计轴器在 ATC 模式下仍然工作，但其检测的列车定位信息将不返回给 VCC，即计轴器不参与 ATC 模式下的联锁逻辑。

④运行方式。列车可在 ATO 驾驶模式、人工保护驾驶模式及无人驾驶模式下运行。

ATC 模式下，按下站台紧急停车按钮及中央紧急停车按钮时，VCC 对其进行响应。

ATC 系统有能力使列车在线路的任何区域上双向运行。双向运行可以有效应对线路的任何部分由于特殊原因(如轨道阻塞)而采取的自动变更运行。与正向运营一样，反向运行时信号系统提供 ATP、ATO 及 ATS 功能。

(2)后退模式。后退模式可以采用列车人工驾驶(限制人工或非限制人工)运行，是考虑到 ATC 系统设备故障，或没有配备 ATC 设备的列车要在正线线路上运行而设计的。

当 VCC 发生严重故障、感应环线发生故障或者车载控制器 VOBC 发生故障时，后退模式可以提供一种降级服务。此时，列车采用人工驾驶，按照轨旁信号机显示运行。

后退模式根据移动闭塞系统的故障影响分为全人工后退模式和局部后退模式。全人工后退模式是指单个或全部的车站控制器(station controller，STC)将不受 VCC 控制，该 STC 控制下的所有正线区域均以自动闭塞运营；局部后退模式则是指 STC 控制的个别信号机防护的区段以自动闭塞方式运营，其余区域仍以移动闭塞方式运营。

①后退模式的特点。后退模式下的行车是单方向的，用于使无通信列车进入固定闭塞下运营，在确保安全的前提下，达到一定的运输能力。系统中的 STC 设备可以为其控制区域内的列车提供地面信号，以保证列车安全运行。

进路是由中央调度员或车站值班员采取人工进路的方式设置的，并将进路上有关道岔安设到要求的位置。

②后退模式的功能。在后退模式下，轨旁信号机平时点亮红灯，在人工办理了进路、联锁条件满足的情况下开放允许信号，在禁止信号红灯不能点亮的情况下不能开放任何允许信号。

在后退模式下，STC 根据区段占用状态和道岔位置等联锁条件来设置信号机的显示。因此，一旦调度员设置了人工进路，当列车占用了该进路计轴区段时，防护该进路的信号机将显示红灯。当列车出清该占用区段后，如果所有的道岔都处在正常进路所要求的正确位置，则该区段信号机自动开放，显示绿灯；如果所有的道岔都处在变更进路所要求的正确位置，则该区段信号机自动显示黄灯。当道岔处于锁闭状态时，信号机才能显示开放的信号(绿灯或黄灯)。

STC 根据系统管理中心 SMC(或处于局部后退模式的 VCC)的指令或 SMC 本地工作站控制指令转动道岔，并依据联锁条件设置为红灯后，命令道岔开始转动；当道岔转到规定位置并锁闭后，STC 检查所有的联锁条件，上述条件均符合时就将信号机设置为允许灯光

显示。

如果STC收到道岔转换指令时接近计轴区段有车且道岔区段空闲，STC则将信号机显示为红灯后60 s计时；一旦时间计完，若道岔区段无车，则STC开始转动道岔，使其转到规定的位置。

③后退模式的转换。后退模式与自动模式的相互转换时机取决于中央调度员，而时间长短主要取决于司机、调度员及系统中正在运行的列车数量。

当VCC发生故障时，中央调度员开始干预，系统将在大约60 s内从自动模式转入全人工后退模式。

只有所有的人工预留进路均已取消，所有线路上正在以人工模式运行的列车都重新进入自动模式，并且中央调度员进行干预，系统才能启用全自动运行模式，否则系统将维持原局部人工运行模式或全人工运行模式。

6. 移动闭塞系统的组成和特点

(1)移动闭塞系统的组成。移动闭塞系统主要包括无线数据通信网络、车载设备、区域控制器和控制中心等。图2-27是典型的CBTC系统结构框图。地面和车载设备通过数据通信网络连接起来，构成系统的核心。

无线数据通信是移动闭塞实现的基础。通过可靠的无线数据通信网，列车将位置、车次、列车长度、实际速度、制动潜能和运行状况等信息以无线的方式发送给区域控制器；区域控制器追踪列车并通过无线传输方式向列车发送移动授权。车载设备包括无线电台、车载计算机和其他设备(如传感器、查询器等)。列车将采集到的数据(如机车信息、车辆信息、现场状况和位置信息等)通过无线数据通信网发送给区域控制器，以协助完成运行决策；同时对接收到的命令进行确认并执行。

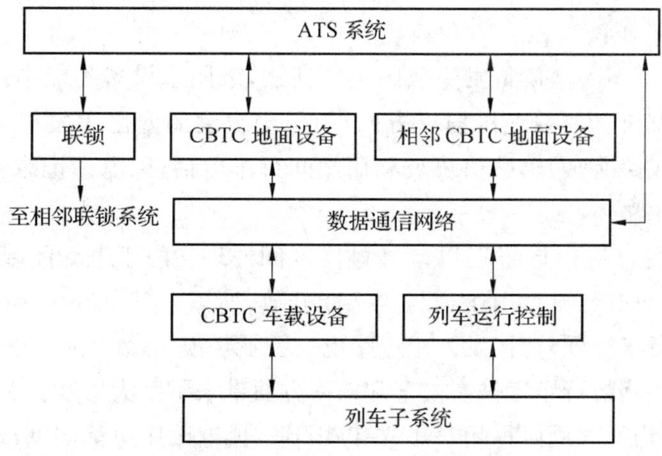

图2-27 典型的CBTC系统结构框图

SelTrac列车自动控制系统是阿尔卡特(Alcatel)公司研制的一套基于通信的列车自动控制系统，它采用移动闭塞原理，以电缆环线作为车-地双向信息传输方式，集ATP、ATS、ATO于一身，实现对列车运行安全的控制。

典型的SelTrac MB移动闭塞系统主要由3个控制层次共5个子系统构成。

①管理层。管理层由系统管理中心 SMC 子系统构成，主要实现 ATS 功能，对列车进行自动监督并实现调度管理。

②操作层。操作层由列车控制中心 VCC 子系统构成，负责计算列车的安全运行间隔。操作层综合来自车载控制器 VOBC 的列车位置、速度、运行方向信息和来自车站控制器 STC 的轨旁设备(如道岔等)的状态信息，实现列车的运行和轨旁设备的联锁，达到在移动闭塞运行方式下控制列车安全运行的目的。

③执行层。执行层由车站控制器、车载控制器和感应环线 3 个子系统构成，负责解释并执行列车控制中心发来的控制命令，并向列车控制中心报告所辖设备的状态信息。其中，车站控制器负责对轨旁设备(如道岔、计轴器、站台发车表示器、站台屏蔽门等)的控制和信息采集；车载控制器则对列车进行控制并反馈列车的状态信息；而感应环线则是列车和列车控制中心间通信的传输介质，同时系统利用环线电缆、环线电缆交叉及车载控制器中的转速计实现对列车的定位。

(2)移动闭塞系统的特点。移动闭塞具有以下特点：

①线路没有固定划分的闭塞分区，列车间隔是动态的，并随前一列列车的移动而移动。

②列车间隔是按后续列车在当前速度下所需的制动距离加上安全余量计算并控制的，这样可确保不追尾。

③制动的起点和终点是动态的，轨旁设备的数量与列车运行间隔关系不大。

④可实现较小的列车运行间隔。

⑤采用车-地双向数据传输，信息量大，易于实现无人驾驶。

2.2.5 电话闭塞

1. 电话闭塞的特点

电话闭塞是当基本闭塞设备发生故障不能使用，或闭塞设备不能满足运行列车的要求(如在未设双向闭塞设备的双线区段反方向运行，半自动闭塞区段发出由区间返回的列车等)时，由两车站(线路所)的车站值班员利用站间行车电话，以电话记录的方式办理闭塞的方法，其是代用闭塞法。

(1)电话闭塞不论在单线或双线，均按站间区间办理。由于电话闭塞没有机械、电气设备的控制，只靠制度加以约束，出站信号机不能开放，所以办理闭塞手续时必须严格。一般情况下，除需填写行车凭证外，接发列车进路也失去了联锁；除人工确认发车进路正确外，还要按规定加锁，给车站的行车工作在安全和效率方面带来了巨大影响。为保证同一区间、同一线路在同一时间内不误用两种闭塞法，在停用基本闭塞改用电话闭塞或恢复基本闭塞时，均须按照列车调度员的调度命令办理。在列车调度员电话不通，得不到调度命令的情况下，应由该区间两端站的车站值班员确认区间空闲后，以电话记录办理。

(2)确认区间空闲是改变行车闭塞法最基本的前提。无论是列车调度员，还是区间两端站车站值班员，在办理停用基本闭塞而改用电话闭塞或恢复基本闭塞时，都要确认区间空闲，以避免一个区间放入两个列车。

2. 采用电话闭塞的几种情况

(1)基本闭塞设备发生故障时。

①自动闭塞设备发生故障或停电，包括区间内两架及其以上通过信号机发生故障或灯光熄灭。在这种情况下，列车虽然可按自动闭塞通过色灯信号机关闭的特定行车办法运行，但列车在区间内一停再停和减速运行，势必严重影响运输效率和运行安全。因此遇有此种情况，也视为基本闭塞设备发生故障。

②半自动闭塞设备发生故障。半自动闭塞设备发生故障包括轨道电路发生故障、出站信号机发生故障或灭灯、闭塞表示灯错误显示、双方表示灯显示不一致等情况。

(2)区间返回列车时。此种情况包括发出挂有由区间返回的后部补机的列车或自动闭塞区间发出由区间返回的列车。

发出挂有由区间返回的后部补机的列车，此时由区间返回的后部补机无返回的凭证；同时基本闭塞设备无法保证后部补机由区间返回发车站前，不能向该区间发出列车。自动闭塞区间发出由区间返回的列车时，此时基本闭塞设备无法保证发车站在列车未返回到车站之前，不能向该区间发出列车。

(3)无双向闭塞设备的双线区间反方向行车或改按单线行车。

①当双线区间正线无反向闭塞设备、反方向行车时，只能改按电话闭塞。

②当双线区间的一条线路因施工或其他原因封锁，另一条线路改按单线行车时，虽正线正方向闭塞设备能使用，但由于该线路正方向与反方向运行的列车采用不同的闭塞方法，办理上容易出现错误，而引发事故。因此，该线路应改按单线行车，上、下行列车均须改用电话闭塞。

③采用反方向行车办法时，须有反方向行车调度命令。

(4)半自动闭塞的特殊情况。

①发出需由区间返回的列车。发出需由区间返回的列车，只能压上发车站的轨道电路，不能压上接车站的轨道电路，列车返回车站后闭塞机不能正常复原。因此不论车站是否设有钥匙路签，均须改用电话闭塞法。这一点使半自动闭塞法和其他基本闭塞法有本质区别。

②由未设出站信号机的线路上发车。此时该列车无法取得半自动闭塞的凭证。

③超长列车头部越过出站信号机并压上出站方向轨道电路。此时，出站信号机不能开放。

(5)自动闭塞和半自动闭塞区间的特殊情况。自动闭塞、半自动闭塞区间在夜间或遇降雾、暴风雨雪天气，为消除线路故障或执行特殊任务而运行轻型车辆时，正常情况下，在设有轨道电路的线路或道岔上运行的轻型车辆要求装有绝缘车轴，以不影响闭塞和接发车。当轻型车辆按列车办理，在上述闭塞设备的区间运行时，由于装有绝缘车轴轨道电路不起作用，从而不能保证轻型车辆运行的安全，为此需改用电话闭塞。

3. 电话闭塞法的行车凭证

采用电话闭塞法行车时，不论单线或双线，列车以路票作为占用闭塞区的凭证，一个闭塞区内只允许有一列列车运行。闭塞区间内列车凭路票采用不受限制的人工驾驶(unrestricted manual，URM)模式驾驶。列车反向运行时，车站应在路票左上角加盖“反方向运行"专用章,非固定股道接车、折返时应写明接车股道。路票的样式如图 2-28 所示。

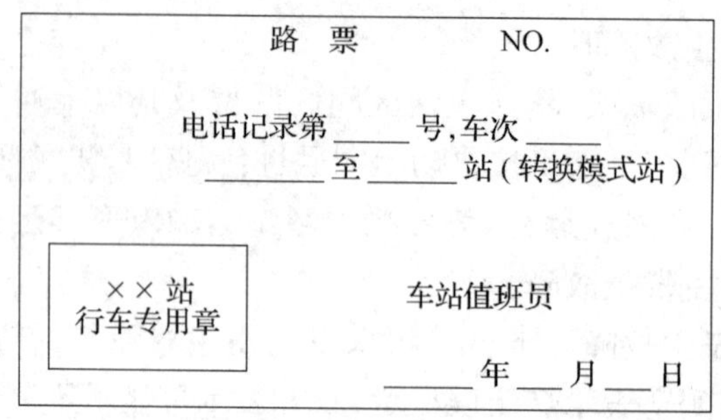
路 票 NO.

电话记录第____号,车次____

____至____站(转换模式站)

××站
行车专用章

车站值班员

____年__月__日

图 2-28 路票的样式

2.3 联锁及联锁设备

城市轨道交通车站大多数仅有列车到达、列车停靠、乘客上下、列车出发等作业,没有调车作业。因而,在车站线路设置方面也较简单,仅需两条运行线,无须配备其他线路。但在部分需要折返作业运行的车站(如终点站、区间站等),或进行其他调车作业的车站(如配置出入车辆基地线路的车站、联络线出岔处设有渡线可供转线的车站等),以及在车辆基地、材料厂等需要调车作业的部门则设有较多的线路。为了保证调车作业运行的安全,不致发生冲撞、追尾等,轨道交通系统采用联锁的办法来做防护保障。

2.3.1 联锁和进路

1. 联锁

(1)联锁的定义。在轨道交通运输中,为了确保列车运行安全和调车作业运行安全,在运行的线路上通过相互制约作用,使进路、道岔、信号机的信号显示建立一定的关系,用来保障行车安全,维持正常的运行秩序。我们把进路、道岔、信号三者之间的相互制约、相互检查、相互依存的关系称为联锁或联锁关系。

(2)联锁关系的基本条件。在联锁关系中,需要了解以下几个关系:

①进路不对或敌对信号机没有关闭,有关信号机就不能开放。

②进路上的信号机一旦开放,显示进行信号,进路就被锁闭,进路上所有有关道岔就不能被扳动,敌对信号机就不能开放。

③当进路上有停留的列车(车辆)时,列车进路就无法开放,包括不能扳动道岔和开放防护信号机的进行信号。

2. 进路

进路是指列车在车站内(或车辆基地等部门)运行的路径。进路的划分原则如下:

(1)进路的始端一般是信号机。

(2)进路包括信号机所防护的轨道区段和道岔。

(3)一架信号机可作为几条进路的始端。

(4)进路的终端可以是信号机、站界标及警冲标、股道终端。

列车进路是指列车在车站到达、出发、通过的作业进路;调车进路是指列车调车作业通过的进路;敌对进路是指两条或两条以上的进路有一部分重叠或交叉,有可能产生冲突的进路。

2.3.2 联锁的原理

联锁是通过技术方法,使信号、道岔和进路必须按照一定程序并满足一定条件时,才能动作或建立起来的相互关系。也就是说,为了保证车站行车安全,必须制定一系列的联锁规则以制约信号的开放与关闭、道岔转动和进路的建立;必须以技术手段来实现这些联锁规则。联锁系统以电气设备或电子设备实现联锁功能,以信号机、动力转辙机和轨道电路室外三大件来体现联锁功能。

根据系统内各设备在功能上的分工和所在的位置,联锁系统可分解成联锁机构(联锁层)、人-机会话层和监控层,如图 2-29 所示。联锁机构、监控层都必须符合故障-安全原则,其设备设在车站信号楼的机械室内;人-机会话层设在车站值班室。

(1)联锁机构。联锁机构是联锁系统的核心,它除了接收来自人-机会话层的操纵信息外,还接收来自监控层所反映的室外信号机、转辙机和轨道电路状态的信息,并根据联锁条件,对这些控制信息和状态信息进行处理,产生相应的信号控制命令和道岔控制命令。

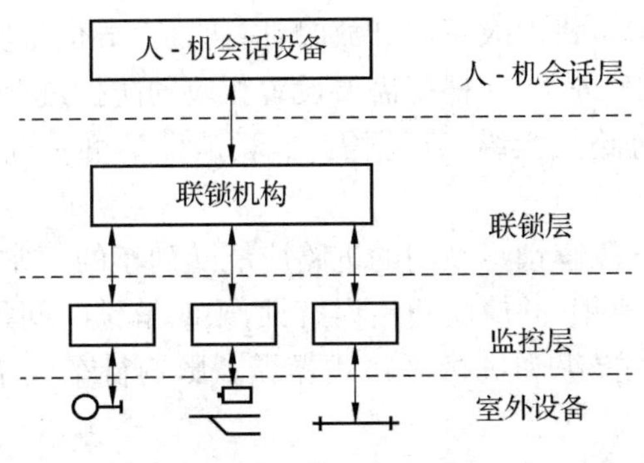

图 2-29 联锁系统层级

(2)人-机会话层。人-机会话层的主要功能是操作人员在该层向联锁机构输入操作信息,接收联锁机构反馈的设备状态信息和行车作业情况信息。

(3)监控层。监控层的主要功能是接收联锁机构的控制命令,通过信号控制电路来改变信号机显示;接收联锁机构的道岔控制命令,驱动道岔转换;向联锁机构反馈信号机状态信息、道岔状态信息和轨道电路状态信息。

2.3.3 联锁设备的功能和要求

1. 联锁设备的功能

控制车站的进路、道岔和信号机，并实现它们之间联锁关系的设备称为联锁设备。

联锁设备应能响应来自 ATS 的命令，在满足安全的前提下，控制进路、道岔和信号机，并将进路、轨道电路、道岔及信号机的状态信息提供给 ATS 和 ATP/ATO。联锁设备有以下功能：

(1)联锁逻辑运算。接收 ATS 或车站值班员的控制命令，进行联锁逻辑运算，实现对道岔和信号机的控制。

(2)轨道电路处理。接收并处理轨道区段的“空闲、占用”状态信息，并把该状态信息转发给其他相关设备。

(3)进路控制。排列进路、锁闭进路和解锁进路。

(4)道岔控制。监测道岔状态，解锁、转换和锁闭道岔。

(5)信号机控制。监视轨旁信号状态，并依据进路、轨道区段、道岔和其他轨旁信号状态自动给出允许或禁止信号。

2. 联锁设备的要求

联锁设备应符合以下规定：

(1)确保进路上进路、道岔和信号机的联锁，当联锁条件不符时，禁止开通进路。敌对进路必须相互照查，不得同时开通。

(2)装设引导信号的信号机因故不能开放时，应通过引导信号实现引导接车。

(3)应能办理列车、调车进路，并根据需要设置相应的防护进路。

(4)联锁设备宜采用进路式操纵。根据需要，联锁设备可实现车站有关进路、端站折返进路的自动排列。

(5)进路解锁宜采用分段解锁。锁闭的进路应能随列车的正常运行自动解锁，以及可以人工办理取消进路和限时解锁，并应防止错误解锁，限时解锁时间须确保行车安全。

(6)联锁道岔应能单独操纵和进行进路式操纵。影响行车效率的联动道岔宜采用同时启动方式。

(7)车站站台及车站控制室应设站台紧急关闭按钮。站台紧急关闭按钮电路应符合故障-安全原则。

(8)联锁设备宜选用控制台操作。控制台上应设有意义明确的各种标志，用以监督线路及道岔区段占用、进路锁闭及开通、信号开放和挤岔、遥控和站控等。

(9)车站联锁的控制内容应包括列车进路、引导进路、进路的解锁和取消、信号机的关闭和开放、道岔的操纵及锁闭、区间临时限速、扣车和取消、遥控和站控、站台紧急关闭和取消。

2.3.4 联锁系统控制

联锁的目的就是防护进路，主要工作为进路建立和进路解锁。

1. 进路建立

进路建立是指从开始办理进路到防护该进路的信号机开放的这一阶段。进路建立的过程可分为以下 5 个阶段：

(1)办理进路。采用双按钮进路式选路法，操作人员按压进路的始、终端按钮以确定进路的范围、方向(接车方向还是发车方向)和性质(列车进路还是调车进路)。

(2)选出进路。根据已确定的进路范围自动选出与进路有关的信号机、道岔和轨道电路，并检查确定其是否符合进路开通的条件。

(3)转换道岔。道岔控制电路动作将选出的道岔转换到规定位置。

(4)锁闭进路。道岔转换完毕后，需锁闭道岔和敌对进路，以确保行车安全。进路锁闭后，从防护该进路的信号机开始至进路的终端在控制台上显示白光带。在集中联锁的道岔区段，进路锁闭的实质是由构成该进路的各轨道区段的锁闭构成的。

(5)开放信号。满足以上条件后，信号机自动给出允许显示，指示列车或车列驶入进路。

2. 进路解锁

进路解锁是指从列车或车列驶入信号机内方到出清进路中全部轨道区段为止的这一阶段，或者指操作人员解除已建进路的阶段。进路解锁也即解除对道岔的锁闭和对敌对进路的锁闭。

可以列车或车列是否驶入进路为分界，根据解锁条件和时机的不同，将进路解锁分为取消进路、人工解锁、正常解锁、中途折返解锁及故障解锁。无论何种解锁都必须先关闭信号，后解锁进路。

(1)相关概念。一般将信号机外方的一段或几段轨道电路区段称为接近区段，接近区段的长度是由列车或车列的运行速度决定的。信号开放后，根据接近区段是否有车占用，进路锁闭分为预先锁闭和接近锁闭。信号开放后，接近区段无车占用时的进路锁闭称为预先锁闭，接近区段有车占用时的进路锁闭称为接近锁闭。进路锁闭方式不同，办理解锁的手续也不同。

(2)列车或车列未驶入进路的解锁方式。

①取消进路。进路锁闭后，信号由于某种原因没有开放，或者进路处于预先锁闭时，操作人员将办理取消手续解锁进路。

②人工解锁。信号开放后，进路处于接近锁闭时，操作人员根据需要办理人工解锁手续，进路需经过 30 s 或 3 min 的延时才能解锁。延迟时间是从信号关闭时算起，设置延时解锁是为了防止解锁原有进路改为其他进路时，处于接近区段的列车或车列可能由于停车不及时冒进信号而压上正在转换的道岔。延时能够确保列车或调车机车车辆有足够的停车时间。对于接车进路和正线发车进路规定延时 3 min，对于侧线发车进路和调车进路规定延时 30 s。在城市轨道交通中，由于列车的行驶速度较慢，延时一般采用 30 s 或 1 min。

(3)列车或车列驶入进路的解锁方式。

①正常解锁。正常解锁也称为逐段解锁，即列车或车列顺序占用和出清进路的各轨道区段后，进路上的轨道区段自始端至终端自动顺序解锁，一般采用三点检查法，如图 2-30 所示。当满足以下条件时，b 区段自动解锁：

a. 前一轨道区段 a 和本轨道区段 b 同时被占用。

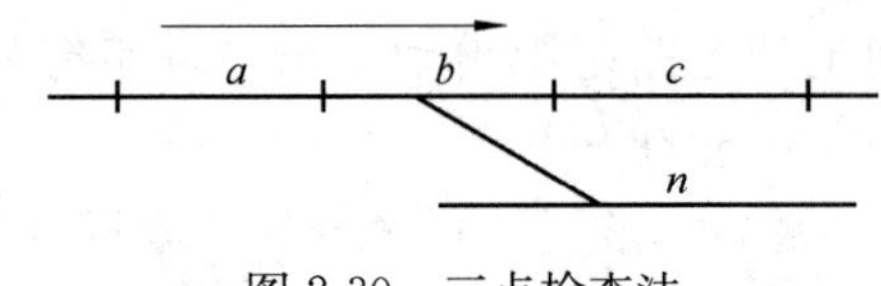

图 2-30　三点检查法

b. 前一轨道区段 a 出清并解锁。

c. 本轨道区段 b 和下一轨道区段 c 同时被占用。

d. 本轨道区段 b 出清且后一轨道区段 c 被占用。

逐段解锁形式有利于提高线路的利用率。

②中途折返解锁。在折返作业时，列车或车列未压上或部分压上的轨道区段能够随着列车或车列的折返而自动解锁。

③故障解锁。随着列车或车列通过进路，各道岔区段应按正常解锁方式自动解锁，然而由于轨道电路故障，不能正常工作，破坏了三点检查自动解锁的条件，而使进路因故障不能自动解锁，此时需由操作人员介入使进路解锁。故障解锁是一种以道岔区段为单位实施的解锁。

学习评价

学习完本模块后，请根据自己的学习所得，结合表 2-2 所列内容进行打分评价。

表 2-2　模块 2 学习评价表

评价内容	评价方式			评价等级
	自　评	小组评议	教师评议	
课前预习本模块相关知识、相关资料				A. 充分 B. 一般 C. 不足
了解行车信号的概念，熟悉行车信号的分类				A. 充分 B. 一般 C. 不足
知道行车信号的基本要求				A. 充分 B. 一般 C. 不足

（续表）

评价内容	评价方式			评价等级
	自　评	小组评议	教师评议	
掌握行车信号机的类型和信号显示制度				A. 充分 B. 一般 C. 不足
熟悉行车标志				A. 充分 B. 一般 C. 不足
掌握行车闭塞法的相关知识				A. 充分 B. 一般 C. 不足
熟悉联锁和进路，掌握联锁的原理				A. 充分 B. 一般 C. 不足
掌握联锁设备的功能和要求				A. 充分 B. 一般 C. 不足
参加教学中的讨论和练习，并积极完成相关任务				A. 充分 B. 一般 C. 不足
善于与同学合作				A. 充分 B. 一般 C. 不足
学习态度，完成作业情况				A. 充分 B. 一般 C. 不足
总评				

思考与练习

(1)什么是行车信号?

(2)行车信号有哪些类别?

(3)简述行车信号的基本要求。

(4)行车信号机有哪些类型?

(5)行车标志有哪些?其意义分别是什么?

(6)简述电话闭塞的含义。

(7)简述联锁的原理。

模块 3 城市轨道交通车站行车组织

学习目标

(1)了解城市轨道交通车站的概念,能识别不同的城市轨道交通车站。
(2)知道城市轨道交通车站的组成。
(3)熟悉城市轨道交通车站的行车设备。
(4)熟悉城市轨道交通车站行车作业的基本要求。
(5)掌握城市轨道交通车站的作业制度。
(6)掌握接发列车作业。

学习重点

(1)城市轨道交通车站的组成。
(2)城市轨道交通车站的行车设备。
(3)城市轨道交通车站的行车作业制度。

3.1 城市轨道交通车站概述

城市轨道交通车站是客流的节点,是乘客出行的基地,乘客上下车、换乘等都是在车站进行的;城市轨道交通车站也是列车到发、通过、折返、临时停车的地点;城市轨道交通车站还是轨道交通线路的电气设备、信号设备、控制设备等集中的场所及运营、管理人员工作的场所。

3.1.1 城市轨道交通车站的概念和分类

1. 城市轨道交通车站的概念

城市轨道交通车站是城市轨道交通路网中一种重要的建筑物，是提供乘客乘降、换乘和候车的场所。车站应保证乘客方便、安全、迅速地进出，并有良好的通风、照明、卫生、防火设备等，为乘客提供舒适、清洁的乘车环境。

2. 城市轨道交通车站的分类

城市轨道交通车站的分类方法有很多种，常见的有按运营特点、位置和站台形式进行分类。

(1)按运营特点分类。按运营特点分类，城市轨道交通车站可分为中间站、区域站、换乘站、枢纽站、联运站和终点站。

①中间站。中间站仅供乘客上下车之用，功能单一，是城市轨道交通路网中数量最多的基本站型，如图 3-1(a)所示。

②区域站。区域站又称为折返站，是设在线路中间供列车折返、开行区间列车的车站，如图 3-1(b)所示。站内有折返线和设备，区域站兼有中间站的功能。

③换乘站。换乘站是在两条或两条以上城市轨道交通线路交叉点上设置的车站，如图 3-1(c)所示。换乘站除了具有中间站的功能外，更主要的是它可以从一条线路上的车站通过换乘设施转换到另一条线路上的车站。

④枢纽站。枢纽站是由此站分出另一条线路的车站，它位于城市轨道交通线路分岔的地方，如图 3-1(d)所示。该站可接送两条线路上的乘客。

⑤联运站。联运站内设有两种不同性质的列车线路，以进行联运及客流换乘，如图 3-1(e)所示。联运站具有中间站和换乘站的双重功能。

⑥终点站。终点站是线路两端的端点车站，如图 3-1(f)所示。终点站除了供乘客上下车外，还用于列车折返及停留。因此，终点站一般设有多股停车线，若线路需要延长，则终点站即变成中间站或区域站。

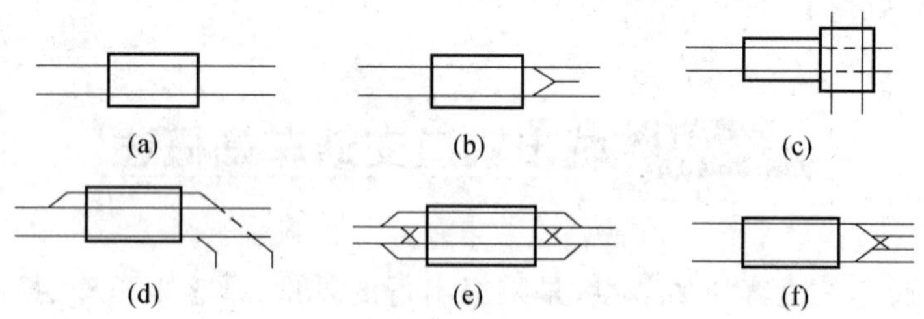

图 3-1 按运营特点划分城市轨道交通车站

(a)中间站 (b)区域站 (c)换乘站 (d)枢纽站 (e)联运站 (f)终点站

(2)按位置分类。按车站所处位置分类，城市轨道交通车站可分为地下车站、地面车站和高架车站。

①地下车站。地下车站的线路位于地下隧道中，如图 3-2 所示。其优点是与地面交通完全分离，不占用城市地面和地上空间，基本不受地面气候的影响。其缺点是需要较大的投

资，较高的施工技术，较先进的管理，较完善的环控、防灾措施与设备；运营成本较高；改造、调整与维护比较困难。

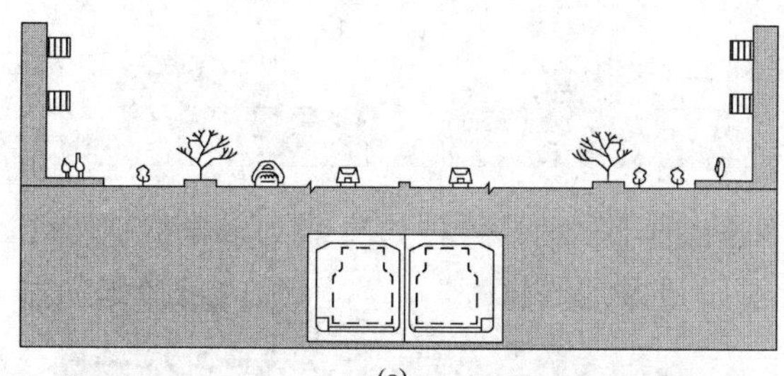

(a)

(b)

图 3-2 地下车站

(a)地下车站断面示意图 (b)地下车站效果图

②地面车站。地面车站一般采用独立路基的方式，以减少与地面道路交通的互相干扰，如图 3-3 所示。其优点是造价低，施工简便，运营成本低，线路调整与维护方便。其缺点是运营速度难以提高(有部分平交道口)，占地较多，影响城市道路交通，容易受气候的影响，乘车环境难以改善，有噪声，影响景观，等等。

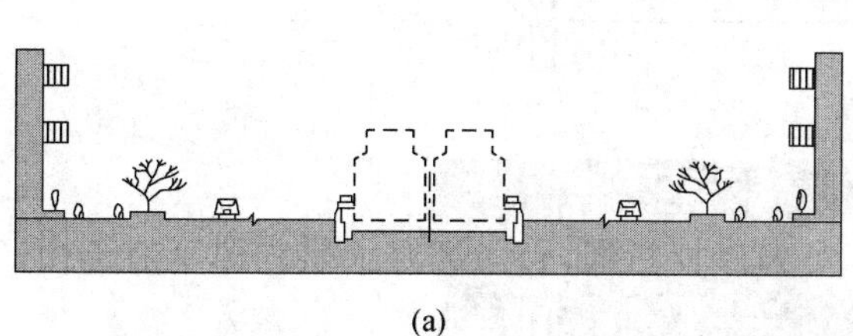

(a)

(b)

图 3-3 地面车站

(a)地面车站断面示意图 (b)实际地面车站

③高架车站。高架车站设在高架工程结构物上，与地面交通无相互干扰，如图 3-4 所示。高架车站的造价介于地下车站和地面车站之间，施工、维护、管理、环控、防灾诸多方面都比地下线路方便；但要占用一定的城市用地，并有光照、景观、噪声等负效应，也受气候影响。

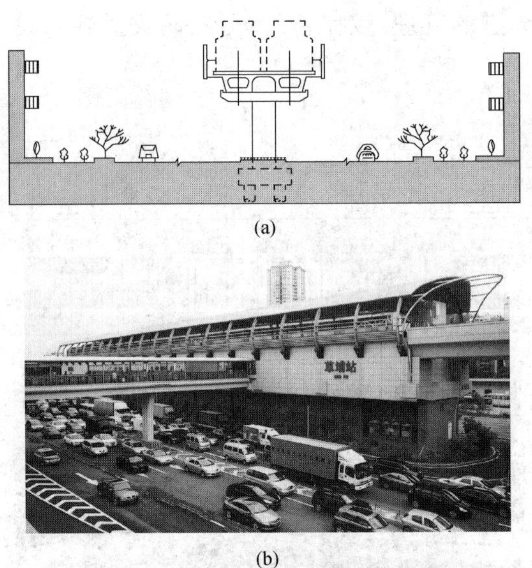

(a)

(b)

图 3-4　高架车站

(a)高架车站断面示意图　(b)实际高架车站

(3)按站台形式分类。按站台形式分类，城市轨道交通车站可分为岛式站台车站、侧式站台车站和岛、侧混合式站台车站。

具有岛式站台的车站称为岛式站台车站(简称岛式车站)，如图 3-5 所示。具有侧式站台的车站称为侧式站台车站(简称侧式车站)，如图 3-6 所示。具有岛、侧混合式站台形式的车站称为岛、侧混合式站台车站(简称岛、侧混合式车站)，如图 3-7 所示。大多数地下车站采用岛式站台，而高架线路车站则多采用侧式站台。

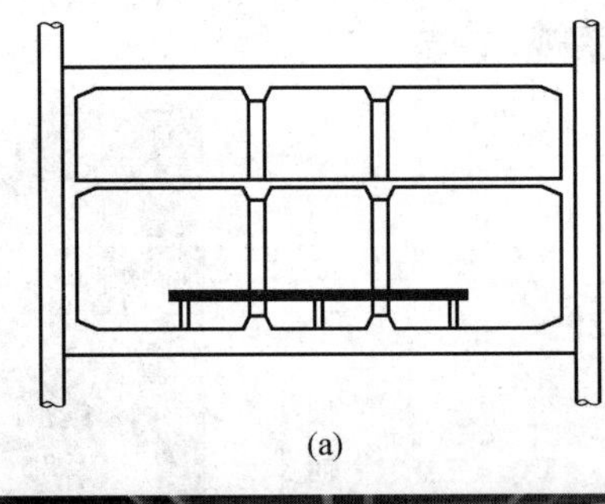

(a)

(b)

图 3-5　岛式车站

(a)岛式车站断面示意图　(b)实际岛式车站

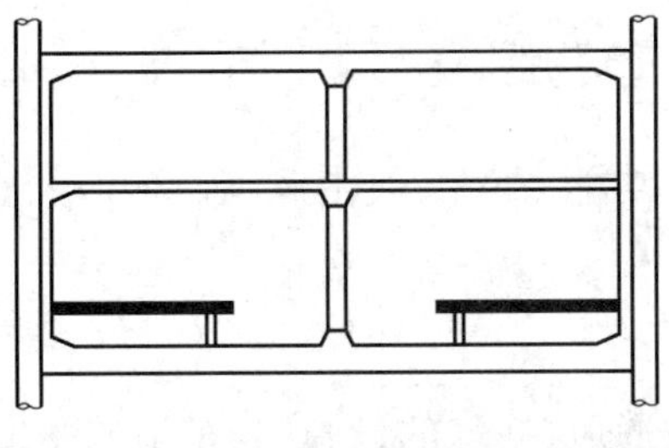

(a)

(b)

图 3-6 侧式车站

(a)侧式车站断面示意图 (b)侧式车站效果图

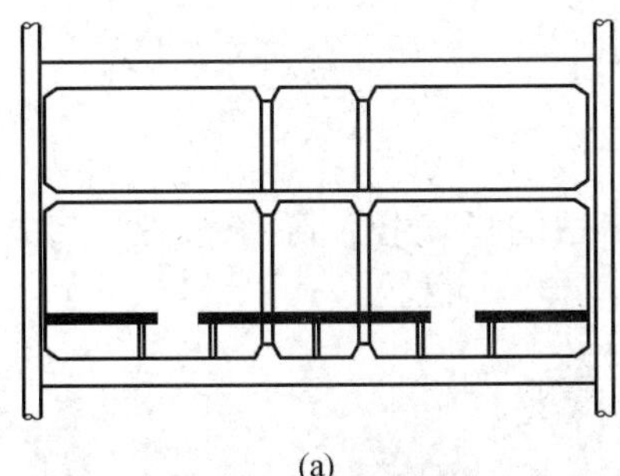

(a)

(b)

图 3-7 岛、侧混合式车站

(a)岛、侧混合式车站断面示意图 (b)实际岛、侧混合式车站

3.1.2 城市轨道交通车站的组成

城市轨道交通车站根据其功能要求一般由风亭、冷却塔、出入口、通道、站厅、站台等部分组成。

1. 风亭

风亭是为车站及隧道提供通风、换气的设施，当车站或隧道发生火灾时还能排烟。风亭按其功能的不同，可分为活塞风亭、进风亭和排风亭。风亭一般采用出地面的带盖风井构造，如图 3-8 所示。风亭的设计根据周边环境的条件许可采用独立式或合建式。

图 3-8 风亭

2. 冷却塔

冷却塔的主要功能是为车站的环境控制系统散热。冷却塔也采用出地面的结构，如图 3-9 所示。

图 3-9 冷却塔

3. 出入口

出入口用于吸引和疏解客流，其规模与出入口的总设计乘客流量有关。出入口一般布置在街道交叉口，以便能大范围地吸引和疏解客流，如图 3-10 所示。

图 3-10　出入口

4. 通道

城市轨道交通车站的出入口、站厅、站台之间以通道连通。通道由步行道、楼梯、自动扶梯等构成，如图 3-11 所示。

图 3-11　通道

5. 站厅

站厅是乘客换乘列车的中转层，其主要作用是集散客流，为乘客提供售票、检票、补票、咨询等服务，如图 3-12 所示。

站厅按其用途可分为公共区和设备区，一般站厅中间为公共区，两端为设备区。

(1)公共区。公共区又分为付费区和非付费区，以检票闸机和栏杆进行分割。此区域主要供乘客购票和检票，从非付费区购票通过检票闸机进入付费区，然后到达站台乘车，或者从付费区通过检票闸机到达非付费区出站。在此区域内设置各种导向、事故疏散、服务乘客的标志,引导乘客方便、快捷地进出车站。

图 3-12　站厅

客服中心设在站厅的付费区和非付费区之间,可同时服务两个区域的乘客,完成售票、咨询、补票等业务,如图 3-13 所示。

图 3-13　客服中心

在非付费区内还可以根据场地大小布置便民的商业设施,如公用电话、自助银行、自动售卖机、小商铺等,布置原则以不影响乘客出行为首要条件。

(2)设备区。设备区主要有设备用房和管理用房。

①设备用房。设备用房是安置各类设备、进行日常维修及保养的场所,主要有售检票、通信、信号、环控、照明、低压配电、变电所等系统相关设备房。

②管理用房。管理用房是车站工作人员的办公用房,包括车站综合控制室、设备系统值班室、票务室、会议室、更衣室、休息室、卫生间、备品库、垃圾间、清扫工具间等。

6. 站台

站台是最能直接体现车站主要功能的场所,其主要作用是供列车停靠、乘客候车及上下车等,如图 3-14 所示。

站台也可分为公共区和设备区,一般站台两端为设备区,中间为公共区。站台公共区的主要功能是供乘客上下车及候车,一般布置有站台监控亭、列车到发信息牌、紧急停车按钮、乘客候车座椅等设备设施。

图 3-14 站台

3.2 城市轨道交通车站行车设备

车站每天要办理大量的行车作业，为此，根据车站的运营功能和客流量的不同，车站上应设置不同种类和不同容量的行车设备。

3.2.1 线路

城市轨道交通线路通常由路基、桥隧建筑物和轨道 3 个部分组成。它既可以铺设在隧道内，也可以铺设在地面和高架桥上，以供列车运行，如图 3-15 所示。

图 3-15 高架桥上及隧道内的轨道线路

城市轨道交通线路是保障列车安全运行的重要设备，按其在运营中的作用，可分为正线、辅助线和车场线。

(1)正线。正线是列车在站内到发、通过及停留的线路。

(2)辅助线。辅助线是为列车进行折返、停放、检查、转线及出入段作业所提供的线路，包括渡线、折返线、停车线、车辆出入段线、联络线等。

①渡线。渡线是由两个单开道岔组成的连接两条平行线路的设备。它通过一组联动道岔的转动来达到转线的目的，进行手摇道岔时，需要逐个确认、逐个摇动。渡线单独设置时，用来临时折返列车，增加运营列车调度的灵活性；在与其他辅助线配合使用时，能完成或加

强其他辅助线的功能。渡线双线示意图如图 3-16 所示。

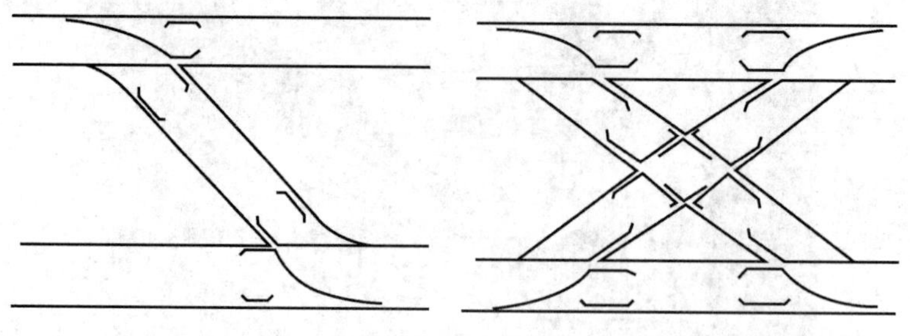

图 3-16　渡线双线

②折返线。折返线是指在线路两端终点站或中间站设置的专供列车改变运行方向的线路。常见的折返线的形式如图 3-17 所示。

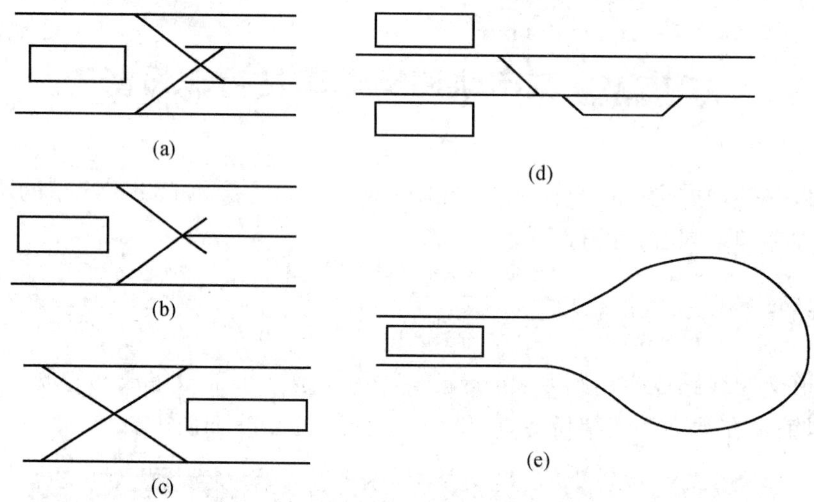

图 3-17　常见的折返线的形式

(a)双向折返线　(b)单向折返线　(c)利用交叉渡线折返

(d)利用单渡线折返　(e)环形折返线

③停车线。停车线一般设置在终点站,主要用于列车的停放。城市轨道交通线路由于运输量大,故列车间隔一般较密。在运营过程中列车可能发生故障,为了不影响后续列车正常运行,应使故障列车及时退出运营正线,因此每隔 3～5 个车站加设渡线或车辆停放线。另外,在有些车站,停车线是加快终点站列车折返的重要线路之一。

④车辆出入段线。车辆出入段线是车辆段与运营正线之间的连接线。车辆出入段线可设计成双线或单线、平行或立体交叉。

⑤联络线。联络线是连接两条独立运营的线路。合理地确定联络线,能够在线网建成后机动灵活地调用线网中各线的车辆,使线网形成一个有机整体。

(3)车场线。车场线是指车辆基地(车辆段)内的各种作业线,具体包括以下几种:

①检修线。检修线设置在车辆基地检修库内,是专门用于检修车辆的作业线,配有地沟和架车设备。

②试验线。试验线设置在车辆基地，是用于对检修完毕的车辆进行运行状态检测的线路。

③洗车线。洗车线是用于清洗车辆的作业线。

3.2.2 轨道

轨道是城市轨道交通系统的重要组成部分，它突显了城市轨道交通的特色。轨道作为一个整体结构铺设在路基之上，直接承受列车车辆及其荷载的巨大压力，对列车运行起着导向作用。因此，轨道的各个组成部分必须具有足够的强度和稳定性，能够承受来自列车纵向和横向的位移推力，保证列车按照规定的速度、方向不间断地运行。轨道需具有耐久性及适量的弹性，以确保列车安全、平稳、快速运行，并保证乘客乘车时的舒适程度。城市轨道交通均采用电力牵引，故要求轨道应具有良好的绝缘性以减少杂散电流。同时轨道应采取相应的减震轨道结构来达到减震、降噪的要求。

轨道由钢轨、轨枕、联结零件、道床、道岔、防爬设备及其他附属设备等构成，如图 3-18 所示。

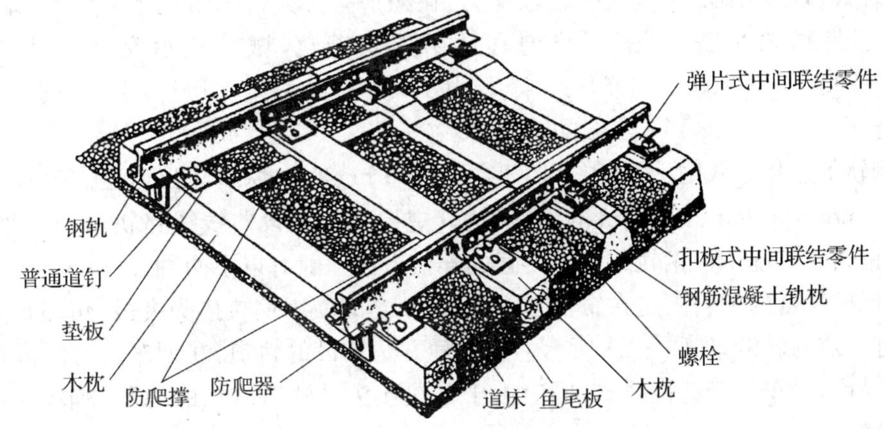

图 3-18　轨道的构成

1. 钢轨

钢轨是轨道结构的重要组成部分，是轨道的基本承重结构，它直接承受列车的荷载，依靠钢轨头部内侧面和机车车辆轮缘的相互作用引导机车车辆运行，并将所承受的机车车辆荷载分布开来，传递给轨枕、道床及路基，也为车轮滚动提供最小的接触面。另外，钢轨还有为供电、信号电路提供回路的作用。

(1)钢轨的外形。钢轨要求有足够的承载能力、抗弯强度、断裂韧性、稳定性及耐腐蚀性。因此，钢轨断面的形状多为“工”字形。钢轨由轨头、轨腰、轨底组成，如图 3-19 所示。

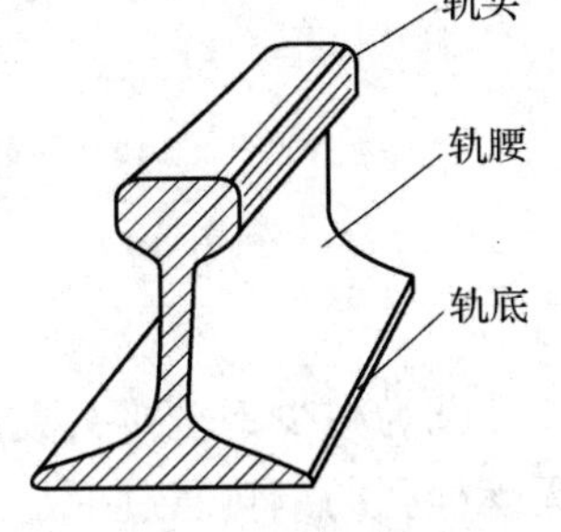

图 3-19　钢轨的断面

根据“工”字形的差异可将钢轨分为槽形钢轨、双头钢轨和平底钢轨，如图 3-20 所示。槽形钢轨多用于街道轨道，即路面与钢轨轨面在同一平面的场合；双头钢轨上下呈对称形式，在 19 世纪应用广泛，现在很少采用；平底钢轨指的就是“工”字形钢轨，目前这种钢轨在国内外被广泛采用。

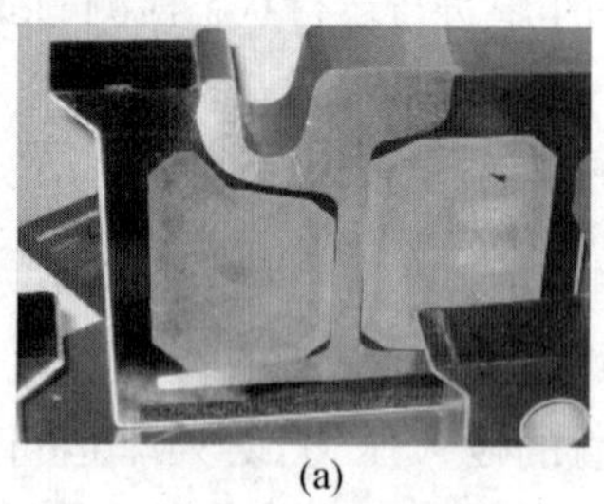
(a)

(b)

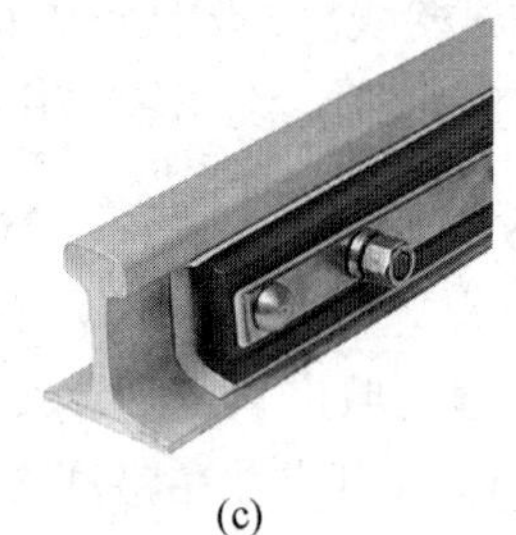
(c)

图 3-20　钢轨的分类
(a)槽形钢轨　(b)双头钢轨　(c)平底钢轨

(2)钢轨的类型。按照钢轨强度的不同,城市轨道交通所使用的钢轨可分为 43 kg/m、50 kg/m、60 kg/m 和 75 kg/m 这 4 种类型。钢轨的强度越大,表明其所能承受的重量越大,同时能够增加轨道的稳定性,减少养护维修的工作量,而且还能增加回流断面,减少杂散电流。为了提高城市轨道交通线路的运输能力,在经济条件允许的情况下,无论是地面线路、地下线路还是高架线路,运营正线均宜选用重型钢轨,城市轨道交通正线通常采用 50 kg/m、60 kg/m 的钢轨。对车场线来说,由于其主要是供空车运行,车速较低,考虑到经济性,宜选用 50 kg/m 或 43 kg/m 的钢轨。

(3)钢轨的连接。我国标准钢轨的长度有 12.5 m、25 m 两种,另外,还有比标准长度短 40 mm、80 mm、120 mm、160 mm 的缩短轨,其主要用于铺设曲线线路轨道。因此,铺设轨道时需将钢轨连接起来。钢轨与钢轨之间的连接方法一般有以下两种:

①将标准长度的钢轨固定在轨枕上,各节钢轨之间使用钢轨接头夹板(鱼尾板)、螺栓固定,并留有一定的轨缝,如图 3-21 所示。用这种方法铺设的轨道,在列车运行时会产生较大的震动及噪声,乘车的舒适性较差,同时由于钢轨接头是轨道结构的薄弱环节,会使养护维修工作量增加。

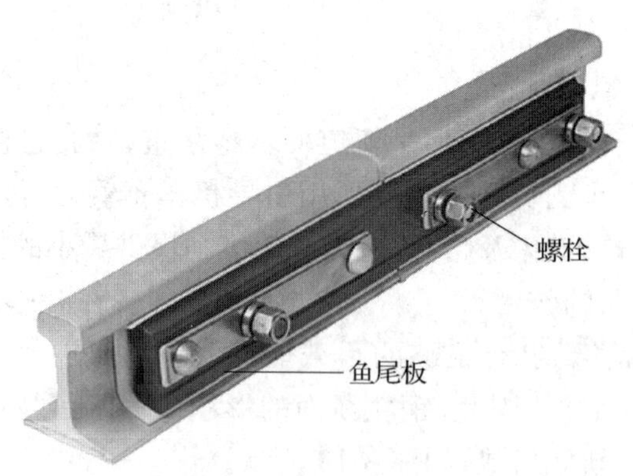

图 3-21　钢轨连接

②为减少钢轨接头数量,降低接头带来的病害,提高乘客的舒适度,将标准长度的轨端无螺栓孔的钢轨通过一定的工艺焊接起来,形成长度达数千米或数十千米的无缝线路。目前,在技术上已能做到全路段的超长无缝线路,使用这种方法连接的钢轨其轨缝大大减少,消除了列车通过钢轨连接处产生的冲击力,减小了震动及噪声,列车行驶更加平稳和高速,

轨道的维修工作量也有所减少。目前，城市轨道交通的正线普遍采用此种方法，如图 3-22、图 3-23 所示。

图 3-22　钢轨焊接

图 3-23　焊接后的钢轨

由于在数千米长的钢轨内不存在轨缝，因而当温度升高或降低时钢轨内部就会产生巨大的温度压力或拉力，这是无缝线路的一个显著特点。在一定的温度下将钢轨锁定在轨枕上，尽可能降低这种拉应力和压应力以防止胀轨。隧道内温度变化幅度较小，由温度变化产生的拉应力和压应力也较小，因此在隧道内铺设无缝线路十分有利。如在地面线路铺设无缝线路则需要加强养护与监控，并适时进行应力放散工作，以防止线路胀轨跑道。

(4)轨距。城市轨道交通轨距是轨道两条钢轨之间的距离(以钢轨的内距为准)，如图 3-24 所示。国际铁路协会在 1937 年制定的标准轨距为 1 435 mm。我国地铁和轻轨都选用轨距为 1 435 mm 的国际标准双轨作为列车轨道，与国家铁路列车选用的轨道规格相同。

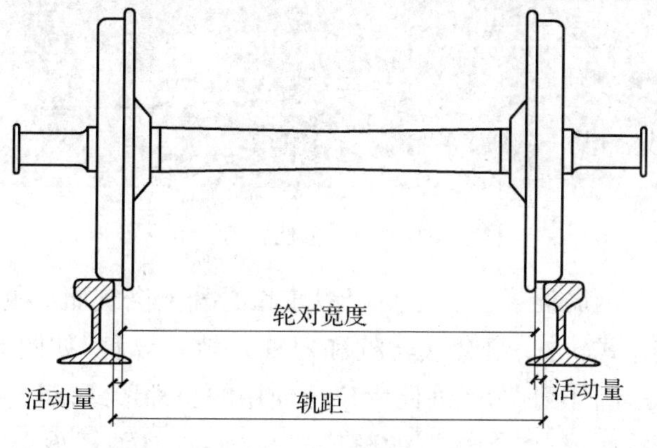

图 3-24　轨距

钢轨在使用过程中不可避免地会产生各种伤损，如折断、出现裂纹及磨耗等，为保证行车安全，钢轨出现伤损时应及时更换。

2. 轨枕

轨枕是轨道的基础部件之一，承垫于钢轨之下，它将钢轨所承受的压力分散传递到道床上，同时又能有效地保持钢轨位置和轨距。因此，轨枕应具有一定的坚固性、弹性和耐久性。轨枕应按照《地铁设计规范》(GB 50157—2013)中的相关规定进行铺设。

从不同的角度来划分，轨枕可以分为不同的种类。

(1)按制造材料划分。按制造材料来划分，轨枕可分为木枕、钢筋混凝土枕和钢枕。

①木枕。木枕采用木材材料，制造木枕的材料需要经过特殊的加工和防腐处理，如图 3-25 和图 3-26 所示。木枕的弹性和绝缘性较好，结构最简单，受周围介质温度变化的影响小，质量轻，加工和在线路上进行更换比较简便，并且有足够的位移阻力；木枕比其他轨枕更容易吸收列车行驶所产生的压力而不易发生断裂；其使用寿命一般在 15 年左右。但由于木枕上的道钉孔会日久松弛，而且木枕的强度及寿命远不及钢筋混凝土轨枕，再加上木材资源有限，所以我国除了在桥上和道岔上使用木枕外，其他地方很少使用。

图 3-25　油浸木枕

图 3-26　木枕轨道

②钢筋混凝土枕。钢筋混凝土枕是使用钢筋和混凝土浇筑而成的，如图 3-27 所示。按其结构形式可分为整体式轨枕、组合式轨枕和短枕式轨枕 3 种，如图 3-28 所示。整体式轨枕整体性强、稳定性好、制作简便，是线路上广泛使用的一种形式；组合式轨枕由两个钢筋混凝土块用一根钢杆连接而成，整体性不如整体式轨枕强，但钢杆承受正负弯矩的能力比较

强；短枕式轨枕又称为半枕式轨枕，主要用在整体道床上。

图 3-27 钢筋混凝土枕

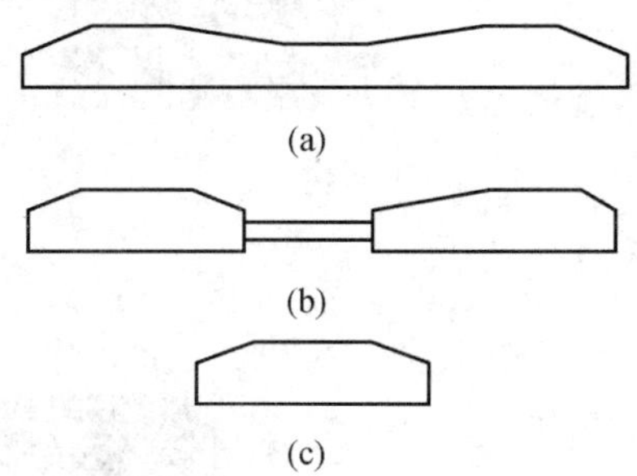

图 3-28 钢筋混凝土枕分类
(a)整体式轨枕 (b)组合式轨枕
(c)短枕式轨枕

钢筋混凝土枕使用寿命长、稳定性高、养护工作量小、损伤率和报废率比木枕要低得多，在无缝线路上，比木枕的稳定性高、自重大，更能有效地防止钢轨爬行，增加了轨道的稳定性，更适用于高速行驶线路。因此，钢筋混凝土枕在城市轨道交通线路上已经得到广泛的应用。但由于钢筋混凝土枕造价高昂，而且笨重、不易加工、搬运不便、弹性没有木枕好，因而在桥梁、道岔等特殊地带的轨道还只能采用木枕。

③钢枕。钢枕是由钢材做成的，如图 3-29 所示。钢枕对钢材的消耗量较大，造价很高，所以没有得到广泛应用。

图 3-29 钢枕

(2)按使用目的划分。按使用目的来划分，轨枕可分为普通轨枕、岔枕、桥枕。普通轨枕主要是指钢筋混凝土枕；岔枕主要用于道岔区段，岔枕一般较长、弹性相对较好，多用木枕，如图 3-30(a)所示；桥枕主要是使用在高架桥上的一种轨枕，如图 3-30(b)所示。

(3)按构造及铺设方法划分。按构造及铺设方法划分，轨枕可分为横向轨枕、纵向轨枕、短枕等。横向轨枕与钢轨垂直间隔铺设，是一种最常用的轨枕；纵向轨枕与钢轨同向铺设，是特殊的铺设方法，需要用其他方法保持轨距一致，如图 3-31 所示；短枕是在左右两股钢轨下分开铺设的轨枕，常用于混凝土整体道床。

(a)

(b)

图 3-30 岔枕和桥枕

(a)岔枕 (b)桥枕

图 3-31 纵向轨枕

3. 联结零件

联结零件分为接头联结零件和中间联结零件。

(1)接头联结零件。钢轨接头联结零件主要由接头夹板(鱼尾板)、接头螺栓、螺母和垫圈等组成，如图 3-32 和图 3-33 所示。接头夹板又称为鱼尾板，是钢轨接头处连接钢轨用的夹板，标准形式为优质钢轧制的六孔双头式板。通过联结零件把钢轨连接起来，使钢轨接头部分具有和钢轨一样的整体性以抵抗弯曲和移位，并满足热胀冷缩的要求。导电钢轨接头零件还有轨道导电接续线、绝缘钢轨接头、胶结钢轨接头及相应的绝缘配件或材料。此外，不同的钢轨接头，其联结零件的规格也略有差异。

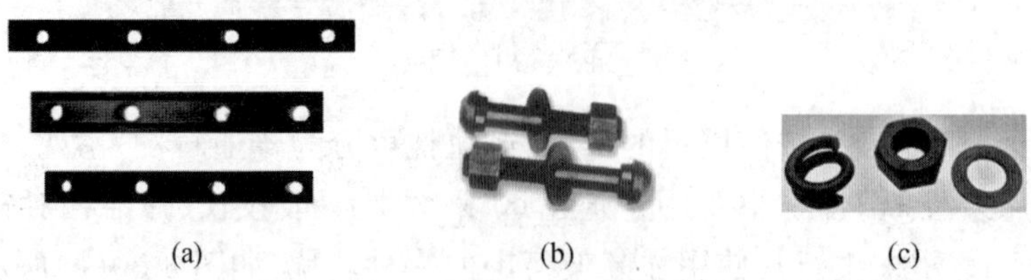

(a) (b) (c)

图 3-32 接头联结零件

(a)接头夹板 (b)接头螺栓、螺母 (c)弹性垫圈、平垫

图 3-33 接头联结实物图

城市轨道交通中基本上都采用无缝线路结构，钢轨接头联结零件数量大大减少，但在无缝线路的缓冲区、轨道电路的绝缘区、有道岔的线路区段中，接头联结零件还是不能少的。

(2)中间联结零件。钢轨与轨枕的联结是通过中间联结零件实现的，这种联结零件称为扣件。其作用是固定钢轨，保持轨距，阻止钢轨发生相对于轨枕的纵、横向位移，防止钢轨倾斜，并提供适当的弹性将钢轨承受的载荷传递给轨枕或道床。扣件必须具有足够的强度、耐久性和一定的弹性，以有效地保持钢轨与轨枕的可靠联结。此外，扣件应尽量简单，以便安装和拆卸。

扣件由钢轨扣压件和轨下垫层两部分组成，主要包括弹性扣件、承托物和弹性垫板等部分。弹性扣件用于把钢轨紧扣在轨枕上；承托物用于把扣件固定于轨枕上；弹性垫板使钢轨与轨枕间互相绝缘，避免了钢轨漏电，减少了杂散电流，并增加了轨道弹性。扣件的主要组成部分如图 3-34 所示。

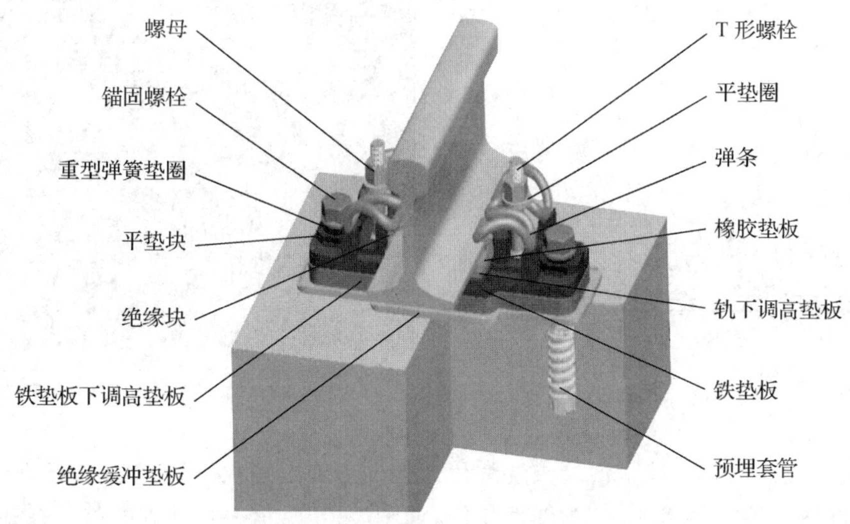

图 3-34 扣件的主要组成部分

由于线路环境条件的要求不同，扣件的种类也有所不同。我国城市轨道交通线路中使用的扣件有以下几种：

①传统扣件。传统扣件沿用了铁路上的常用扣件，主要分木枕用扣件和混凝土枕用扣件。木枕用扣件主要有分开式扣件和混合式扣件，混凝土枕用扣件主要有扣板式扣件、弹片式扣件和弹条式扣件。除弹片式扣件外，其余四种扣件常用于城市轨道交通碎石道床线路。

a. 木枕分开式扣件。木枕分开式扣件是将固定钢轨和固定铁垫板的螺栓或道钉分开的扣件，如图 3-35 所示。一般用道钉将铁垫板固定在枕木上（铁垫板上有承轨槽），将固定钢轨的螺栓安装在铁垫板上，然后用弹条或扣板将钢轨固定。

图 3-35　木枕分开式扣件

b. 木枕混合式扣件。木枕混合式扣件由铁垫板和道钉组成，如图 3-36 所示。用勾头道钉（方形）直接将钢轨、铁垫板及枕木连接在一起。木枕混合式扣件扣压力较小，为防止钢轨纵向爬行，需要较多的防爬设备。

c. 混凝土枕扣板式扣件。混凝土枕扣板式扣件主要由扣板、螺纹道钉、弹簧垫圈、铁座及绝缘缓冲垫片等组成，为刚性扣件，如图 3-37 所示。混凝土枕扣板式扣件的优点是零件少、构造简单、调整轨距比较方便；缺点是用弹簧圈作弹性元件，弹性不足，扣压力较低，在使用过程中容易松动。目前，扣板式扣件已逐渐被弹条式扣件代替。

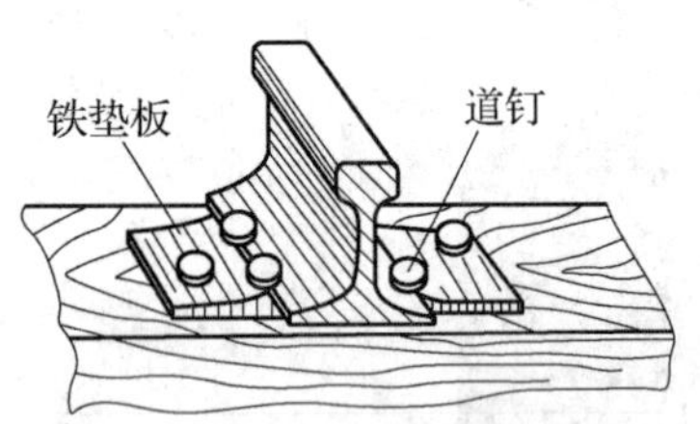

图 3-36　木枕混合式扣件

图 3-37　混凝土枕扣板式扣件

d. 混凝土枕弹片式扣件。混凝土枕弹片式扣件主要由螺纹道钉、螺母、平垫圈、弹片、轨距挡板、弹性垫板等零件组成，其为弹性扣件，如图 3-38 所示。弹片式扣件采用拱形弹片扣压钢轨，用轨距挡板代替铁座以调整轨距并将横向推力传递给轨枕挡肩。拱形弹片用弹簧钢制成，弹片的一端扣压在轨底顶面，另一端则支承在轨距挡板上。由于拱形弹片的强度不足，容易产生残余变形甚至折断，现其使用已不多见。

e. 混凝土枕弹条式扣件。混凝土枕弹条式扣件主要由螺纹道钉、螺母、平垫圈、弹条、轨距挡板、挡板座、弹性垫板等零件组成，为弹性扣件，如图 3-39 所示。混凝土枕弹条式扣件采用弹条作为钢轨扣压件，既利用了材料的弯曲变形及扭转变形性能，又不存在断面的削弱问题，结构形式比较合理，故其具有压力大、弹性好、加压力损失较小、能较好地保持轨道几何形位等优点，现已成为我国城市轨道交通线路建设中使用的主型扣件。

图 3-38 混凝土枕弹片式扣件

图 3-39 混凝土枕弹条式扣件

②DT 系列扣件。DT 系列扣件是专门为城市轨道交通地下线路设计的扣件，如图 3-40 所示。DT 系列扣件在城市轨道交通地下整体道床中被大量使用。

③WJ 系列扣件。WJ 系列扣件是一种无挡肩扣件，如图 3-41 所示。它主要用于城市轨道交通高架线路，是一种小阻力的扣件。

图 3-40 DT 系列扣件

图 3-41 WJ 系列扣件

4. 道床

道床是轨道的重要组成部分，是轨道框架的基础，如图 3-42 所示。道床通常是指铺设在路基之上，轨枕之下的石砟、钢筋混凝土结构层。它能支承轨枕，把来自轨枕上部的巨大载荷均匀地分布到路基面上，减少路基的变形；可以依靠本身和轨枕间的摩擦来固定轨枕位置，阻止轨枕产生纵向或横向位移。

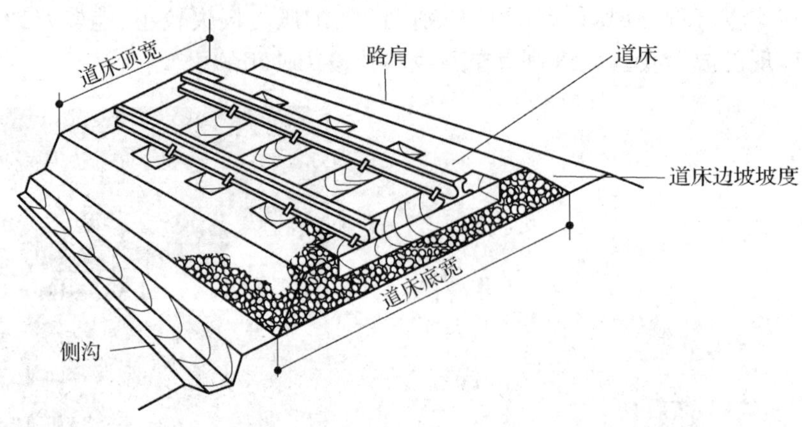

图 3-42　道床的结构

道床一般分为碎石道床、沥青道床、整体道床（又称为混凝土整体道床或无砟道床）等。城市轨道交通地面线路多采用碎石道床，地下线路和高架线路多采用混凝土整体道床。

（1）碎石道床。碎石道床又称为有砟道床，是一种比较常用的道床形式。它一般是在轨枕下面、路基上面铺设石砟垫层。碎石道床分为木枕碎石道床和钢筋混凝土枕碎石道床，如图 3-43 所示。

(a)　　(b)

图 3-43　碎石道床

（a）木枕碎石道床　（b）钢筋混凝土枕碎石道床

碎石道床结构简单，弹性好，容易施工，方便更换，减震、减噪性能较好；但这种道床容易因行车压力而产生移位，轨道几何形位不易保证，碎石上容易滋生杂草，养护工作频繁，养护成本较高。

（2）沥青道床。沥青道床是为了改善普通碎石道床的散体特性而加入乳化沥青或沥青砂浆使其稳定的一种道床轨道结构形式。沥青道床大致可分为沥青灌注式道床、沥青混凝土面层式道床和沥青垫层式混凝土道床 3 类。

（3）整体道床。整体道床是现代城市轨道交通中常用的道床形式。整体道床是指在坚实基底上直接浇筑混凝土以取代传统道砟层的轨下基础。整体道床分为无枕式整体道床和轨枕式整体道床两种。道床内可预埋木枕、混凝土枕或混凝土短枕，也可在混凝土整体道床上直接安装扣件、弹性垫层和钢轨。

①无枕式整体道床。无枕式整体道床也称为整体灌注式道床,如图3-44所示。道床的建筑高度较低,主要采用就地连续灌注混凝土基床或纵向承轨台。这种道床结构简单,减震性能较好;但冲击振动要比轨枕式整体道床大,施工烦琐,机具复杂,进度较慢,承轨台抹面精度不易保证,难以达到设计精度要求。

图3-44　无枕式整体道床

②轨枕式整体道床。轨枕式整体道床又分为短枕式整体道床和长枕式整体道床两种类型,如图3-45所示。短枕式整体道床性能稳定,耐久性好,结构简单,施工方法简便,施工进度较快,一般设中心排水沟;长枕式整体道床设侧向水沟,一般长轨枕预留圆孔,让道床纵筋穿过,加强了与道床的联结,它适用于软土地基隧道,可采用排轨法施工,施工进度较快。

(a)

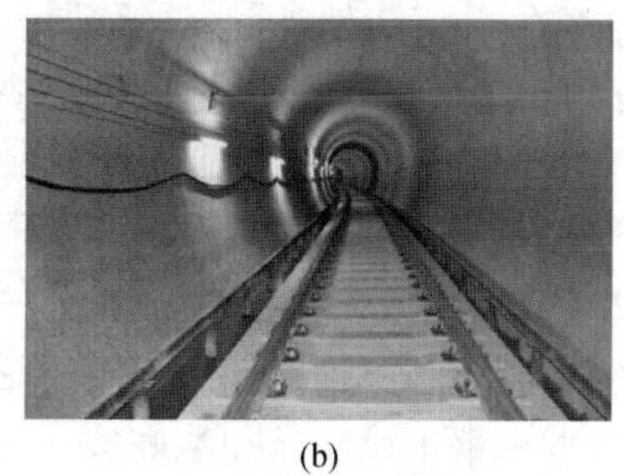

(b)

图3-45　轨枕式整体道床

(a)短枕式整体道床　(b)长枕式整体道床

轨枕式整体道床的特点是整体性好,坚固、稳定、耐久;轨道建筑高度低,隧道净空减少,轨道维修量小。整体道床能适应城市轨道交通运营时间长、维修时间短的特点,但其弹性差,列车运行引起的震动、噪声比较大,造价比较高,施工时间长。

总之,整体道床的整体性强,纵向、横向稳定性好,具有较高的可靠性;其高平顺性和弹性较好,乘坐更加舒适;整体道床坚固稳定、耐久,使用寿命长;需要较少的维修工作量和维修成本;表面整洁;建筑高度较低,可减少隧道净空,节省投资,综合经济效益好。此外,无砟轨道上的无缝线路不会发生胀轨跑道,高速行车时不会有石砟飞溅起来,可避免由此造成的伤害;发生紧急事件时救援车辆可以直接上道等,也是其不可忽视的优点。整体道床的缺点是造价较高,且要求较高的施工精度和使用特殊的施工方法;在运营过程中一旦出现病害,整治非常困难,一旦基底发生沉陷,修补极为困难。

5. 道岔

道岔是线路上供列车车辆安全转线的设备,它使列车车辆从一股道转向或越过另一股道。道岔是轨道的重要组成部分之一,一般在车站、车辆段、停车场使用较多。

(1)道岔的组成。城市轨道交通中使用较多的是普通单开道岔,占全部道岔总数的95%以上。单开道岔结构最为简单,它将一条线路分为两条,主线为直线,侧线由主线的左侧或右侧岔出。站在道岔前部面向尖轨尖端，凡侧线由主线左侧岔出的称为左开道岔，侧线由右侧岔出的称为右开道岔。一组普通单开道岔由转辙器、连接部分、辙叉及护轨组成，结构如图 3-46 所示。

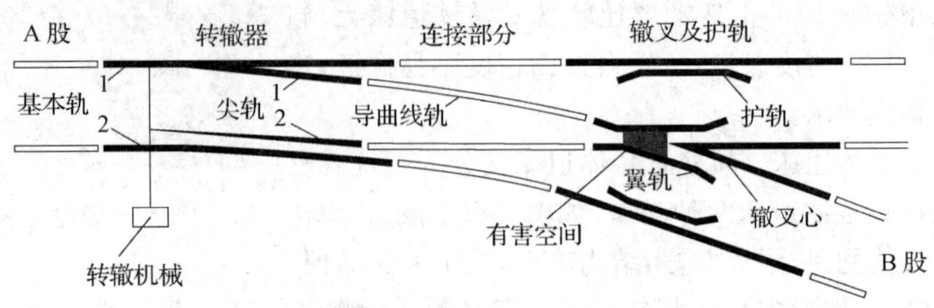

图 3-46　普通单开道岔的结构

①转辙器。转辙器由两根基本轨、两根尖轨、转辙机械构成。基本轨是道岔中接触尖轨和靠近护轨的钢轨，位于尖轨外侧；尖轨是转辙器的主要部件，引导车辆进出道岔，为使转辙器能正确引导列车的行驶方向，尖轨尖端必须与基本轨紧密相贴；转辙机械用于将尖轨扳动到不同的位置，使道岔能准确地开通直线或侧线。

②连接部分。连接部分是指连接转辙器部分和辙叉部分的连接轨道。它包括四股钢轨，即两股直线钢轨和两股曲线(道岔曲股连接部分为导曲线)钢轨。目前，线路上铺设的道岔导曲线均为圆曲线，其半径的大小决定于道岔的号数及列车过岔的速度。由于长度及界限的限制，导曲线一般不设超高和轨底坡。为防止导曲线钢轨在动荷载作用下的外倾和轨距扩张，可设置一定数量的轨撑或轨距拉杆，也可以在导曲线范围内设置一定数量的防爬器及防爬支撑，以减小钢轨的爬行。

③辙叉及护轨部分。辙叉及护轨部分主要由辙叉心、两根翼轨、两根护轨构成。辙叉是道岔中两股线路相交处的设备，它能够使列车按确定的行驶方向跨越线路正常地通过道岔。辙叉一般分为固定式辙叉和可动式辙叉两类，以固定辙叉最为常用。

a. 辙叉心。辙叉心又称为岔心，其用来连接两边轨道的钢轨。

b. 翼轨。翼轨是在内侧轮轨紧邻岔心处设置的钢轨，翼轨与岔心间形成必要的轮缘槽，引导车轮行驶。翼轨最窄处与辙叉心尖端之间存在一段钢轨中断的间隙，此处叫作辙叉的有害空间，当机车车辆通过辙叉的有害空间时，轮缘有走错辙叉槽而发生脱轨的危险，因此必须设置护轨，对车轮的运行方向实行强制性引导。

c. 护轨。护轨是防止车轮在岔心处因轮缘有可能走错辙叉槽而发生脱轨或进错路线，而在固定辙叉两侧设置的钢轨。

(2)道岔的分类。道岔的种类繁多，常用的有单开道岔、双开道岔、三开道岔、渡线、交分道岔等。

①单开道岔。普通单开道岔是城市轨道交通中使用最多的道岔，普通单开道岔又分为左开道岔与右开道岔，如图 3-47 所示。

(a)

(b)

图 3-47 普通单开道岔
(a)左开道岔 (b)右开道岔

②双开道岔。双开道岔又称为对称道岔，一般指单式对称道岔，由主线向两侧分为两条线路，道岔各部位均按辙叉角平分线对称排列，两条连接线路的曲线半径相同，且无主线和侧线之分，两侧线的运行条件相同，如图 3-48 所示。

图 3-48 对称道岔

③三开道岔。三开道岔称为复式道岔，是复式道岔中较常用的一种道岔。它相当于两组异侧顺接的单开道岔，由两组转辙机械操纵两套尖轨组成，如图 3-49 所示。

图 3-49 三开道岔

④渡线。渡线是指利用道岔或固定交叉连接两条相邻线路的设备,渡线可分为单渡线和交叉渡线两种类型。单渡线是由两组类型和号数相同的单开道岔通过相同的钢轨连接两条线路的过渡线路。交叉渡线是由四组类型和号数相同的单开道岔和一组菱形交叉设备,以及连接钢轨组成,用于平行股道之间的连接。

⑤交分道岔。交分道岔是指两条线路相互交叉,列车不仅能够沿着直线方向运行,而且能够由一条线路转入另一条线路。交分道岔分为单式交分道岔和复式交分道岔。

a. 单式交分道岔。单式交分道岔是指两条线路相交,中间增添两副转辙器和一副连接曲线,列车可沿某一侧由一条线路转入另一条线路的结构道岔,如图 3-50 所示。

b. 复式交分道岔。复式交分道岔是指两条线路相交,中间增添四副转辙器和两副连接曲线,列车能沿任何一侧由一条线路转入另一条线路的结构道岔,如图 3-51 和图 3-52 所示。这种道岔既能达到线路交叉的目的,又能起到连接线路的作用。一组复式交分道岔能起到四组单式道岔的作用,与普通道岔相比,不仅能节省用地面积,同时也能节省调车作业时间。

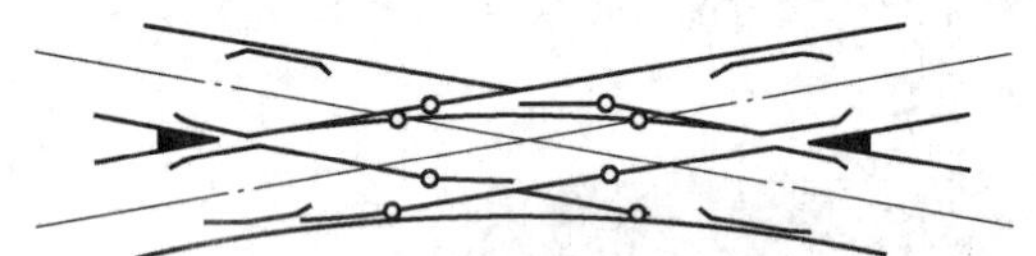

图 3-50 单式交分道岔示意

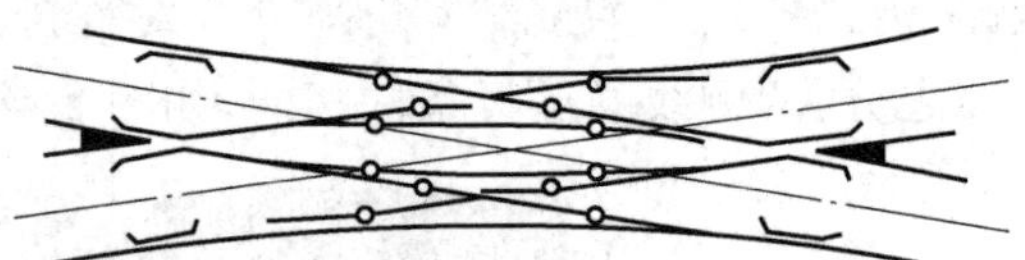

图 3-51 复式交分道岔示意

图 3-52 实际复式交分道岔

(3)道岔的号数。道岔的号数可用道岔辙叉角的余切来表示,也就是辙叉心部直角三角形两条直角边 FE 和 AE 的比值,如图 3-53 所示。道岔号数的计算式为

$$N=\cot\alpha=\frac{FE}{AE} \tag{3-1}$$

式中,N 为道岔号数;FE 为辙叉跟端长;AE 为辙叉跟端之距。道岔号数 N 与辙叉角 α 成反比。

N 越大,导曲线半径越大,列车通过道岔时越平稳,允许的过岔速度就越高。所以,采用大号道岔对于列车运行是有利的,但大号道岔较长,占地多,工程造价高。

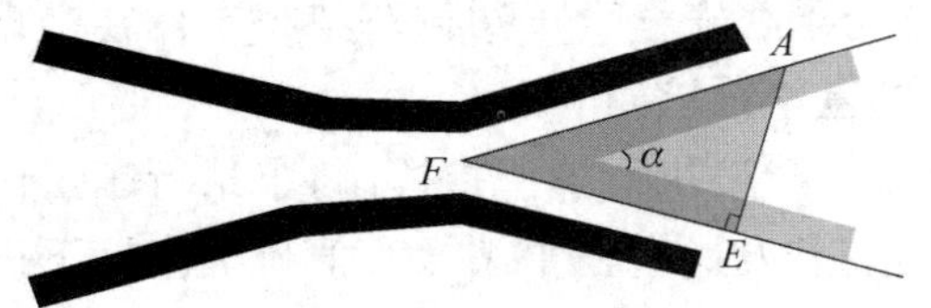

图 3-53　道岔叉号计算示意

常用的道岔辙叉角如表 3-1 所示。

表 3-1　常用的道岔辙叉角

道岔号数	7	9	12	18	30	38
辙 叉 角	8°07′48″	6°20′25″	4°45′49″	3°10′47″	1°59′57″	1°34′42.9″

6. 防爬设备

列车运行时常常产生作用在钢轨上的纵向力使钢轨做纵向移动，有时甚至带动轨枕一起移动，这种纵向移动叫作爬行。列车速度越高，轴重越大，爬行就越严重。

线路爬行往往会引起接缝不匀、轨枕歪斜，对轨道造成极大破坏，危及行车安全。因此，必须采取有效措施来防止线路爬行。目前，采用的方法除了有加强轨道的其他有关组成部分以外，还采取了用防爬器和防爬撑来防止线路爬行的措施，如图 3-54 所示。

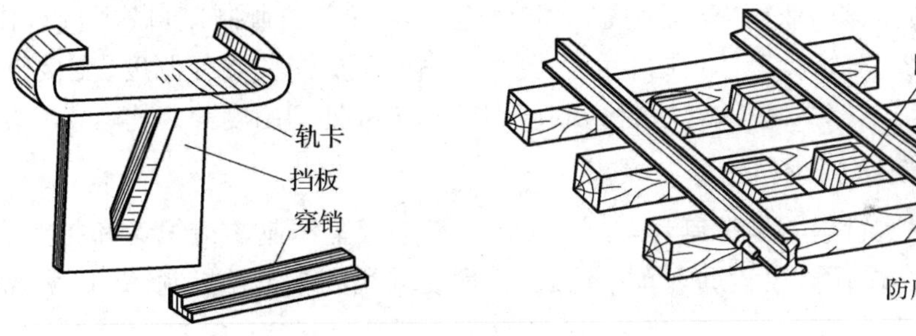

图 3-54　防爬器和防爬撑

防爬器用穿销固定于钢轨底部，挡板顶住枕木侧面，协助扣件限制钢轨与枕木间的纵向位移。但因单根枕木下的道床阻力十分有限，不能承担钢轨通过防爬器传来的纵向力，因此采用防爬撑将 4～5 根枕木连成一体，以达到共同抵抗钢轨纵向力的目的。防爬撑沿线路纵向连续在 4～5 个枕木间顶紧，防止轨道爬行，尽可能减少轨缝不匀、轨枕歪斜等线路病害。

3.3 城市轨道交通车站行车作业标准

城市轨道交通车站行车作业有一定的基本要求和作业制度，掌握这些基本要求和作业制度是车站作业人员必须做到的。

3.3.1　车站行车作业基本要求

车站日常运输工作的目标是合理运用技术设备，按列车运行图接发列车，质量良好地完

成运输任务,确保行车安全与乘客安全。车站行车组织工作在实现上述目标的过程中起着核心作用。车站行车作业的基本要求如下:

(1)执行命令,听从指挥。严格执行单一指挥制,车站行车工作由车站行车值班员统一指挥。列车在车站时,所有乘务人员应在车站行车值班员指挥下进行工作。车站行车值班员应认真执行行车调度员的命令和上级领导的指示。

(2)遵章守纪,按图行车。认真执行行车规章制度,遵守各项劳动纪律。办理作业正确、及时,严防错办和漏办,严禁违章作业。当班时必须精神集中,服装整洁,佩戴标志,保证车站安全、不间断地按列车运行图接发列车。

(3)作业联系及时、准确。联系各种行车事宜时,必须程序正确、用语规范、内容完整、简明清楚,严防误听、误解和臆测行事。

(4)接发列车目迎目送。接发列车须严肃认真,姿势端正。认真做好"看""听""闻",确保列车安全运行。

(5)行车表报填写齐全。行车表报包括各种行车凭证、行车日志和各种登记簿。行车凭证有路票、绿色许可证、红色许可证和调度命令等,登记簿有调度命令登记簿、检修施工登记簿和交接班登记簿等。应按规定内容、格式认真填写各种行车表报,保持完整、整洁。

3.3.2 车站行车作业制度

为了加强车站行车作业组织,必须建立和健全各项行车作业制度,做到行车作业制度化、程序化、标准化。车站行车作业的制度主要有车站值班员岗位责任制度、交接班制度、检修施工登记制度、道岔擦拭制度、巡视检查制度和行车事故处理制度等。

1. 车站值班员岗位责任制度

车站行车作业实行单一指挥制,车站值班员是车站行车作业的组织者和指挥者。根据行车作业的需要,车站还可设置助理车站值班员,但在采用列车自动控制 ATC 系统时,一般不设该岗位。

(1)车站值班员的岗位职责如下:

①执行行车调度员的命令和指示,统一指挥车站的行车作业。

②监视行车控制台的进路开通方向、道岔位置及信号显示,监视列车的运行状态和乘客的乘降情况。

③在实行车站控制时,按列车运行图及行车调度员下达的列车运行计划完成闭塞、排列进路、开闭信号、接发列车的任务。

④填写行车凭证和其他各种行车表报。

⑤办理设备检修施工登记。

⑥组织交接班工作。

(2)助理车站值班员的岗位职责如下:

①接送列车、监护列车运行。

②交递调度命令及行车凭证。

③通过手信号发车。

④调车作业现场组织。

⑤进行站线巡视和协助乘客乘降。

在不设助理车站值班员岗位时，上述职责由站台服务员等员工承担。

2. 交接班制度

车站值班员交班时，应将列车运行和设备状态、上级指示和命令及完成情况等填记在交接班登记簿上，并口头向接班车站值班员交代清楚。

车站值班员接班时，要了解列车运行情况，对行车设备、备品、报表进行检查后，签认接班。内、外勤车站值班员实行对口交接。

3. 检修施工登记制度

针对各项检修施工作业，车站值班员应根据检修施工计划，向检修施工负责人交代有关注意事项后，进行访客登记。凡影响行车作业的临时设备抢修，要在与行车调度员联系作业时间并获取同意后，方可登记。检修施工作业结束后，行车设备经试验、确认技术状态良好后，方可签认注销。

4. 道岔擦拭制度

道岔必须由专人负责定期擦拭。擦拭道岔，必须与行车调度员联系，办理控制权下放手续。擦拭道岔时，车站控制室要有人监护，不准随意扳动道岔。擦拭道岔人员一律穿绝缘鞋，携带防护用具。擦拭前施放木楔，无关人员不得擅自进入道岔区；如需换道岔，室内监护人员应与现场擦拭人员联系，说明道岔号码及定、反位，现场擦拭人员要离开岔道。道岔擦拭完毕，要认真清理现场，清点工具，撤除木楔，并检查有无妨碍到列车运行及道岔转换的物品；试验道岔并确认连好后，与行车调度员办理控制权上交手续，有关按钮由信号人员加封并做好记录；填写道岔擦拭登记簿。

5. 巡视检查制度

送电前，车站值班员应进行站线巡视，检查线路上有无影响列车运行的异物。对站内检修施工后的现场进行巡视检查，查看是否符合检修施工登记注销情况。检查行车控制台是否有异常情况。

6. 行车事故处理制度

发生行车事故后，应立即采取有效措施进行处理，同时向行车调度员及有关部门报告。认真记录事故发生的时间、地点、列车车次、车号、有关人员姓名及人员伤亡和设备损坏情况。赶赴现场，查找人证与物证，并做好记录。清理现场，尽快开通线路。对责任行车事故，应认真找出原因，提出处理意见，制定防范措施。

3.3.3 接发列车作业

由于国内城市轨道交通信号系统普遍实现中央级控制，列车实行自动驾驶运行，城市轨道交通车站原则上不办理接发列车作业。车站对列车运行情况进行监视，负责向行车调度中心报点，各站间相互报点，当发生意外事件时，向行车调度中心请示，经同意后暂不报点；站台站务员按有关规定迎送列车。只有在信号联锁发生故障，需人工排列进路组织列车运行及列车开到区间因故障要退回车站等特殊情况下，须办理接发列车作业。

1. 接发列车作业环节

一般的城市轨道交通车站接发列车的基本程序为办理闭塞、布置与准备进路、开(闭)信号或交接凭证、迎送列车、开通区间 5 个步骤。具体接发列车作业程序与信号联锁设备及其状态有关。

(1)办理闭塞。闭塞的实质是同一区间在同一时间内只允许一列车占用。办理闭塞实际上就是使出发列车取得占用区间的许可权。

(2)布置与准备进路。

①接发列车进路的划分。进路是指列车运行或调车作业走行的路径,前者称为列车进路,后者称为调车进路。调车进路可分为接车进路、发车进路或通过进路。

a. 接车进路。接入停车列车时,由进站信号机(或进站方向进路防护信号机)起至接车线末端警冲标或出站信号机(或另一端进路防护信号机)止的一段线路,称为接车进路。

b. 发车进路。发出列车时,该列车通过车站两端进站信号机(或进路防护信号机)间的一段线路,称为发车进路。

c. 通过进路。列车通过时,该列车通过车站两端进站信号机(或进路防护信号机)间的一段线路,称为通过进路。

②进路的布置。在城市轨道交通系统中,接发列车的关键是正确、及时地准备好列车进路,值班站长或行车值班员必须亲自布置并确认进路准备妥当。布置准备进路时,一定要确定车次和列车占用线路情况。当车站一端有两个及以上列车运行方向或双线反方向行车时,还应确定方向。

③准备进路。准备进路与联锁设备有关。

a. 采用电气集中联锁与计算机联锁准备进路时,顺序按压进路始、终端按钮,道岔即自动转换并锁闭进路,进路一次性排列完毕,同时还能防护该进路的信号机自动开放。

b. 装有列车控制系统的 ATS 子系统能根据列车运行图自动排列进路、开放信号。当中央 ATS 系统出现故障,可通过计算机联锁区域操作员工作站(local operator workstation, LOW)人工排列进路。

c. 联锁全部发生 z 故障或停电时,需要人工手摇道岔准备进路。

(3)开(闭)信号。当集中联锁站接发列车进路准备好后,信号自动开放。由于轨道电路的作用,当机车或车辆第一轮对越过信号机后,信号自动关闭。引导信号(含人工引导信号)应在列车头部越过信号机(或引导人员)后及时关闭(或收回)。

(4)交接凭证。这里所说的凭证,是指发车信号机显示的进路信号以外的“证件”,如路票、列车进入封锁区间的“调度命令”等。交接凭证时要认真检查是否正确,注意安全,一般应停车交付。收回凭证后,要确认凭证是否正确,并及时注销保管。

(5)迎送列车。站台接发列车作业人员应在《车站行车工作细则》规定的地点立岗迎送列车,注意列车运行状态,发现危及行车安全的情况时,立即采取紧急措施。

(6)开通区间。与办理自动闭塞相对应,接发列车作业完毕后,半自动闭塞区间和电话闭塞须开通区间,使区间恢复空闲,保证不间断地接发列车。半自动闭塞区间开通区间时,由区间两端站车站值班员拉出闭塞按钮或按压复原按钮,区间两站的闭塞表示灯熄灭,即表示区间开通。

2. 接发列车作业程序及用语

中央信号联锁发生故障，联锁站联锁设备良好时，需人工在计算机联锁区域操作员工作站上排列进路，列车在 ATP 保护下以 ATO 或 SM 模式驾驶运行，此时联锁站需办理接发列车作业。

（1）联锁站的接车作业程序及用语如表 3-2 所示（括号中的数字表示相应顺序）。

表 3-2　联锁站的接车作业程序及用语

<table>
<tr><th rowspan="2">作业程序</th><th colspan="3">作业程序细化及用语</th><th rowspan="2">说明事项</th></tr>
<tr><th>值班站长</th><th>LOW 操作员
（行车值班员）</th><th>站台站务员</th></tr>
<tr><td>1. 接车预告</td><td>（1）根据行车日志和 LOW 显示确认接车线路空闲。
（2）听取发车站预告“××次预告”并复诵，通知 LOW 操作员“排列××次接车进路”</td><td></td><td></td><td></td></tr>
<tr><td>2. 准备进路、开放信号</td><td>（4）确认接车进路防护信号开放正确后，复诵“进路防护信号好了”，并通知发车站</td><td>（3）听取值班站长“排列××次接车进路”后，在 LOW 上排列列车进路，确认进路防护信号开放好后口呼“进路防护信号好了”</td><td></td><td></td></tr>
<tr><td></td><td colspan="3">（办理发车作业程序）</td><td>（列车通过）</td></tr>
<tr><td rowspan="3">3. 接车</td><td>（5）听取发车站报点，复诵并填写行车日志</td><td></td><td>（7）站台站务员复诵“××次开过来，准备接车”，并立岗接车</td><td rowspan="3"></td></tr>
<tr><td>（6）通知站台站务员“××次开过来，准备接车”，并听取汇报</td><td></td><td>（8）监视列车到达（通过），并注意站台乘客安全</td></tr>
<tr><td>（9）监视列车到达</td><td>（10）监视列车到达（通过）</td><td></td></tr>
<tr><td>4. 报点</td><td>（11）向发车站报点“××次（×点）×分×秒到（通过）”，并填写行车日志</td><td></td><td></td><td></td></tr>
</table>

(2)联锁站的发车作业程序及用语如表3-3所示(括号中的数字表示相应顺序)。

表3-3　联锁站的发车作业程序及用语

作业程序	作业程序细化及用语		
	值班站长	LOW操作员 (行车值班员)	站台站务员
1. 发车预告	(1)根据行车日志和LOW显示,确认发车线路空闲,向前一LOW预告“××次预告”。 (2)填写行车日志		
2. 准备进路、开放信号	(3)听取前一发车报点“××次(×点)×分×秒开”,并复诵,接到接车站准备好接车进路的通知,客车进站后排列列车发车进路。 (4)通知LOW操作员“排列××次发车进路”。 (6)确认发车进路好后,复诵“进路防护信号好了”	(5)听取值班站长“排列××次发车进路”的命令后,排列发车进路。进路排列好后,口呼“进路防护信号好了”	
3. 发车	(7)通知站台站务员“××次发车进路好了”		(8)确认后三节车门关闭好后,向司机显示“车门关闭好了”的手信号
	(11)监视列车运行	(10)监视列车运行,直至列车出清联锁区	(9)监视列车运行并注意站台乘客安全
4. 报点	(12)向接车站报点“××次(×点)×分×秒开”		
	(13)填写行车日志		
	(14)向行车调度中心报点“××次(×点)×分×秒开”		

学习评价

学习完本模块后，请根据自己的学习所得，结合表 3-4 所列内容进行打分评价。

表 3-4　模块 3 学习评价表

评价内容	评价方式			评价等级
	自　评	小组评议	教师评议	
课前预习本模块相关知识、相关资料				A. 充分 B. 一般 C. 不足
了解城市轨道交通车站的概念，能识别不同的城市轨道交通车站				A. 充分 B. 一般 C. 不足
知道城市轨道交通车站的组成				A. 充分 B. 一般 C. 不足
熟悉城市轨道交通车站的行车设备				A. 充分 B. 一般 C. 不足
熟悉城市轨道交通车站行车作业的基本要求				A. 充分 B. 一般 C. 不足
掌握城市轨道交通车站的作业制度				A. 充分 B. 一般 C. 不足
掌握接发列车作业				A. 充分 B. 一般 C. 不足
参加教学中的讨论和练习，并积极完成相关任务				A. 充分 B. 一般 C. 不足
善于与同学合作				A. 充分 B. 一般 C. 不足
学习态度，完成作业情况				A. 充分 B. 一般 C. 不足
总评				

思考与练习

(1)什么是城市轨道交通车站?

(2)简述城市轨道交通车站的分类。

(3)简述城市轨道交通线路的分类。

(4)简述城市轨道交通轨道的结构组成。

(5)车站行车作业的基本要求有哪些?

(6)简述车站行车作业制度。

模块4 城市轨道交通车辆段行车组织

学习目标

(1)熟悉车辆段的类型,了解车辆段的主要业务。
(2)掌握车辆段的主要功能和构成。
(3)熟悉车辆段内的列车运转流程,掌握车辆段接发车的相关规定。
(4)了解车辆段调车作业的概念,并熟悉其分类。
(5)能说出车辆段调车作业的作用。
(6)熟悉调车作业过程的有关规定。

学习重点

(1)车辆段的主要功能和构成。
(2)车辆段接发车作业。
(3)车辆段调车作业的要求。

4.1 城市轨道交通车辆段概述

车辆段是城市轨道交通行车系统的重要单位之一,主要负责列车车辆的运营、整备、检修等工作。车辆段同时也是城市轨道交通系统(地铁、城市轻轨等)中对车辆进行运营管理、停放及维修、保养的场所。

4.1.1 车辆段的类型和主要业务

1. 车辆段的类型

车辆段根据功能不同可分为检修车辆段(简称车辆段)和运用停车场(简称停车场)。检修车辆段根据其检修作业范围可分为架(厂)修段和定修段。独立设置的停车场隶属于相关车辆段。

2. 车辆段的主要业务

车辆段的主要业务有以下几项:

(1)列车在段内的调车、停放、日常检查、一般故障处理和清扫洗刷。

(2)车辆的技术检查、月修、定修、架修、临修、试车等作业。

(3)列车回段折返、乘务司机换班。

(4)段内设备和机具的维修及调车机车的日常维修工作。

(5)配置紧急救援抢修队和物资设备存放。

4.1.2 车辆段的主要功能和构成

1. 车辆段的主要功能

车辆段的主要功能如下:

(1)提供运用列车投入服务,确保所属线路列车运行图的实现。

(2)客车的停放、调车编组、日常检查、一般故障处理和清扫洗刷。

(3)客车的维修、临修、镟轮、定修、架修和长修。

(4)工程机车车辆的停放、检修等。

(5)车辆段内通用设施及车辆维修设备的维护管理。

(6)乘务人员组织管理、出乘计划编制及备乘换班的业务工作。

(7)所属线路列车运行出现故障时的技术检查、处理和救援工作。

根据各城市线路情况的不同,可以另外设置仅用于停车和日常检查维修作业的停车场或检车区,其在管理上一般附属于主要车辆段,规模较小。其功能主要为:列车的停放、调车编组、日常检查、一般故障处理和清扫;车辆的修理(月修和临修);可另设工区,管理乘务人员出乘、备乘、倒班。

2. 车辆段的构成

车辆段总体上分为 3 个部分,即咽喉部分、线路部分和车库部分。

(1)咽喉部分。车辆段咽喉部分是指连接车库与正线的部分,由出入段线与道岔组成。

(2)线路部分。

①线路部分的组成。车辆段线路部分包括出入段线、停车线、列检线、镟轮线、检修线、洗车线、牵出线、试车线、静态调试线、临修线等。

a. 出入段线。出入段线是指连接正线与车辆段的线路。尽端式车辆段采用双线,贯通式车辆段可在两端各设置一条单线。出入段线与正线的接轨有平交和立交两种方式。

b. 停车线。停车线是用于停放列车的线路。为减少占地和道岔数量,一般每条线按停放两列车设计,为能进行列检作业,部分停车线设有检修坑道。

c. 列检线。列检线是用于车辆日常检查的线路,设有检查坑,列检线数一般按运用车数的 30%进行配置。

d. 镟轮线。在轮对磨耗不符合使用要求时,可对轮对踏面进行镟修的线路为镟轮线。

e. 检修线。检修线是用于对车辆定期检修的线路。其包括定修线、架修线和临修线等,设有检修坑,并根据检修作业需要配置车顶作业平台、架车机和起重机等设备。

f. 洗车线。洗车线供列车停运时洗刷车辆用,其中部设有洗车库。洗车线一般为贯通式,尽量和停车线相近,可以减少列车行走时间,并减少对车场咽喉地区通过能力的压力。洗车库前后须设置不小于一列列车长度的直线段,以保证列车能平顺进出洗车库。

g. 牵出线。牵出线适应段(场)内调车,牵出线的长度、数量根据列车的编组长度和调车作业的方式与工作量确定。

h. 试车线。试车线供定修、架修、大修后列车在验收前的动态调试。其长度应满足远期列车最高运行速度、性能试验、列车编组和行车安全距离的要求。一般为平直线路,线路中间要设置不小于一单元列车长度的检查坑,供列车临时检查用。试验线还应设置信号的地面装置,可进行列车车载信号装置的试验。

试车线旁设置试车工作间,内设信号控制和试车必须配置的有关设备、设施及仪器。试车线须采取隔离措施。

i. 静态调试线。静态调试线设在静态调试库内,列车检修完毕在到试车线试车之前,要在静态调试库对列车进行静态调试,检查各部分的技术状态,对电气设备和控制回路的逻辑动作、整定值进行测试与调整。静态调试线全长设置地沟,地沟内须设置照明光带。静态调试线为平直线路,同时设置车间牵引电力电源和有关测试设备。

车辆段在车辆检修后要进行车辆的尺寸检查,其中要对车辆的水平度进行检查,需要轨道高差精度等标准较高的线路(称为零轨),宜设在静态调试线。

j. 临修线。列车发生临时故障和破损时,在临修线上完成对车辆的临修工作,临修线的长度应能停放一列列车,并考虑列车解编的需要。

以上是保证列车运行和检修的主要线路,除此之外,检修基地内还要按需设置临时存车线、检修前对列车清洗的吹扫线、材料装卸专用线和特种车辆(如轨道车、接触网架线试验车、隧道冲洗车等)停车线、联络线和与铁路连通的地铁专用线等。

这些线路通过道岔互相连接,道岔和信号设备联锁,由设置在站场的中央调度室对电气集中控制设备进行操作、排列和开通列车的进路,进行调车和取送车作业。

②布置车场线路的要求。布置车场线路应遵循以下几点要求:

a. 列车停车、检修、试验及其他作业的线路应为平直线路,其他线路的坡度不应大于2‰;由于在车场内是无载客运行,通过对数较少、行车速度较低,最小平面曲线半径 R 可根据道岔的导曲线半径及车辆构造允许的最小曲线半径等因素确定,一般以 $R \geqslant 150$ m 为宜。

b. 除架修、大修线外,在车场内地铁列车可能到达的地方应设置接触网或接触轨(包括接通至库内)。采用接触轨时,应有防护设施;采用接触网时,应在线路交界处设置醒目的标志,防止列车误入无接触网区段,造成列车受电弓和接触网的损坏事故。

c. 在线路端部应设置车挡,防止溜车。

d. 应根据实际情况对各线路接触网分区(段)供电,设置隔离开关,分别断电和送电,以便于对列车进行各种作业。

e. 除架修、大修线外，其他线路的有效长度至少应保持远期规划列车编组长度与轨道车长度之和，再加上满足司机瞭望和行车安全的距离。

(3) 车库部分。车库有停车库、定修库、架修库、洗车库等。

4.2 城市轨道交通车辆段行车组织作业

车辆段内的行车组织工作应按照“统一指挥，逐级负责”的原则进行，由车辆段内的车场调度员统一指挥。车辆段行车指挥架构如图 4-1 所示。

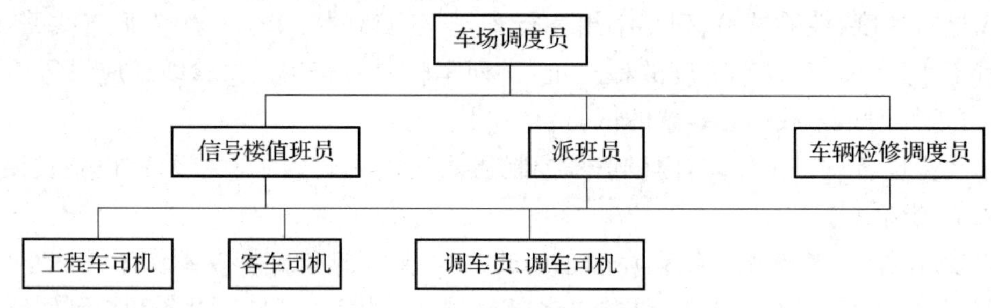

图 4-1 车辆段行车指挥架构

4.2.1 车辆段行车作业

车辆段中的车场是勤务人员的重要工作场所，为运营相关人员提供后勤保障、服务；同时为正线运行列车提供各类后勤保障、服务，确保正常的运营秩序。车场内的常见设备包括线路、信号进路和控制设备，以及各类机电设备、检修设备、列车存放和其他辅助设备。

由于车辆段内列车和车辆较多，而且联锁设备相对正线比较简单，各种作业相互之间的干扰时有发生，所以车辆段内的行车组织工作就更为复杂。为保证做好出车、收车、开行及救援列车工作，就必须做好车辆段内的行车组织工作。

1. 车辆段行车作业内容

车辆段行车作业是按运行图制订的行车计划完成日常的车辆运行作业，主要作业内容如下：

(1) 负责所辖各运行线路内的电动列车运行、整修、整备任务，确保上线运用列车状态良好，确保上线运用列车准点出场、回库，能顺利进行运用列车的调整。

(2) 配合维修人员完成列车的保养、维修、调试等工作。

(3) 安排车场内调车作业及正线开行施工列车。

(4) 协调车场内各专业技术工种在规定范围和规定界面的施工技术。

(5) 协助正线事故救援工作。

(6) 编排列车运行计划，按列车运行图要求配置列车及乘务人员。

(7) 对车辆乘务人员及站场行车人员进行行政管理、技术管理等。

2. 车辆段内的列车运转流程

由于客车主要是在正线上运行，所以车辆段调度行车工作主要是出车和收车，列车在车辆段内的运转流程主要包括4个环节，分别是列车出车作业、正线运营作业、列车收车作业、列车整备作业。具体流程如图4-2所示。

(1)列车出车作业。列车出车作业包括编制并下达发车计划、司机办理出乘手续、司机检查列车、列车出库与出段，其流程如图4-3所示。

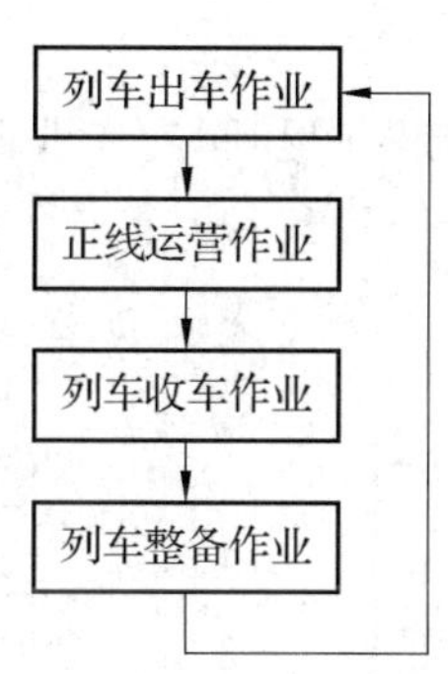

图4-2 车辆段内的列车运转具体流程

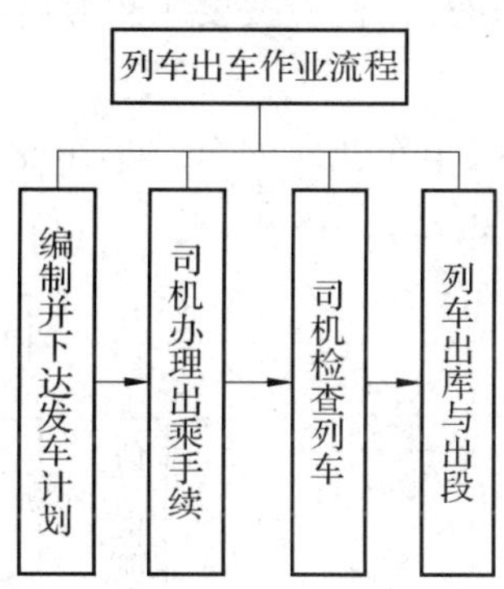

图4-3 列车出车作业流程

①编制并下达发车计划。发车计划由车场调度员根据列车运行图，运用检修用车安排、车场线路存车情况等编制。发车计划编制完毕后，应首先下达给信号楼值班员，还要把列车车次、车号、有无备车、备车车号情况上报行车调度员。

②司机办理出乘手续及检查列车。司机出乘应按照规定时间到规定地点办理出乘手续，领取相应物品。在办理出乘手续时应向派班员了解相关注意事项，具体有以下几点：

a. 车次、车号、停车股道。

b. 区间有无施工。

c. 限速要求。

d. 其他行车注意事项。

除此之外，还要确认派班员发放的行车备品是否齐全、状态检查是否良好、表单是否正确等。办妥出乘手续后，还应对列车进行检查，检查合格后方能发车。

③列车出库与出段。在报告信号楼值班员“×××车整备作业完毕，请指示”后，等待信号楼值班员的命令，未得到出库命令前严禁动车。

动车出库前要确认以下事项：

a. 进路安全。

b. 库门开启到位。

c. 信号机开放白色信号。

d. 司机室门锁闭良好。

e. 模式开关在受限制的人工驾驶(restricted manual，RM)模式位。

确认以上事项后，以鸣笛声表示动车，限速运行。出段转换模式开关至点式列车自动防护(intermittent automatic train protection ，IATP)模式，确认信号机显示绿色，鸣笛动车。

(2)正线运营作业。列车的正线运营作业主要包括列车运行交路、列车司机作业、司机交接班3个方面,各方面工作如下:

①列车运行时,正线运行的循环交路、在两端折返的时刻、出入段时间顺序由车辆周转图规定。

②列车司机作业方面,严禁司机违章行车,应确保行车安全和乘客安全,正司机应严格按照指示操作,副司机严格按照乘务员的命令完成各项工作。

③交接班时,司机应按要求出勤,需要将列车技术状态、有关行车命令、注意事项向派班员交代清楚。

(3)列车收车作业。列车收车作业主要包括列车入段与入库和库内作业两部分,其作业流程如图4-4所示。

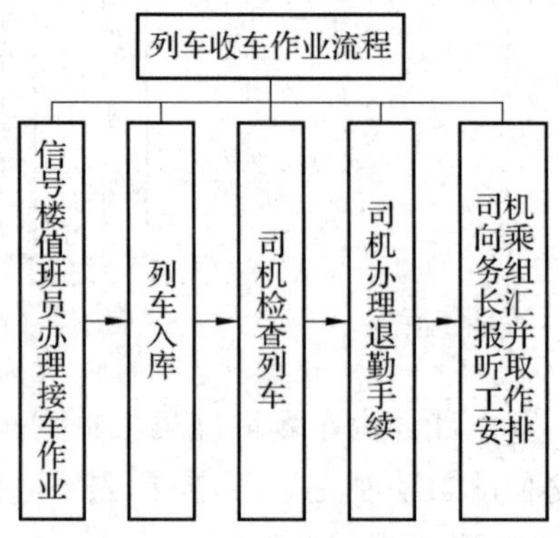

图4-4　列车收车作业流程

列车收车作业相关规定如下:

①正常情况下,列车入段与入库时通过入库线回段。在行车调度员准许的情况下,也可在出库线入段。信号楼值班员在办理接车作业时,应确认接车线路空闲,并停止影响接车进路的调车作业。

②列车入库后,司机须对其进行检查,确认无异常情况后,带齐列车钥匙及相关表单,办理退勤手续,然后向乘务组长汇报当日工作情况,听取次日工作安排与注意事项。若发现列车技术不良,则应报派班员,并做好相关记录。

(4)列车整备作业。车场内列车整备作业主要包括清洗、检修、车辆验收3个部分,主要工作内容如下:

①对列车内、外部进行清洗、打扫。列车清洗应根据清洗计划进行,列车清洗计划应下达给信号楼值班员、调车司机、调车员及其他相关人员,由专人负责清洗工作。

②在列车回库停稳后,派班员应及时与检修调度员办理车辆交接手续,检修调度员按计划进行检修作业,检修完毕与派班员办理移交手续。

③派班室派专人对车辆技术状态再次检查、验收,确认车辆符合正线运行的要求。

3. 列车出入车辆段的程序

列车出入车辆段的程序如下:

(1)列车整备完毕,确认列车状态符合正线服务要求后,司机报告车场信号值班员“列车整备完毕”。

(2)确认出厂信号开放，司机以 RM 模式驾驶列车出库，整列列车离开库门前限速 5 km/h。在车库大门前、平交道口应一度停车，确认线路状况良好后再动车。

(3)列车运行到转换轨时再度停车，待显示屏收到速度码，ATO 灯点亮后，司机确认进入线路防护信号开放，以 ATO/SM 模式运行至车站。

4.2.2 车辆段接发车作业

1. 车辆段接发车作业的一般规定

车辆段接发车时应遵循以下规定：

(1)接发列车应灵活运用股道，做到不间断接车、正点发车、减少转线作业，备用车应停放在运用库线路发车的一端，升起弓，随时准备出车辆段。

(2)当计算机联锁系统发生故障，采用应急台排列接发列车进路时应按压引导总锁闭，并现场确认进路开通，人工准备进路时使用钩锁器对进路上的对向道岔进行加锁。

(3)采用应急台或人工准备接发列车进路办理接发列车作业时，应停止调车作业。

(4)联锁设备正常时，应在邻站开车或车辆段开车点前 5 min 停止影响列车进路的调车作业，准备接发车进路。

(5)原则上不得在非接发车线上办理列车接发作业。特殊情况下应经车场调度员同意，得到行调改变行车组织办法的命令，采用排列调车进路锁定发车进路道岔(当联锁功能失效时，人工加锁进路对向道岔)。列车凭行车调度命令及车场调度员(或车场值班员)的发车信号驶出车辆段。

(6)列车进出检修库大门或通过平交道口前应一度停车，确认安全后方可通过。

2. 列车占用转换轨凭证规定

列车占用转换轨凭证规定如下：

(1)当车辆段计算机联锁系统正常时，列车占用转换轨的凭证为出车辆段信号机的黄灯。

(2)当车辆段计算机联锁系统发生故障，开放不了出车辆段信号时，列车占用转换轨的凭证为出车辆段信号机的调车信号及车场值班员的允许出车辆段命令。

(3)当车辆段计算机联锁系统发生故障或邻站 LOW 发生故障，开放不了出车辆段信号和调车信号时，改为电话联系(或区段闭塞)行车法组织行车，车场值班员得到行车调度员改变行车组织办法的命令，与邻站办理发车作业，列车占用转换轨的凭证为行车调度命令(或路票)。

3. 列车停车规定

列车停车规定如下：

(1)列车驶进车辆段后，应停于接车线信号机内方，列车头部不得越过防护信号机。如果列车尾部停在信号机外方，车场值班员应通知司机向前移动到信号机内方。

(2)客车在车场内运行时要严禁其受电弓在分段绝缘器位置停车。

(3)列车停放运用库时不得压住平交道口。

4. 列车退行规定

列车退行规定如下：

(1)列车自车辆段开车后，因故被迫停车需退行，尾部未越过入段信号机时，经车场值班员同意，换端(或车长引导)后退至发车股道出段信号机内方；尾部已越过入段信号机时，经车厂调度员同意确定接车股道后，车场值班员按接入列车办理，通知司机凭入段信号退行入段。

(2)车场值班员接到列车需退行的报告后，应立即向车场调度员汇报，确认接车股道空闲及延续段的列车或机车车辆停稳后，方可同意退行。

(3)车场调度员接到列车退行报告后，应立即组织人员对故障设备进行抢修，组织其他列车绕道出段，必要时配合司机退行，以减少对正线运营的影响。

4.3 城市轨道交通车辆段调车作业

车辆段调车作业的特点是工作量大、作业复杂，各种类型的调车都有，主要是利用牵出线和车库线等线路进行调车作业。

4.3.1 车辆段调车作业的概念和分类

1. 车辆段调车作业的概念

除正线列车在车站到、发、通过及在区间内运行，参与运营活动以外的，所有为了编组、解体列车，摘挂、取送车辆，转线等车辆在线路上有目的的移动统称为车辆段调车作业。

2. 车辆段调车作业的基本分类

调车作业按方法、方式和过程可以分为以下两类：

(1)由电动列车完成的转线、转场、出入场等相关的作业。

(2)由内燃机车及其他机车完成的编组、解体、转线、摘挂、取送等相关的作业。

无论是何种形式的调车作业，无论其在方法的使用和实现上有何区别，它们最基本的要求和条件是一致的，没有根本的差异，仅仅是形式和表现方法不同。

4.3.2 车辆段调车作业的作用

调车作业是确保城市轨道交通安全运行的重要环节之一，它对提高城市轨道交通系统运行的效率、做好列车后勤保障、使电动列车的维修和检查保养等修程顺利实现，有着十分突出的作用，具体包括以下几项：

(1)及时、正确地进行调车作业，保证电动列车按运行图的规定时刻发出列车，按运行图的要求安排使用列车。

(2)及时取、送需要检修的车辆，保证检修车辆按时到位。

(3)保证车辆段设备及调车作业运行安全和人身安全。

(4)确保其他物资运输的运行秩序正常进行。

4.3.3 车辆段调车作业的要求

车辆段调车作业的要求包括调车作业的基本要求、配合协作要求、确认的基本内容、终止作业条件及调车工作的指挥原则。

1. 调车作业的基本要求

调车作业的基本要求如下：

(1)调车作业必须按照调车作业计划及调车信号机或调车信号的现实要求进行，没有信号不准动车，信号不清立即停车。

(2)特殊情况下使用无线电对讲机联络进行调车作业时，司机与调车人员必须保持联络畅通，联络中断时应及时采取调车作业停车措施。

(3)调车作业时，调车人员必须正确、及时地显示信号，司机要认真确认信号并鸣笛回示。

2. 配合协作要求

具体的配合协作要求如下：

(1)调车作业是参加调车作业的相关人员(如司机、调车员、车场值班员等)之间相互配合、相互协作的过程。因此，无论是车辆的动车、信号确认、进路确认，还是注意事项，都必须在作业前明确。

(2)车场值班员必须按规定正确、及时地安排调车进路，并且监视运行情况。

(3)在调车员必须看清计划、确认安全状态后，才允许显示信号，不得盲目指挥、盲目显示信号。

(4)司机必须确认信号，瞭望四周情况后才能启动机车。

3. 确认的基本内容

调车作业中，应该看清与确认的情况包括以下内容：

(1)线路情况、停留车位置情况。

(2)道岔开通情况、信号显示情况。

(3)车下障碍物与异物情况。

(4)检修线(所)进入线路作业情况及进、出库房大门情况。

(5)连挂的车辆情况。

(6)走行速度情况、道口四周情况。

(7)参与调车作业的人员情况。

4. 终止作业条件

终止作业条件包括以下内容：

(1)在调车作业中，调车人员显示的信号得不到司机回示或认为车速过快及有其他异常情况时，必须立即显示停车信号。

(2)在司机无法瞭望信号、信号中断、联络中断或者认为有异常情况时,必须立刻停车。

(3)信号楼信号源发现调车作业人员或作业过程有违反安全规定的情况时,应立即采取措施终止调车作业。

(4)基地或车站管理人员发现有危及调车作业安全、设备安全、人身安全的情况时,应立刻通知有关人员停止调车作业。

5. 调车工作的指挥原则

调车工作的指挥原则是"统一领导,单一指挥"。

(1)统一领导。统一领导就是在同一车辆段内,在同一时间只能由车辆段的车场调度员统一领导全场的调车作业。与调车区域相关联的其他作业,均按车场调度员的调度命令执行。

(2)单一指挥。单一指挥就是在同一时间内,一台机车或一组列车的调度作业计划的执行、作业方法的拟订和布置,以及车辆的行动指挥,只能由一人负责。

4.3.4 调车作业计划

由于调车作业都是通过调车作业计划来实现的,因而对于调车作业来说,调车作业计划是进行调车作业的凭证与依据。

调车作业计划是指从事调车工作的有关领导人员(运转值班员或行车值班员)向调车作业人员以书面的形式或口头布置的方式下达调车作业通知,内容包括起止时间、担当列车(机车)作业顺序、股道号、摘挂辆数(编组车号或车位)、安全注意事项等。

1. 调车作业计划的编制和传达

(1)调车作业计划的编制。

①由于调车作业地点比较分散,涉及作业部门较多,钩数不易记忆,环境因素对作业影响较大,因而一般规定调车作业钩数在三钩以上时,应由行车管理的有关部门制订调车作业计划。

②调车作业计划的制订或编制应由运转值班室值班员或行车值班员根据生产部门提出的要求,结合运行实际状况正确、合理、及时地制订。

③制订调车作业计划时,应充分考虑各方面的因素与条件,力求在确保行车安全的前提下提高调车作业效率,以最少的作业钩数和最短的调车行程完成相应的调车作业任务。

(2)调车作业计划的传达。

①调车领导人员(运转值班员或行车值班员)在编完调车作业计划后,应向信号楼值班员、调车长等参加作业的人员传达清楚,参加调车作业的有关人员在接受调车计划后,必须复诵、核对正确无误后再执行。

②为了正确、及时地完成调车作业任务和要求,调车指挥人(调车长)在向参加作业的其他人员传达调车计划时,应预想作业安全事项、进行具体作业方法、注意事项等情况的部署,并与调车长核对复诵计划。在调车作业开始之前,必须使参加调车作业的人员都做到心中有数,避免误听、误传而引起作业重复,以及其他不良后果。

2. 调车作业计划的变更

变更作业计划主要是指变更作业股道、摘挂辆数、车辆号、作业方法、取送作业、转线的区域或线路。

(1)调车作业必须严格按照调车作业计划所规定的内容与要求进行,不准擅自改变作业内容与计划。

(2)当因运行状况及生产实际的需要必须变更调车作业计划时,应该停止进行中的作业。

(3)由运转值班员或行车值班员将变更后的计划向调车人员及信号员重新布置、传达清楚,并且进行核对和复诵,确认无误后,方可继续作业。

(4)变更作业计划不超过三钩时,可以以口头方式传达;超过三钩时,应重新编制书面调车作业计划,取消执行原计划。

(5)为了贯彻集中统一指挥的原则,调车作业中,调车长在作业过程中决定必须变更原计划时,应及时向有关行车、运转调车领导人员反应,由调车领导人员重新编制书面计划后执行。

(6)所谓调车作业中的"一钩"作业,一般是指机车(列车)或所挂车辆的运行由线路的一股道到另一股道并且改变运行的方向。

4.3.5 调车作业过程的有关规定

1. 调车作业前的准备

调车作业前应做好以下准备作业:

(1)调车作业前,调车员应做好充分的准备(按规定着装、佩戴防护用品,确认无线对讲机状态良好),并认真检查调车组其他人员准备情况。

(2)对线路进行检查,确认进路、车辆底部和顶部无障碍物。

(3)对车辆进行检查,内容包括是否做好车辆防溜措施、是否进行技术作业、是否有侵限物搭靠、装载加固是否良好、是否插有防护红牌(红灯)。

2. 调车进路确认

在调车作业中经常会遇到牵引车辆运行和推进车辆运行的情况,由于调车进路变化较多,车辆存放处所不同,连挂与牵出的地点各异。所以这两种情况在调车作业时常常交替进行,为了分清调车作业中对进路及周围情况确认的责任,更安全、有效地展开调车作业,通常对牵引与推进运行的瞭望及确认要求做以下规定:

(1)列车正向运行、单机运行或牵引车辆运行时,前方进路的确认由司机负责。司机在运行时要不中断瞭望,对发生的异常情况,如线路限界情况、信号显示状态、人员行走、道口安全、调车路径是否正确等要果断采取措施处理。

(2)推进车辆运行时,前方进路的确认由最前方调车员(或调车长)负责,调车长应不中断瞭望,及时、正确地与司机联系或显示信号。如确认前方进路有困难,可指派参加调车作业的其他人员(调车员或连接员)确认、瞭望,并将情况正确、规范地传达给调车指挥人,由调车指挥人与司机联络。在一般情况下，调车指挥人应站立在易于瞭望进路，又能使司机看清其信号显示的位置。

(3)在调车作业中，调车作业人员必须按调车信号的显示要求进行，如果运行中遇调车信号机灯光显示不明或熄灭，手信号灯光忽明忽暗或中断，无线电对讲机联系中断，信号没有得到回示，等等，都应视为停车信号而采取措施，使机车(列车)停止作业。

(4)如果车站或基地信号机发生故障，应由调车人员即刻通知信号值班人员，必要时应通知运转值班人员或行车值班员组织检修，调车人员必须等信号机恢复显示或由有关行车人员到场通知司机或显示允许通过该信号机的信号后，方可按照有关规定和制度越过该架信号机。

3. 调车作业进路的变更与终止

在实际调车作业中，由于线路情况变化及实际工作的需要必须取消调车作业进路时，进路控制和信号操纵人员必须遵守以下规则：

(1)进路控制和信号操纵人员确认列车或车辆尚未启动，通知调车司机与调车员，并得到回复。

(2)如果列车、车辆已经开始运行，必须立即通知司机和调车长，并且确认列车或车辆已经停止运行。

(3)如果必须使列车或车辆运行，应确认列车或车辆已经按规定进入规定位置停车。

(4)在执行以上三点基本规则之一后，进路控制和信号操纵人员才能关闭信号机，取消原先的调车进路。

(5)进行变更进路的排列，开放变更后的调车作业信号时，参加调车作业的司机和调车员在得到信号楼或有关信号操纵人员的通知后，应立即遵照执行，不得盲目动车或强行启动进入信号机内方，防止产生由于进路变更而使列车或车辆冒进红灯或者由于道岔转换而造成挤岔或脱轨的事故。

4. 调车速度限制

(1)调车速度限制的依据。

①调车作业中，被调动列车自动制动机可能没有全部启动，造成制动力较小。

②调车作业中，正向运行方向和逆向运行方向交互进行，有时瞭望不便。

③一般情况下，调车线路标准、等级及道岔型号都低于运营正线，存在设备结构限制。

④当推进运行时，需中转信号，在时间上有延误或需延长中转时间。

⑤调车作业时，线路周围情况相对较复杂。

(2)调车速度限制的要求。调车作业中，要严格控制运行速度，不得违反以下规定：

①在空线上运行时，应严格按照线路、道岔的允许速度运行，最高速度不得超过 30 km/h。

②调车作业中，因工作需要进出厂房、车库时，运行速度不得超过 5 km/h。

③接近被连挂列车时，运行速度不得超过 3 km/h。

④瞭望条件不良时，应适当降低速度。

⑤电动列车出入基地无码区时，应按慢速前行方式限速 20 km/h。

⑥正线车站内，调车按相关规定的速度运行。

⑦尽头线调车时，速度不得超过 3 km/h。

5. 尽头线调车及其他限制

(1)尽头线调车规定。

①在尽头线上进行调车作业时，距离线路终端应有不少于 10 m 的安全距离，包括被摘挂车辆的停留。

②在特殊情况下必须近于 10 m 时，要严格控制列车运行速度，以随时能停车的速度(3 km/h 以下)运行。

③如果需摘挂车辆，应报告有关行车管理人员，且距离位置有利于再次挂车时，进行预防性措施准备。

④天气或环境情况恶劣导致瞭望距离较短时，通常不允许在距尽头线末端近于 10 m 处摘挂车辆或作业。

(2)手推调车规定。所谓手推调车，是指以人力推动车列走行至目的地的方法，一般只在短距离移动列车时采用。一般情况下，手推调车只在基地内列车检修作业中使用。操作时必须遵守以下安全规定：

①与被移动列车相关的作业要停止，防止发生人身伤亡。

②要严格掌握调车速度，必须有相应的安全措施确保制动良好，并指定专门人员负责。

③手推调车速度不得超过 3 km/h，每批手推调车不得超过一辆重车或两辆空车，防止失控，造成不良后果。

④车辆走行时，必须有专人进行指挥，并得到有关行车管理人员的同意。

⑤手推调车指挥人员应与运转值班室及信号控制部门联系，安排作业计划，开通调车进路，开放调车信号。

⑥禁止手推调车的情况有以下几项：

a. 暴风、雨、雪天气影响线路及周围瞭望时。

b. 夜间无照明设备的线路时。

c. 线路坡度大于 2.5‰时。

d. 制动措施不能保证随时停车时。

e. 能进入接发列车进路的线路上，无脱轨器或无隔开设备时。

f. 车辆装载有易燃、易爆物品时。

g. 同一线路上两组车同时手推调车。

⑦手推调车时，必须有操作熟练的人员把关，在采取各项安全措施后才能进行，确保手推调车过程的安全。

(3)其他安全规定。

①调车作业时，无论什么原因造成调车的列车越过显示红灯的信号机造成挤岔，调车司机都应该停车，严禁擅自移动列车、机车，列车司机应立即报行车管理人员(行车调度员、行车值班员、运转值班员)，等待来人确认情况后，根据现场处理指挥人员的命令和允许移动的信号，将列车、机车行驶至规定位置。

②调车作业时，需停留的列车不得超越警冲标与压占道岔位置，以免造成走行线路堵塞，影响其他相邻进路的开放，如确实要越出警冲标或压占道岔位置，应得到有关行车管理人员的批准同意，并根据要求及时开通线路。

③通常情况下，在城市轨道交通运输各车站和基地，禁止调车过程中进行溜放作业。

④调车作业中遇到同一线路上需连挂多节车辆时，禁止采用连续连挂的方式运行。

⑤在基地线路上进行调车作业时，空车四辆以上(含四辆)、重车两辆以上(含两辆)，须连接制动风管；在正线上进行调车及施工作业连挂列车时，必须全部连接制动风管。

⑥调车作业中，在线路上停留的列车如不能以自动控制机、手动控制机进行制动防溜，应采用铁止轮器对列车进行制动。

学习评价

学习完本模块后，请根据自己的学习所得，结合下表所列内容进行打分评价。

模块4学习评价表

评价内容	评价方式			评价等级
	自　　评	小组评议	教师评议	
课前预习本模块相关知识、相关资料				A. 充分 B. 一般 C. 不足
熟悉车辆段的类型，了解车辆段的主要业务				A. 充分 B. 一般 C. 不足
掌握车辆段的主要功能和构成				A. 充分 B. 一般 C. 不足
熟悉车辆段内的列车运转流程，掌握车辆段接发车的相关规定				A. 充分 B. 一般 C. 不足
了解车辆段调车作业的概念，并熟悉其分类				A. 充分 B. 一般 C. 不足
能说出车辆段调车作业的作用				A. 充分 B. 一般 C. 不足
熟悉调车作业过程的有关规定				A. 充分 B. 一般 C. 不足

（续表）

评价内容	评价方式			评价等级
	自　评	小组评议	教师评议	
参加教学中的讨论和练习，并积极完成相关任务				A. 充分 B. 一般 C. 不足
善于与同学合作				A. 充分 B. 一般 C. 不足
学习态度，完成作业情况				A. 充分 B. 一般 C. 不足
总评				

思考与练习

(1)车辆段可分为哪些类型？

(2)简述车辆段的主要业务。

(3)简述车辆段接发车的相关规定。

(4)什么是车辆段调车作业？

(5)简述车辆段调车作业的分类。

(6)简述车辆段调车作业的作用。

(7)车辆段调车作业的要求有哪些？

模块 5 城市轨道交通列车开行计划

学习目标

(1)了解列车的概念和列车运营时刻表。
(2)熟悉行车间隔时间和列车停站时间。
(3)掌握折返方式与折返时间的概念,熟悉列车运行速度的相关知识。
(4)掌握全日行车计划的编制。
(5)熟悉列车开行方案的种类。

学习重点

(1)行车间隔时间。
(2)列车停站时间。
(3)折返方式与折返时间。
(4)全日行车计划的编制步骤。
(5)列车开行方案。

5.1 列车开行的基本概念

城市轨道交通列车的开行是一个系统工程,是城市轨道交通系统完成乘客运送、乘客完成空间位移的前提条件,为了保证列车安全、快速、有序地运行,必须做好有关列车的运行组织工程。

5.1.1 列车的概念

列车是指以正线运行为目的,按规定辆数编成并具有列车标志的车组。列车标志包括列车两端的标识灯、列车前端的车次号与目的地标识符。

列车运行主要是指列车在正线上的运行。城市轨道交通正线一般为双线，列车运行采用双线单向靠右侧行车。一般情况下，一条运营线路需确定一端终点站为上行端，即开往该站的列车为上行列车，反之为下行列车。

按照列车用途的不同，列车可分为专用列车、可用列车、空驶列车、试验列车、工程列车和救援列车等，不同的列车可根据不同的车次号来识别。

5.1.2 运营时刻表

运营时刻表是行车组织工作的基础，它规定了固定运营线路每个运营周期（一般为一天）的起止时间、高峰期起止时间、各次列车占有区间的顺序、列车在一个车站到达和出发（通过）的时刻、列车在区间的运行时分、列车在车站的停站时分、折返站列车折返作业时分及电动客车出入车场的时刻。

运营时刻表同时是城市轨道交通运营组织的一个综合计划。车站根据运营时刻表规定的列车到达和出发时刻安排本站行车组织和客运组织工作，车辆维修部门根据运营时刻表在每天运营前要备好运营需求的列车数，车辆运转部门根据运营时刻表的要求确定列车的派出时间和乘务员的座席计划，线路桥梁、通信信号、牵引供电、机电等专业部门也要根据运营时刻表的规定来安排施工计划和维修计划。需要注意的是，详细的运营时刻表一般不对外发布，通常只发布线路各车站首、末班车的时刻表供乘客乘车参考。

5.1.3 行车间隔时间

行车间隔时间是指同方向两列载客列车的间隔时间。缩短行车间隔时间可以减少乘客在站候车时间，有利于提高服务质量，增大对乘客的吸引力，也有利于减少列车编组辆数，节省工程投资。但是，缩短行车间隔时间受到多种因素的制约，行车间隔时间的极小值通常取决于信号系统、车辆性能、折返能力、停站时间等诸多因素，在有先进技术设备和足够工程投资做保证的前提下，停站时间往往成为最重要的制约因素。

因为在高峰小时内，线路上个别车站的乘客集散量可能特别大，导致列车在该站的上、下车时间较长。一般来说，在最长停站时间控制在 30 s 左右时，该线最小行车间隔时间可定为 2 min，据此可计算出线路的最大运输能力，编制列车运营时刻表。当然，在列车运行秩序稍有紊乱时，信号系统和列车折返系统应有能力进一步缩短行车间隔时间，使列车运行秩序尽快恢复正常。

5.1.4 列车停站时间

列车停站时间是指列车在车站进行作业所需要的时间，一般是指从列车对标停妥时刻起至列车从本站发出（不再停下）的时刻止的这段时间。列车停站时间长短服从乘客乘降的需要，因此，其主要取决于车站的乘客集散量、车辆的车门数、座位布置、车站的疏导与管理措施等。

由于乘客发生量在时间上的不均衡性，以及乘客在列车各节车厢内分布的不均衡性，列车停站时间除了考虑乘客上、下车时间（据实测资料表明，每名乘客上、下车约需 0.6 s）和开关车门反应时间及动作时间(约需 0.6 s)外,还应有一定的富余量,这往往使得列车停站时间成为列车最小行车间隔时间的制约因素,而且停站时间过长会降低列车旅行速度。因此,车站应采取积极的疏导和管理措施,包括完善列车上的报站广播等设施,让上、下车的乘客提前做好准备以免延误乘降等。

列车停站时间一般在编制列车时刻表时根据设备能力和列车停站作业程序计算出最小值,一般应控制在 30 s 以下,有屏蔽门的车站一般不少于 20 s,客流较大的车站可放宽至 30～50 s。

有时,为了更好地组织列车运行秩序和提高运行效率,列车在沿线不同车站也可以考虑不同的停站方式。

5.1.5 折返方式与折返时间

列车到达终点站后,如果不入段整备,就需要改变运行方向,进入另一个运行方向继续在正线上运送乘客。将列车由一条线路转换至另一条线路的方式称为列车折返,凡是具有列车折返能力的车站均称为折返站。

列车的折返方式首先涉及一个是否所有的列车都在线路上全线运行的问题,由于各区间断面客流量一般是不均衡的,个别线路甚至相差较大,如果按照最大断面客流量开行一种列车,将使车辆客位利用率不高,造成一定程度的浪费。所以,应视线路的具体情况采用长短交路相结合的组织方法,这样不仅可以提高列车和车辆运送的效率,降低运营成本,避免运能损耗,同时还可以给乘客带来极大的方便。

对应于不同的折返布置形式,列车折返所需时间是不同的。折返时间受折返线的形式、列车长度、列车制动力、信号设备及司机操作水平等诸多因素的影响。当所要求的列车行车间隔时间小于列车折返所需的时间时,必须采取其他措施,如在折返线预置另一列列车进行周转或在该站配备调车司机,避免原司机在折返线从车尾步行到车首,延长折返时间。

5.1.6 列车运行速度

在实际工作中,通常把速度分为 3 个不同的概念,即运行速度、技术速度和旅行速度。

(1)运行速度。运行速度是在列车运行时间中扣除加减速附加时间和在站停车时间后计算所求得的速度。

(2)技术速度。技术速度是在列车运行时间中扣除中间站停车时间后计算所求得的速度。

(3)旅行速度。旅行速度是指列车运送速度,它是列车在区段或铁路线路内运行的平均速度。

列车技术速度与车辆性能、信号设备和线路条件等因素有关,但在技术速度既定的条件下,列车运送速度还与铁路平均站间距密切相关:站间距短,则列车运送速度较低。其原因是站间距短,不仅列车运行速度受到限制,而且还会增加总的停站时间和加减速附加时间。虽然站间距短可能减少乘客步行入站候车的时间,但会延长乘客在列车上的旅行时间,并会大大增加投资和运营费用。在国外,特别是欧洲早期修建的地铁,站间距一般偏短,最短的只有 400 m 左右,但近年来新建的地铁及轻轨线路站间距有变长的趋势,其范围为 800～

2 400 m,平均为 1 600 m。

结合我国的国情,地铁及轻轨线路站间距为 1 000 m 左右较为合适,运送速度不宜低于 30 km/h。

5.2 全日行车计划

全日行车计划是指运营时间内各个小时开行的计划列车数,它是编制列车运行图和确定车辆运用的基础资料。

5.2.1 全日行车计划的编制依据

全日行车计划是指城市轨道交通系统全日分阶段开行的列车对数计划。它决定着城市轨道交通系统的输送能力和设备(列车)使用计划,也是列车运行图(时刻表)编制的依据。

全日行车计划编制的依据包括:

(1)营业时间计划。营业时间计划即城市轨道交通系统全日营业时间范围,它与城市居民的出行特点和文化背景、习惯有关。目前,世界上大多数城市轨道交通系统营业时间都在 18～20 h,停止营业的目的主要是进行设备维护和设备检修。

(2)全日分时最大断面客流分布。可根据客流数据推算全日分时最大断面客流分布。

(3)列车运载能力。它涉及列车编成、车辆定员等数据。

(4)满载率。满载率是指实际载客量与设计载客量之比,它反映着系统的服务水平。一般情况下,满载率可取 0.75～0.90。

全日行车计划的编制一般要在分时行车计划编制完毕的基础上汇总后完成。分时行车计划中的列车开行对数可按式(5-1)计算。

$$n_i = p_{\max,i} / (c_p \times \beta) \tag{5-1}$$

式中,n_i 为某 i 小时内应开行的列车数;$p_{\max,i}$ 为该小时最大客流断面乘客数量;c_p 为列车的设计载客能力(人);β 为列车满载率。

全日列车开行对数应为

$$N = \sum n_i \tag{5-2}$$

式中,N 为全日列车开行对数;n_i 为某 i 小时内应开行的列车数。

在实际交通系统中,经常需要用到另一个指标来评价行车计划,即发车间隔 I_i。其以分(min)计,计算式为

$$I_i = 60 / n_i \tag{5-3}$$

或以秒(s)计,计算式为

$$I_i = 3\ 600 / n_i \tag{5-4}$$

5.2.2 全日行车计划的编制步骤

全日行车计划的编制步骤如下:

(1)根据各站上下车人数统计推算出各断面客流量。

(2)推算出全日列车开行计划。

(3)根据营业时间和全日分时行车计划确定各时段开行的列车数,并确定列车发车间隔。

5.2.3 全日行车计划编制案例

1. 已知条件

(1)站间客流 OD(original destination,即只考虑始发地和目的地客流,不考虑在此之间的途经地的一种市场分析方法)表,如表 5-1 所示。根据表 5-1 可以统计各站上下车人数,即每行之和为上车人数,每列之和为下车人数,右下角为全线客流总量。区间的断面客流量可以在此基础上生成。如果要分方向,则还需要看车站的排列顺序。

表 5-1 站间客流 OD 表

站 名	A	B	C	D	E	合 计
A		3 260	22 000	1 980	1 950	29 190
B	2 100		21 900	2 330	6 530	32 860
C	5 800	4 900		3 220	4 600	18 520
D	5 420	4 100	3 200		4 390	17 110
E	1 200	4 320	7 860	3 420		16 800
合计	14 520	16 580	54 960	10 950	17 470	114 480

(2)营业时间:5:00—23:00。

(3)全日分时最大断面客流分布比例。

(4)列车编组 6 辆,定员为 260 人。

(5)满载率:高峰小时为 120%,其他时间为 90%。

(6)高峰小时:7:00—8:00,17:00—18:00。

2. 编制步骤

(1)根据站间客流 OD 表(见表 5-1)推算出各站上下车人数,如表 5-2 所示。根据各站上下车人数(见表 5-2)推算出各站上下行断面客流量,如表 5-3 所示。

表 5-2 各站上下车人数统计

下行上车人数	下行下车人数	站 名	上行上车人数	上行下车人数
29 190	0	A	0	14 520
30 760	3 260	B	2 100	13 320
7 820	43 900	C	10 700	11 060
4 390	7 530	D	12 720	3 420
0	17 470	E	16 800	0

表 5-3　各站上下行断面客流量

下　　行	区　　间	上　　行
29 190	A—B	14 520
56 690	B—C	25 740
20 610	C—D	26 100
17 470	D—E	16 800

(2)根据以上条件编制全日列车开行计划。根据各站上下行断面客流量可知,早高峰小时最大断面客流量为 56 690 人。根据全日分时单向最大断面客流分布比例可计算出分时单向最大断面客流量,如表 5-4 所示。

根据已知条件计算可知:

高峰小时每列列车乘客人数:260×6×1.2=1 872 人。

其他时间每列列车乘客人数:260×6×0.9=1 404 人。

根据式(5-1)和式(5-3)可计算出分时行车计划中的列车开行对数和发车间隔,如表 5-4 所示。

表 5-4　全日列车开行计划

时　　间	全日分时最大断面客流分布比例/%	分时单向最大断面客流量/人	分时列车开行对数	发车间隔
5:00—6:00	15	8 504	7	8 min 30 s
6:00—7:00	50	28 345	21	2 min 50 s
7:00—8:00	100	56 690	31	2 min
8:00—9:00	70	39 683	29	2 min 05 s
9:00—10:00	50	28 345	21	2 min 50 s
10:00—11:00	40	22 676	17	3 min 40 s
11:00—12:00	45	25 511	19	3 min 15 s
12:00—13:00	50	28 345	21	2 min 50 s
13:00—14:00	55	31 180	23	2 min 35 s
14:00—15:00	60	34 014	25	2 min 25 s
15:00—16:00	60	34 014	25	2 min 25 s
16:00—17:00	70	39 683	29	2 min 5 s
17:00—18:00	90	51 021	28	2 min 5 s
18:00—19:00	60	34 014	25	2 min 25 s
19:00—20:00	50	28 345	21	2 min 50 s
20:00—21:00	30	17 007	13	5 min
21:00—22:00	20	11 338	9	6 min 35 s
22:00—23:00	15	8 504	7	8 min 30 s

5.3 列车开行方案

列车开行方案包括列车编组方案、列车交路方案和列车停站方案3个部分。在列车开行方案中,列车编组方案规定了列车是固定编组还是非固定编组,以及列车的编组辆数;列车交路方案规定了列车的运行区段与折返车站;列车停站方案规定了列车是站站停车还是非站站停车,以及非站站停车的方式。此外,列车开行方案还规定了按不同编组、交路和停站方案开行的列车数。

列车开行方案是日常运营组织的基础。列车开行方案的比选应遵循客流分布特征与运营经济合理兼顾的原则,以实现既能维持较高的乘客服务水平,又能提高车辆运用效率的目标。

5.3.1 列车编组方案

1. 列车编组种类

(1)大编组方案。大编组是指在运营时间内列车编组辆数固定且相对较多,如地铁列车采用6辆或8辆编组的情形。

(2)小编组方案。小编组是指在运营时间内列车编组辆数固定且相对较少,如地铁列车采用3辆或4辆编组的情形。

(3)大小编组方案。大小编组是指在运营时间内列车编组辆数不固定。大小编组有两种情形:一种是在客流非高峰时段编组辆数相对较少,在客流高峰时段编组辆数相对较多,如在客流非高峰和高峰时段,地铁列车分别采用3/6辆编组、4/6辆编组或4/8辆编组的情形;另一种是在全日运营时间内采用大小编组,如地铁列车采用3/6辆编组或4/6辆编组的情形。在采用大小编组方案时,与4/6辆编组方案相比,3/6辆编组方案具有乘客服务水平较高、可根据客流量灵活编组,以及车辆维修周期一致等优点。

应该指出,离开一定的客流条件来讨论列车编组方案的比选是无意义的。例如,在线路的分时客流比较均衡时,大小编组方案失去了比选的必要性:在客流已经接近远期设计客流量时,小编组方案失去了实施的可能性。因此,只有在客流量尚未达到远期设计客流量,并且分时客流不均衡程度较大的情况下,才有必要对列车编组方案进行比选。

2. 影响列车编组方案比选的因素

为满足客流需求,城市轨道交通必须提供一定的列车运能。小时列车运能既与小时内开行的列车数有关,也与列车编组辆数和车辆定员有关。假设小时列车运能应达到18 000人,在车辆选型一定时,列车编组与列车间隔成正比关系;在列车间隔一定时,列车编组与车辆定员成反比关系,如表5-5所示。由此可见,影响列车编组方案选用的主要因素是客流、车辆选型和列车间隔(通过能力)。此外,在进行列车编组方案比选时,通常还应考虑乘客服务水平、车辆运用经济性和运营组织复杂性等影响因素。

表 5-5 列车编组与车辆选型、通过能力的关系

方案序号	一	二	三	四
编组辆数/辆	3	6	4	6
车辆定员/人	300	300	300	200
列车间隔/min	3	6	4	4
列车运能/(人·h^{-1})	18 000			

(1)客流。客流因素主要是指高峰小时最大断面客流与分时客流不均衡程度。高峰小时最大断面客流越大,需要的小时列车运能也越大。在车辆选型、列车间隔一定的情况下,列车编组辆数与高峰小时最大断面客流成正比关系,即客流较大时,列车编组也较大。从提供必要的小时列车运能出发,在高峰小时最大断面客流较大且列车间隔已无法进一步压缩时,列车编组只有大编组方案一种选择;在高峰小时最大断面客流不大,但分时客流不均衡程度较大时,选择小编组方案或大小编组方案有助于提高车辆运用经济性和乘客服务水平。

(2)车辆选型。车辆选型的依据是高峰小时最大断面客流量,在高峰小时最大断面客流量不小于3万人时应采用A型车或B型车,车辆定员分别为310人和230人左右。在列车间隔一定的情况下,小时列车运能取决于列车定员,而列车定员又是车辆定员与列车编组辆数的乘积,如果车辆定员较大,列车编组可相应较小。

(3)列车间隔。从提供必要的小时列车运能出发,在车辆定员一定的情况下,为适应小编组方案,列车间隔应相应压缩,但列车间隔的压缩受到线路通过能力和列车折返能力的制约。因此,采用小编组方案是有条件的,当用小编组方案替代大编组方案时,应验算列车间隔与通过能力是否相适应。当客流量接近远期设计客流量时,由于通过能力的利用接近饱和,无法进一步压缩列车间隔,小编组方案就失去了实施的可能性。

(4)乘客服务水平。在进行列车编组方案比选时,应考虑不同编组方案的乘客服务水平,在客流量不大、列车密度较低的情况下,与大编组方案相比,采用小编组方案时的乘客候车时间较短。因此,小编组方案有助于提高乘客服务水平。

另外,在采用大小编组方案时,应在站台上设置乘客候车位置导向标志。

(5)车辆运用经济性。采用小编组方案,对提高列车满载率及降低牵引能耗具有积极意义,但随着列车中的动车比例增加,车辆的平均价格也呈增长趋势。此外,随着小编组列车开行对数的增加,乘务员的配备数也相应增加。

(6)运营组织复杂性。在进行列车编组方案比选时还应考虑运营组织的复杂性。与采用固定编组方案相比,在选用大小编组方案时,列车的编组与解体、高峰与非高峰时段的过渡及列车间隔的调整等均增加了运营组织的复杂程度。

5.3.2 列车交路方案

1. 列车交路方案的种类

列车交路有常规交路、衔接交路和混合交路 3 种，其中混合交路和衔接交路又统称为特殊交路。

(1)常规交路。常规交路又称为长交路。在这种交路模式下，列车在线路的两个终点站间运行，到达线路终点站后折返，如图 5-1(a)、(f)所示。采用常规交路方案与采用特殊交路方案相比，行车组织简单，乘客无须换乘，不需要设置中间折返站。但如果线路各区段断面客流不均衡程度较大，会造成部分区段列车运能的浪费。

(2)衔接交路。衔接交路又称为短交路，是若干短交路的衔接组合，列车只在线路的某一区段内运行、在指定的中间站折返，如图 5-1(b)、(e)所示。与采用常规交路方案相比，采用衔接交路方案可提高断面客流较小区段的列车满载率，但跨区段出行的乘客需要换乘，并且需要设置中间折返站。与采用混合交路方案相比，衔接交路列车在中间折返站是双向折返，增加了折返作业的复杂性。

(3)混合交路。混合交路又称为长短交路。在这种交路模式下，混合交路列车在线路的部分区段共线运行，常规交路列车到达终点站后折返、衔接交路列车在指定的中间站单向折返，如图 5-1(c)、(d)所示。与采用常规交路方案相比，采用混合交路方案可提高常规交路列车满载率、加快衔接交路列车周转，但部分乘坐常规交路列车的乘客，其候车时间增加，而且需要设置中间折返站。

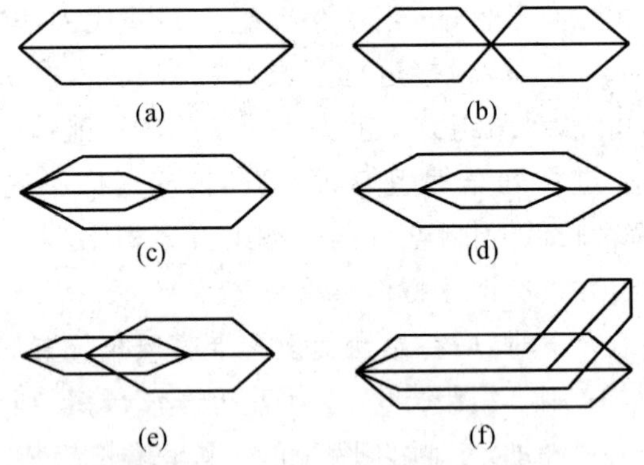

图 5-1 不同类型的列车交路

(a)、(f)常规交路 (b)、(e)衔接交路 (c)、(d)混合交路

2. 影响列车交路方案比选的因素

符合客流的空间分布特征是列车交路方案选用的前提条件或必要条件。此外，影响列车交路方案比选的主要因素还有乘客服务水平、运营经济性、通过能力适应性和运营组织复杂性等。

(1)客流空间分布特征。符合客流的空间分布特征是选用列车交路方案的基本依据，只有在线路各区段断面客流分布不均衡程度较大时，才有必要对常规交路和特殊交路方案进

行比选。在断面客流分布为阶梯形时可选用混合交路或衔接交路方案，在断面客流分布为“凸”字形时可选用混合交路方案，而在断面客流分布比较均衡时，一般应选用常规交路方案。

(2)乘客服务水平。在进行列车交路方案比选时，线路各区段断面客流分布的不均衡仅仅是采用特殊交路方案的必要条件，而不是充分条件。在采用混合交路时，部分乘常规交路列车的乘客的候车时间会增加；在采用衔接交路时，跨区段出行的乘客需要在中间折返站换乘。鉴于上述情形，采用特殊交路会使部分乘客的出行时间增加，从而引起乘客服务水平的下降。特殊交路方案对乘客服务水平影响的程度，取决于乘坐常规交路列车或跨区段出行乘客的数量及其所占比例。如果乘客出行时间增加较大，一般不宜采用特殊交路方案。但应指出，当特殊交路与非站站停车方案结合选用时，乘客服务水平下降的情况可以得到改善。

(3)运营经济性。与采用常规交路相比，采用特殊交路能提高列车满载率、加快列车周转、减少运用车数，从而提高车辆运用经济性，降低运营成本。但由于采用特殊交路方案需要在中间站铺设折返线、道岔和安装信号设备，因而也会增加投资与运营费用。

(4)通过能力适应性。采用特殊交路方案时，部分列车在中间站单向折返，或全部列车在中间站双向折返。在单向折返时，衔接交路列车的折返作业与常规交路列车的到发作业有可能产生进路干扰；在双向折返时，两个方向衔接交路列车的折返作业有可能产生进路干扰。在产生进路干扰的情况下，线路折返能力，甚至最终通过能力均有可能降低。因此，通过能力的适应性是采用特殊交路方案的充分条件之一。

(5)运营组织复杂性。由于列车按不同的交路运行并在中间站折返，以及需要加强站台乘车导向服务，因而特殊交路方案的运营组织要比常规交路方案复杂。此外，在采用特殊交路方案时，中间折返站的选择也是运营组织中需要考虑的问题。中间折返站一般应选在断面客流落差明显的车站，但如果这些车站的到达客流较大，乘客下车作业稍有延误就会造成列车出发晚点。因此，在选择中间折返站位置时，可考虑将不同列车交路的中间折返站错开设置，以避免中间站折返能力不足的问题，以及可考虑将中间折返站位置选在断面客流落差明显的前方车站，以缩短折返出发间隔时间。

5.3.3 列车停站方案

1. 列车停站种类

(1)站站停车。站站停车，即列车在全线所有车站均停车，如图 5-2 所示。与非站站停车相比，线路上开行列车种类简单，不存在列车越行，乘客无须换乘，也无须关注站台上的列车信息显示。当跨区段、长距离出行乘客比例较大时，站站停车在车辆运用与乘客服务水平方面均未达到最佳状态。

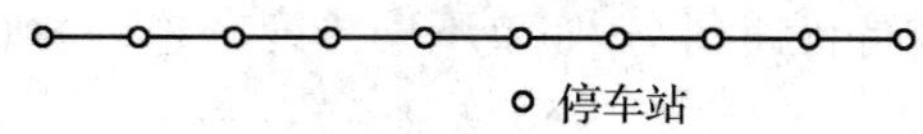

图 5-2 站站停车方案

(2)区段停车。在混合交路情况下采用区段停车，常规交路列车在衔接交路区段外每站都停车，但在衔接交路区段内不停车通过；而衔接交路列车则在衔接交路区段内每站都停车，衔接交路列车的中间折返站同时又是乘客换乘站，如图 5-3 所示。与站站停车相比，区段停车方案中的常规交路列车在衔接交路区段内不停车通过，列车停站次数的减少使常规交路列车的停站时间及启停车附加时间总和也相应减少，提高了列车旅行速度，压缩了列车周转时间。因此，采用区段停车方案有利于减少长距离出行乘客的乘车时间、减少车辆运用、降低运营成本。但是，区段停车方案也存在若干问题：首先，在行车量较大的情况下，有可能会产生列车越行情形，需要在部分中间站修建侧线；其次，在不同交路区段间上下车的乘客其换乘时间会增加，而在衔接交路区段内上下车的乘客其候车时间会延长。

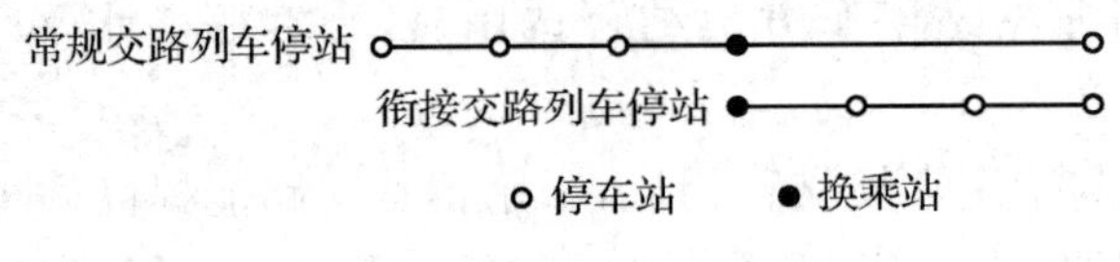

图 5-3　区段停车方案

(3)跨站停车。在常规交路的情况下采用跨站停车，将线路上开行的列车分为 A、B 两类，全线的车站分为 A、B、C 三类，其中 A、B 两类车站按相邻分布的原则设置，C 类车站可按每隔 4 个或 6 个车站选择一个的原则设置。A 类列车在 A、C 两类车站停车、在 B 类车站通过，B 类列车在 B、C 两类车站停车、在 A 类车站通过，如图 5-4 所示。与站站停车方案比较，跨站停车方案的优点类似于区段停车方案。但由于 A、B 两类车站的列车到达间隔加大，在 A、B 两类车站上车的乘客其候车时间会有所增加；此外，在 A、B 两类车站间上下车的乘客需要在 C 类车站换乘，换乘时间会增加从而产生不便。因此，跨站停车方案比较适用于 C 类车站上下车客流较大，并且乘客乘车距离较远的情形。

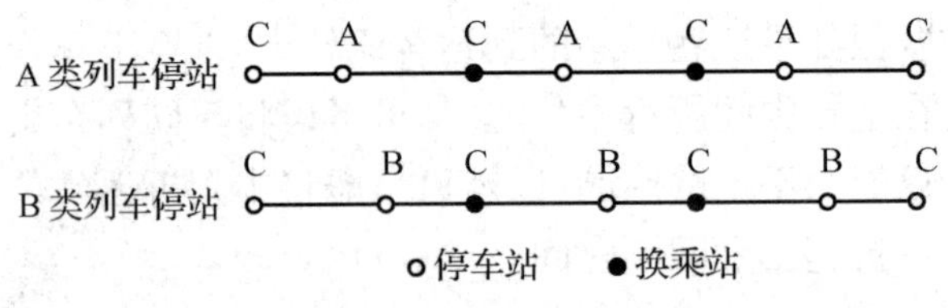

图 5-4　跨站停车方案

(4)部分列车跨多站停车。部分列车跨多站停车是指线路上开行两类常规交路列车，即普速、站站停车列车和快速、跨多站停车列车，快速列车只在线路上的主要客流集散站停车，而在其他站则不停站通过，如图 5-5 所示。该停车方案在提高跨多站停车列车旅行速度的同时，避免了跨站停车方案存在的部分乘客需要换乘问题，做到了既能提高运营经济性，又不降低对乘客的服务水平。此外，该停车方案的运用比较灵活，运营部门可根据客流特征、按不同比例确定快速列车开行对数。在线路通过能力利用率比较高的情况下，采用该停车方案通常会引起快速列车越行普速列车；如果不安排列车越行，则只能以损失线路通过能力来保证追踪列车间隔时间。

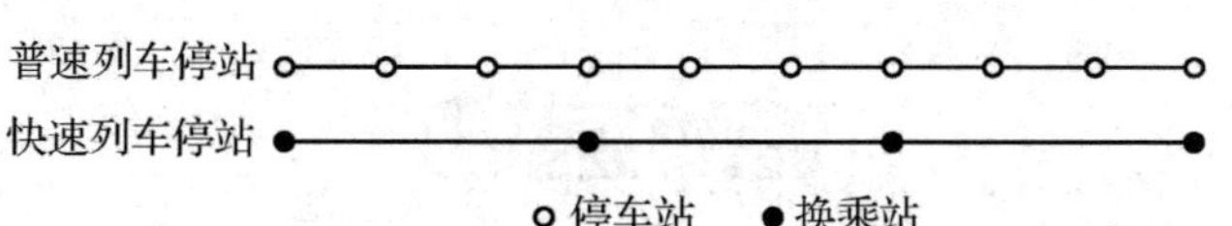

图 5-5　部分列车跨多站停车方案

2. 影响列车停站方案比选的因素

采用非站站停车方案通常有利于减少车辆运用与降低运营成本，但采用非站站停车方案也会导致一部分乘客节约了乘车时间而另一部分乘客又增加了候车时间或换乘时间，乘客节约时间总和是否大于增加时间总和取决于站间OD客流的空间分布特征。此外，由于城市轨道交通车站一般不设置侧线，采用非站站停车方案还会产生列车越行问题。因此，影响列车停站方案比选的主要因素为站间OD客流特征、乘客服务水平、列车越行问题、运营经济性和运营组织复杂性等。

(1)站间OD客流特征。在长距离出行乘客比例较大及某些发到站间的直达客流也较大的情况下，采用非站站停车方案通常是有利的。因此，区段停车方案比较适用于大部分乘客的乘车区间是郊区段各站与市区段终点站之间的通勤出行，如远郊区与中央商务区之间、远郊区车站与城市轨道交通环线换乘站之间的通勤出行；跨站停车方案比较适用于C类车站上下车客流较大，并且乘客乘车距离较远的情形。在线路上以同一区段内发到的短途客流为主时，不宜采用非站站停车方案。

(2)乘客服务水平。采用非站站停车方案，在压缩长距离出行乘客乘车时间的同时，也会出现一部分乘客换乘时间或候车时间增加的情形。因此，采用非站站停车方案是否可行，应根据站间OD客流，定量分析计算长途乘客节约的出行时间与部分乘客增加的换乘和候车时间再确定。一般而言，如果乘客的节约时间总和大于增加时间总和，或者乘客的节约时间与增加时间基本持平，采用非站站停车方案是可行的，能提高或至少不降低乘客服务水平。

(3)列车越行问题。当采用列车非站站停车方案时，存在后行列车越行前行列车的可能性。为避免后行列车越行前行列车，可通过调整列车追踪运行间隔来实现，但这是以降低线路通过能力来换取列车不越行，难以适应大客流的线路或客流增加较快的线路。因此，采用非站站停车方案，必须对列车越行相关问题，如列车越行判定条件、越行站设置数量及位置等问题做进一步分析。

(4)运营经济性。与站站停车方案相比，非站站停车方案能加快列车周转、减少运用车辆数，从而降低运营成本。但采用非站站停车方案时，通常要在部分中间站增设越行线，车站土建与轨道等费用的增加会造成车站造价上升。

(5)运营组织复杂性。由于各类列车的停站安排不同及列车在中间站越行，控制中心、车站控制室对列车运行的监控，以及站台上的乘车导向服务均应加强。因此，非站站停车方案的运营组织要比站站停车方案更复杂。

学习评价

学习完本模块后，请根据自己的学习所得，结合表 5-6 所列内容进行打分评价。

表 5-6　模块 5 学习评价表

评价内容	评价方式			评价等级
	自　评	小组评议	教师评议	
课前预习本模块相关知识、相关资料				A. 充分 B. 一般 C. 不足
了解列车的概念和运营时刻表				A. 充分 B. 一般 C. 不足
熟悉行车间隔时间和列车停站时间				A. 充分 B. 一般 C. 不足
掌握折返方式与折返时间的概念， 熟悉列车运行速度的相关知识				A. 充分 B. 一般 C. 不足
掌握全日行车计划的编制				A. 充分 B. 一般 C. 不足
熟悉列车开行方案的种类				A. 充分 B. 一般 C. 不足
参加教学中的讨论和练习，并积极完成相关任务				A. 充分 B. 一般 C. 不足
善于与同学合作				A. 充分 B. 一般 C. 不足
学习态度，完成作业情况				A. 充分 B. 一般 C. 不足
总评				

思考与练习

(1)列车的概念是什么？什么是运营时刻表？

(2)什么是行车间隔时间？什么是列车停站时间？

(3)简述全日行车计划的编制步骤。

(4)列车开行方案有哪些？

模块 6 城市轨道交通列车运行图编制

学习目标

(1)知道什么是列车运行图,熟悉列车运行图的表示形式。
(2)掌握列车运行图的意义,能识别列车运行图的符号。
(3)熟悉列车运行图的分类,掌握车次规定。
(4)掌握列车运行图的组成要素。
(5)熟悉编制列车运行图的原则和要求。
(6)掌握编制列车运行图的步骤。

学习重点

(1)列车运行图的意义和符号。
(2)列车运行图的组成要素。
(3)列车运行图的编制。

6.1 列车运行图的含义及表示形式

列车运行是一个复杂的过程,它要求各部门、各工种、各项作业之间相互协调配合,这样才能保证列车安全并提高运输效率,而对保证各部门之间配合、协调起统领作用的就是列车运行图。

6.1.1 列车运行图的含义

列车运行图是利用坐标原理对列车运行时间、空间关系(列车运行状况)的图解表示,横坐标是时间轴,纵坐标是车站轴(或者横坐标是车站轴,纵坐标是时间轴),运行线代表列车的运行轨迹,时刻表是列车运行图的文本表示形式。

列车运行图规定了各次列车占用区间的次序,列车在区间的运行时分,在车站的到达、出发或通过时刻,在车站的停站时间和在折返站的折返时间,以及列车交路和列车出入车辆段时刻等信息。

6.1.2 列车运行图的表示形式

列车运行图以横轴表示时间,以纵轴表示距离,如图 6-1 所示。

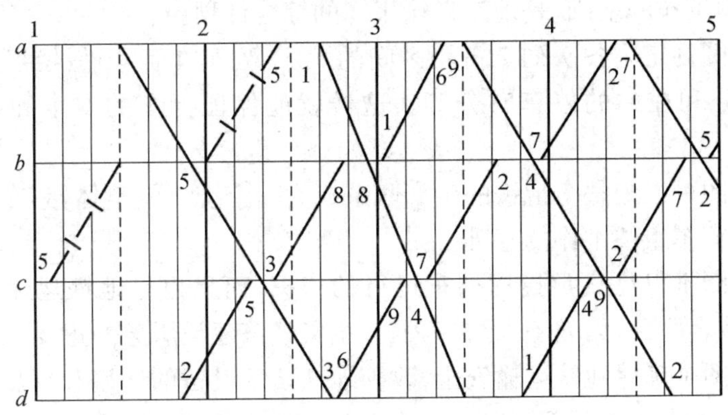

图 6-1 列车运行图的表示

图 6-1 中的水平线表示各车站的中心线,水平线和水平线之间的间隔表示站间距离;垂直线表示时间;斜直线表示列车的运行,称为列车运行线;图中数字为列车在车站的停车时分,填记在列车运行线与站名线相交的钝角内,通过时分填记在左侧的钝角内。

根据垂直线等分横轴的时间单位不同,列车运行图主要有以下 4 种格式:

(1)一分格运行图。横轴以 1 min 为单位进行等分。一分格运行图是地铁、轻轨采用的列车运行图格式。

(2)二分格运行图。横轴以 2 min 为单位进行等分。二分格运行图是市郊铁路编制新图时的列车运行图格式。

(3)十分格运行图。横轴以 10 min 为单位进行等分,半小时格用虚线表示。十分格运行图是铁路日常使用的列车运行图格式,图 6-1 即十分格运行图。

(4)小时格运行图。横轴以 1 h 为单位,用竖线加以划分。小时格运行图是编制旅客列车方案图、机车周转图或客车周转图采用的格式。

6.2 列车运行图的意义和符号

列车要实现安全、正点,必须按图行车,因此编制一张经济、合理的列车运行图,对于充分利用城市轨道交通设备的能力,满足各时期、各时段乘客运输的要求,使运能与运量很好地结合,具有十分重要的意义。这样,既能方便乘客出行的需要,又能使企业获得最佳的经济效益。

6.2.1 列车运行图的意义

列车运行图起着使各部门紧密配合、协调动作的重要作用。它能有效地把各单位组织起来，使它们都按列车运行图的需要制订各自的生产计划，并按一定的程序进行工作。列车运行图不仅规定了列车的运行，而且还规定了地铁技术设备（线路、站场、电动车辆、通信信号、机电、供电）的运用，同时也规定了所有与行车有关的单位的工作任务。综上所述，列车运行图是地铁运输工作的基础，是地铁运输生产的综合计划。

(1)列车运行图规定了各次列车占用区间的顺序，列车在各个站的到达、出发时刻及各个区间的运行时分和在站的停车时分等。这样就能保证行车的安全和有条不紊的运输工作。

(2)列车运行图可以把整个地铁的生产联系成为一个统一的整体，列车运行图是运输生产的综合计划，是行车组织工作的基础。

(3)列车运行图不仅是日常指挥列车运行的依据，而且也是地铁运输工作贯彻国家方针、政策，为广大乘客服务、为战备人防、为社会主义经济建设服务的重要工具。

(4)列车运行图是确保地铁运输安全、改善地铁技术设备的运用和更新、加速车辆周转、不断提高地铁通过能力的重要手段。

(5)列车运行图能充分体现地铁管理水平，而且列车运行图也能起到促进和提高运营管理水平、有效地使用现有的运输能力、挖掘运输潜力的作用。

6.2.2 列车运行图的符号

列车运行图是记录列车运行实际情况的图标，它采用不同的线条和符号表示列车运行的有关信息，国内部分城市轨道交通一般采用如下表示方法：

(1)列车运行图上的列车运行线如表 6-1 所示。

表 6-1　列车运行图上的列车运行线

列车种类	符　　号	说　　明
客运列车	————————	红色实线
临时加开列车	- - - - - - - - - -	红色虚线
专运列车	—→—→—→	红色实线加箭头
排空列车	—○—○—	红色实线加圆圈
救援列车	—×—×—	红色实线加叉
调试列车	————————	蓝色实线
施工列车	————————	黑色实线

(2)列车运行图上的表示符号如表 6-2 所示。

表 6-2 列车运行图上的表示符号

符 号	说 明
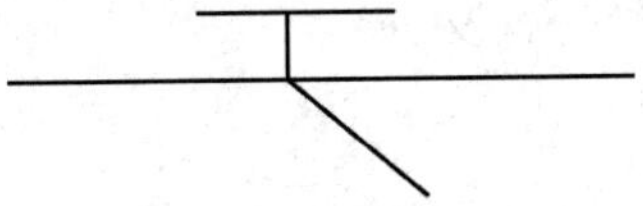	列车始发
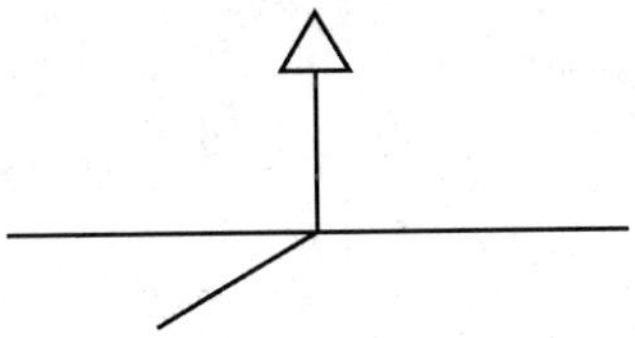	列车终到
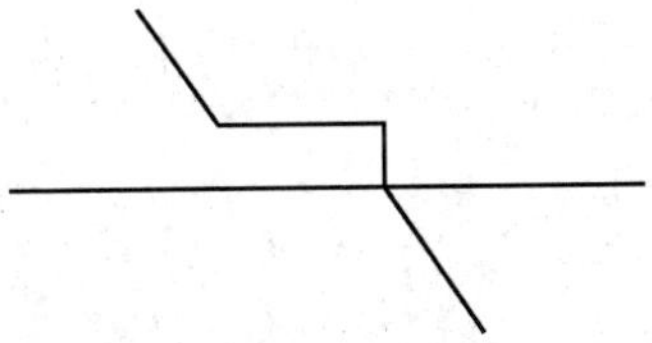	列车由邻线转来
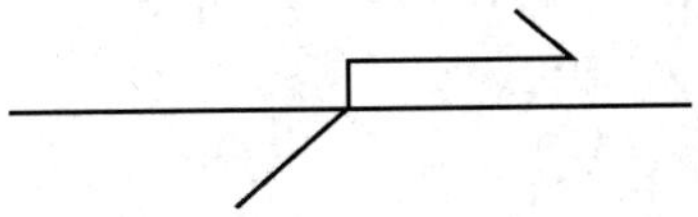	列车开往邻线
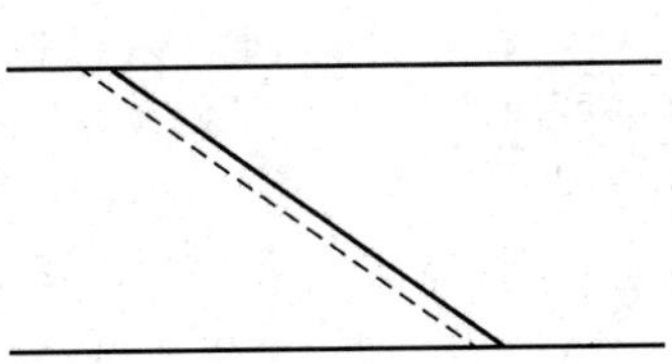	列车合并运行时,在红色实线下方加红色虚线

（续表）

符　　号	说　　明
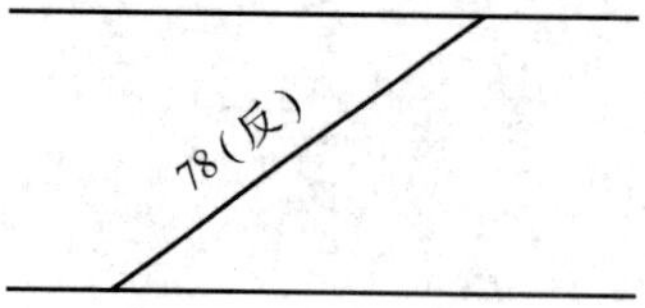 78（反）	列车反方向运行时，在反方向运行区间的运行线上填写车次及“反”字
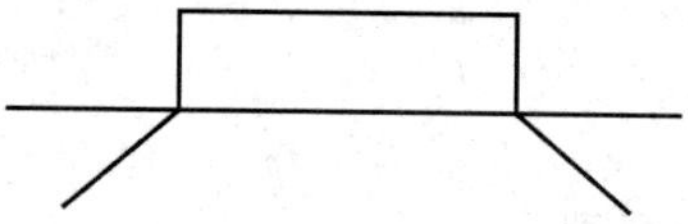	列车折返
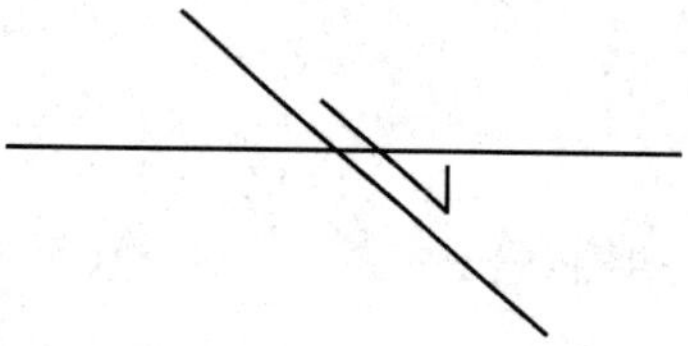	列车不停站通过时，在列车运行线上方加带箭头的红色短实线
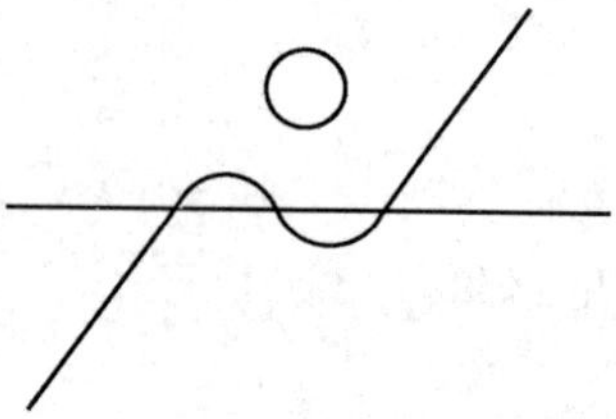	列车停站超时时，图解实际站停时间，并在圆圈处注明原因
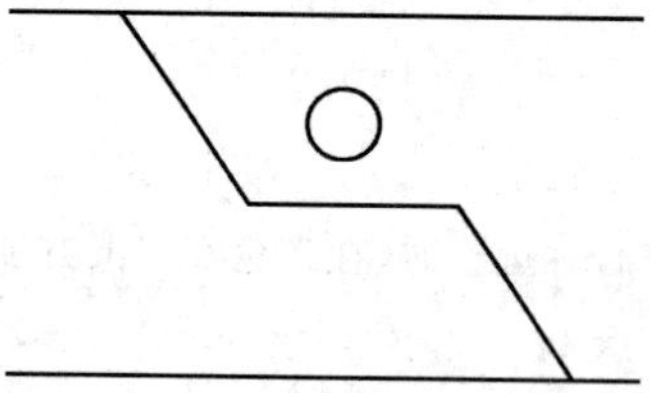	列车在区间停车时，图解停车时间，并在圆圈处注明原因

6.3 列车运行图的分类及车次规定

6.3.1 列车运行图的分类

根据不同的分类标准对列车运行图可以进行不同的分类，常用的有按区间正线数目的不同分类、按各种列车运行速度的不同分类、按上下行方向列车数目是否相同分类、按同方向列车是否追踪运行分类等。

1. 按区间正线数目的不同分类

按照区间正线数目的不同，可以将列车运行图分为单线运行图、双线运行图和单双线运行图3种。

(1)单线运行图。单线运行图是指在列车运行图上，上下行列车都在同一正线上运行，上下行方向列车交会必须在车站进行。单线运行图如图6-2所示。

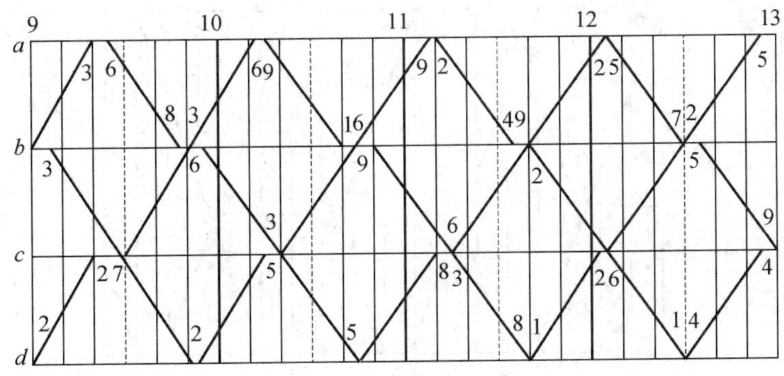

图6-2 单线运行图

(2)双线运行图。双线运行图是指在列车运行图上，上下列车各自在正线运行，上下行方向列车交会可在区间或者车站进行。双线运行图如图6-3所示。

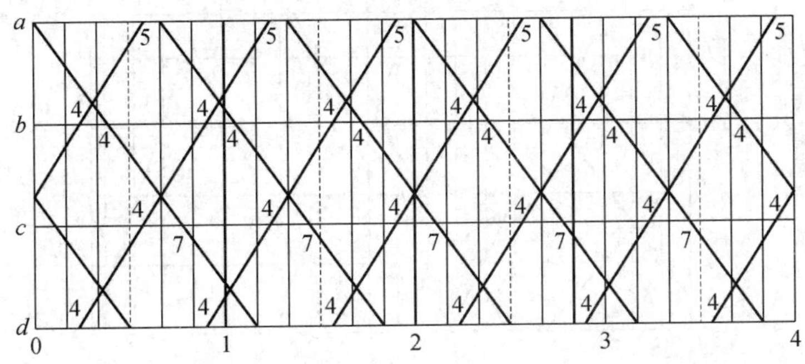

图6-3 双线运行图

(3)单双线运行图。单双线运行图兼有单线运行图和双线运行图的特点，列车在单线区间和双线区间分别按照单线运行图和双线运行图运行。单双线运行图如图 6-4 所示。

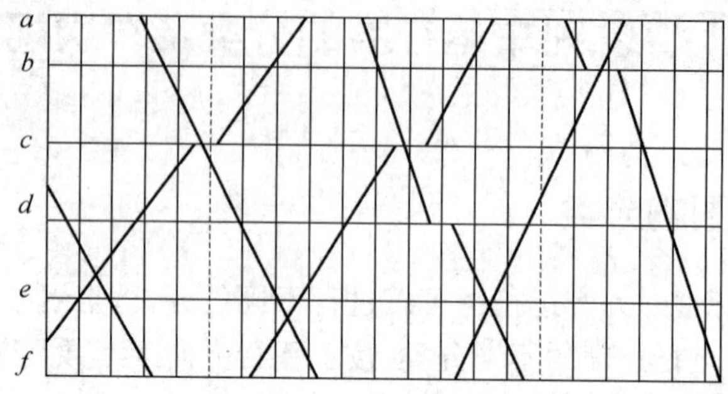

图 6-4　单双线运行图

2. 按各种列车运行速度的不同分类

按各种列车运行速度的不同,可将列车运行图分为平行运行图和非平行运行图两种。

(1)平行运行图。平行运行图是指在列车运行图上,同方向列车的运行速度相同。平行运行图如图 6-5 所示。

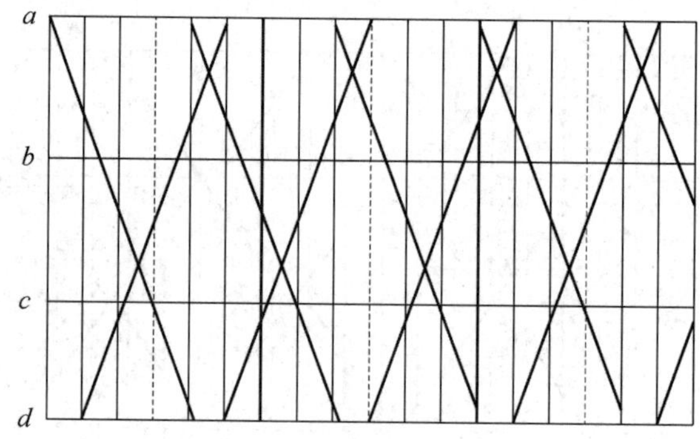

图 6-5　平行运行图

(2)非平行运行图。非平行运行图是指在列车运行图上,同方向列车的运行速度不同。非平行运行图如图 6-6 所示。

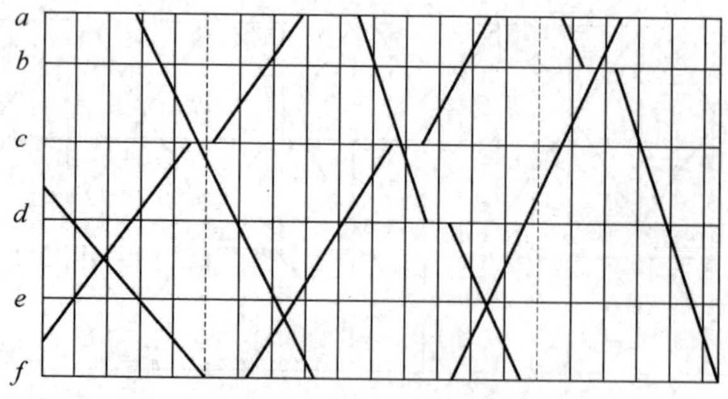

图 6-6　非平行运行图

3. 按上下行方向列车数目是否相同分类

按上下行方向列车数目是否相同，列车运行图可分为成对运行图和不成对运行图两种。

(1)成对运行图。成对运行图是指在列车运行图上，上下行方向列车数目相同。成对运行图如图 6-7 所示。

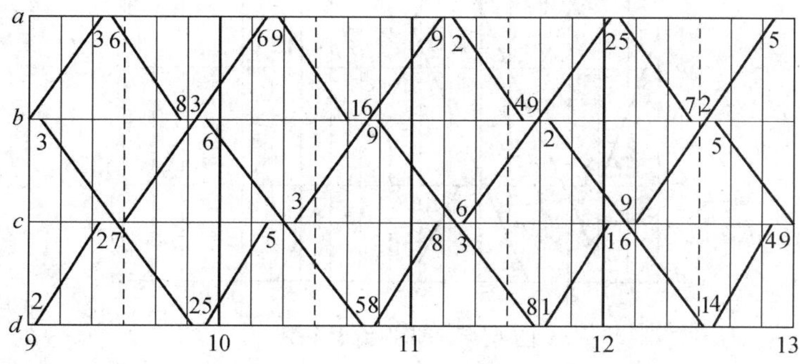

图 6-7　成对运行图

(2)不成对运行图。不成对运行图是指在列车运行图上，上下行方向列车数目不相同。不成对运行图如图 6-8 所示。

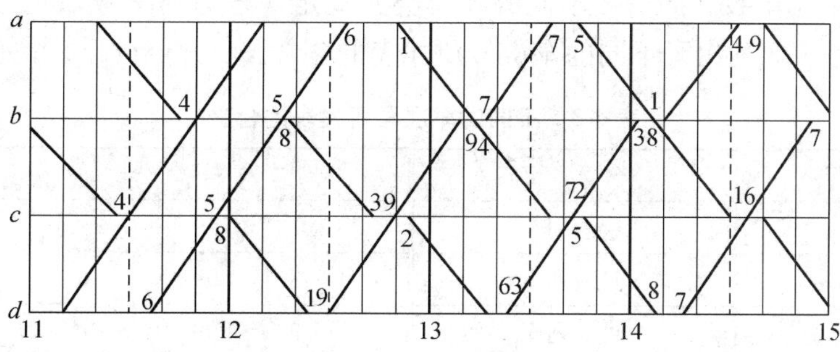

图 6-8　不成对运行图

4. 按同方向列车是否追踪运行分类

按同方向列车是否追踪运行，列车运行图可分为追踪运行图和非追踪运行图两种。

(1)追踪运行图。在这种运行图中，同方向列车的运行是以闭塞分区为间隔的，一个站间区间内允许几列同向列车同时运行。追踪运行图如图 6-9 所示。

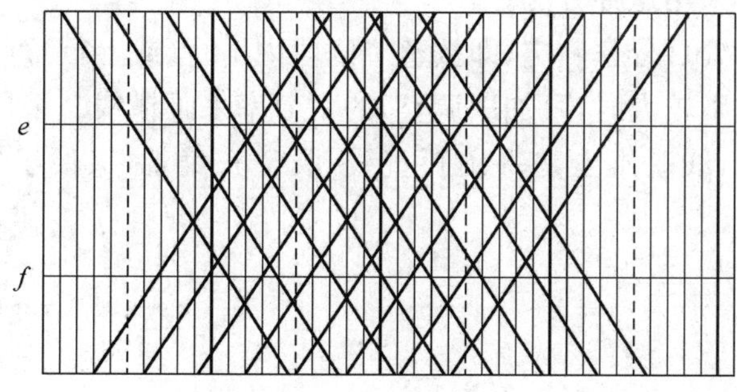

图 6-9　追踪运行图

(2)非追踪运行图。非追踪运行图又称为连发运行图,如图 6-10 所示。在这种运行图中,同方向列车的运行是以站间区间为间隔的。在单线区段采用此运行图,在连续发出的一组列车之间不能铺画对向列车。

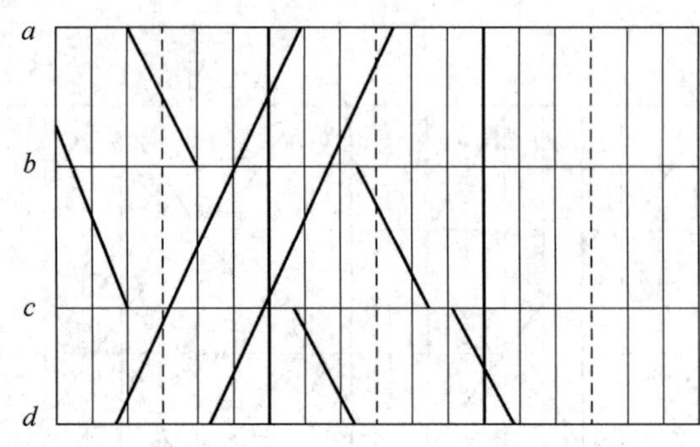

图 6-10　非追踪运行图

6.3.2　车次规定

在列车运行图上,每个列车均有不同的车号和车次。一般按发车顺序编列车车次,上行采用双数,下行采用单数。同时按不同的列车类别规定代号与列车号,如专运列车、客运列车、工程车等。表 6-3 列出了不同的车次号所代表的含义。

表 6-3　不同的车次号所代表的含义

<table>
<tr><th>车 次 号</th><th>含　　义</th><th>车 次 号</th><th>含　　义</th></tr>
<tr><td>001～099</td><td>专运列车</td><td>701～799</td><td rowspan="2">工程车</td></tr>
<tr><td>301～599</td><td>客运列车</td><td>801～899</td></tr>
<tr><td>601～699</td><td>回空列车</td><td>901～999</td><td>救援列车</td></tr>
</table>

列车运行图中站名线的确定方法有两种:

(1)按区间里程的百分率确定,即按正规区段内各车站间实际里程的百分率来画横线,每一横线即表示一个车站的中心线。采用这种方法时,运行图上站名线间的距离能明显地反映出站间距离的大小。但由于各区间线路的平面和纵断面情况不一,列车运行速度有所不同,列车在整个区段上的运行线往往是一条斜直线,这样既不整齐,又不容易发现铺画中的错误。所以,一般不采用这种方法。

(2)按区间运行时分百分率确定,即按整个区段内下行(或上行)列车在各区间运行时分(当上下行运行时分差别较大时,可加以调整)的百分率来画横线。采用这种方法时,可以使列车在整个区段的运行线基本上是一条斜直线,既整齐美观,又便于发现运行时分上的问题,所以多采用此方法。

6.4 列车运行图的组成要素

根据列车运行图的特殊性，可以将列车运行图分为不同的种类。而列车运行图的共性，则是组成列车运行图的各项基本要素。

城市轨道交通列车运行图组成要素在内容上有3类，即时间要素、数量要素和其他相关要素。

6.4.1 时间要素

时间要素主要包括区间运行时分、停站时间、折返作业时分、列车出入停车场的作业时间、车站间隔时间、追踪列车间隔时间、运营时间等。

1. 区间运行时分

列车区间运行时分是指列车在两个相邻车站或线路所之间的运行时间标准，它由机务部门采用牵引计算和实际试验相结合的方法进行查定。

列车区间运行时分按车站中心线或线路所通过信号机之间的距离计算。当到发场中心线与车站中心线不一致时，按到发场中心线计算。

由于乘客列车和货物列车的运行速度各不相同，上下行方向的线路平面、纵断面条件和列车重量也不相同，所以列车区间运行时分应按各种列车和上下行方向分别查定。此外，列车区间运行时分还应根据列车在每一区间两个车站上不停车通过和列车到站停车两种情况分别查定。列车不停车通过两个相邻车站所需的区间运行时分称为纯运行时分。列车到站停车的停车附加时分和停站后出发的启动附加时分，应根据机车类型、列车重量及进出站线路平面与纵断面条件查定。

2. 停站时间

停站时间主要是指列车停站作业(包括减速、加速、开关车门等)、乘客上下车所需时间的总和。具体计算应从列车停稳开始，包括列车开门时间、乘客上下车时间、确认站台情况时间、关门时间等。

列车停站时间的长短取决于乘客乘降的需要，它与车站客流的大小、客车车门数的多少、车站的疏导和管理有关。

为了乘客的安全，在车辆处于停妥状态时才能开关车门。车门开关的时间依据车辆的不同而略有不同，开门时间在5 s左右，关门时间在3～5 s。当站台上装有屏蔽门时，还应考虑屏蔽门与车门开关的不同步所产生的时差。乘客的上下车时间与高峰小时每列车的上下车人数，车辆的车门数和宽度，站台的疏导、管理密切相关，具体可以通过计算来确定。

3. 折返作业时分

折返作业时分是指列车到达终点站或在中间站进行折返作业的时间总和。折返作业时分包括列车在车站开关门时间、乘客上下车时间、确认信号时间、出入折返线时间、司机换岗时间等。折返作业时分受折返线的折返方式、列车长度、列车制动能力、信号设备水平、司机操作水平等诸多因素影响。

4. 列车出入停车场的作业时间

列车出入停车场的作业时间是指列车从车辆停车场到达与其衔接的车站正线或返回的作业时间，可以采用查标的方式确定。

5. 车站间隔时间

列车在车站的间隔时间称为车站间隔时间，是指车站办理两个列车的到达、出发或通过作业所需要的最小间隔时间。车站间隔时间在市郊铁路、城际铁路等轨道交通系统中使用。在地铁、轻轨等系统中，只在运行调整、线路或者信号设备不完善的情况下使用。在查定车站间隔时间时，应遵守有关规章的规定及车站技术作业时间标准，保证行车安全和最好地利用区间通过能力。

常用的车站间隔时间包括不同时到达间隔时间、会车间隔时间、连发间隔时间、同方向列车不同时发到及不同时到发间隔时间等几种。车站间隔时间的长短与车站邻接区间的行车闭塞方法、信号和道岔的操纵方法、车站类型、接近车站的线路平面和纵断面情况、机车类型、列车载重量、列车长度等因素有关。

6. 追踪列车间隔时间

在自动闭塞区段，一个站间区间内同方向可有两列及以上列车，以固定或非固定的闭塞分区间隔运行，称为追踪运行。追踪运行列车之间的最小间隔时间称为追踪列车间隔时间。追踪列车间隔时间取决于同方向列车间隔距离、运行速度、信号、联锁和闭塞设备类型。

(1)固定闭塞追踪列车间隔时间。固定闭塞将线路划分为固定的区段，前后列车的位置间距都是用固定的地面设备来检测的。列车定位是以固定区段的长度为单位的，如闭塞分区长度较长，且一个分区只能被一列列车占用，则不利于缩短列车运行间隔时间。固定闭塞追踪列车间隔时间又可分为以下两种类型：

①三显示自动闭塞区段追踪列车间隔时间。在使用三显示自动闭塞的区段，追踪列车之间的间隔，通常情况下需要相隔 3 个闭塞分区。这样，可以保证后行列车经常能看到绿灯显示，使列车保持高速运行。当列车在长度长、坡度大的坡道上运行时，由于运行速度较低，追踪列车间隔时间也可以按照前后列车间隔两个比色分区的条件来确定。

②四显示自动闭塞区段追踪列车间隔时间。通过色灯信号机显示红、黄、绿黄、绿 4 种灯光信号的自动闭塞为四显示自动闭塞。

(2)准移动自动闭塞追踪列车间隔时间。准移动自动闭塞是预先设定列车的安全追踪间隔距离，根据前方目标状态设定列车的可行车距离和运行速度，它是介于固定闭塞和移动闭塞之间的一种闭塞方式。准移动自动闭塞对前行列车的定位仍采用固定闭塞的方式，而对后续列车的定位采用连续的或移动的方式。

(3)移动自动闭塞追踪列车间隔时间。移动自动闭塞是在确保行车安全的前提下，以车站控制装置和列车控制装置为中心的、使追踪列车间的间隔时间最小的闭塞控制系统。在这一系统中，列车准确定位是关键性技术。区间内运行的每一列列车均与前方站的中心控制装置周期性地保持高可靠度的通信联系；车站中心控制装置接到列车信息后，根据列车牵引特性曲线及区间相关参数计算出每一列追踪列车的最大允许运行速度并发送给列车，而对于接近进站的列车，则根据调度命令发出允许该列列车进站及进入股道等信号。采用移动自动闭塞系统，可以有效地压缩追踪间隔时间，提高区间通过能力。

7. 运营时间

运营时间即城市轨道交通运营线路运送乘客的时间。它一般和该城市的工作时间及生活习惯有关。一般来说，各国城市轨道交通系统均有一定的夜间时间(2～6 h不等)作为设备、设施的维修和保养时间。

6.4.2 数量要素

数量要素主要包括全日分时段客流分布、列车满载率、出入库能力、列车最大载客量。

1. 全日分时段客流分布

按客流的时间分布进行预测、调查分析，确定高峰、低谷时段的客流量，从而对列车编组数或列车运行列数等相关因素进行合理安排，并作为开行不同形式列车的主要依据，如区间列车、连发列车等。全日分时段客流分布主要取决于城市轨道交通的运能、车站所处的交通位置及周围客流的交通需求。

2. 列车满载率

列车满载率是指列车实际载客量与列车定员数之比，编制列车运行图时，既要保证一定的列车满载率，使运输能力得到充分的利用；又要留有一定的余地，以应付某些不可预测的因素带来的客流量波动，同时也要考虑乘客的舒适度。

3. 出入库能力

单位时间内通过出入库线进入正线运营的最大列车数，称为出入库能力。因为车辆基地与接入车站之间的出入库线有限，加之出入库列车进入正线受正线通过能力的影响，所以，出入库能力是编制列车运行图的一个重要因素。

4. 列车最大载客量

列车最大载客量即一个编制列车按车厢定员计算允许装载的最大乘客数，分为定员载客量和超载客量。列车最大载客量主要与采用的车辆类型及编组辆数有关。

6.4.3 其他相关要素

其他相关要素如下：

1. 与城市其他交通方式的衔接

城市轨道交通应与其他交通方式实现有效衔接，包括大交通方面的铁路车站、港口、机场、公路交通枢纽，城市交通方式的公交系统、自行车交通、其他交通(如私家车)等，给乘客换乘提供尽可能多的方便。

2. 与其他城市公共设施的衔接

城市中有大量客流聚集的公共设施，如大型体育场、娱乐场所、商业中心、大型工矿企业等，这些场所经常会有短时间的大量突发客流，给城市轨道交通的正常运营带来了一定的考验，造成了一定的运力和人力的紧张。

3. 列车试车作业

检修完毕的车辆，应首先在车辆检修基地的试验线上进行试验，各项指标合格后才能投入运营。有时某些项目的测试需要到正线上才能完成，此时，需要在列车运行图上做调整。

4. 列车检修作业

经过一定时间的运营后，车辆需要进行定期的维修和保养，因此需要合理安排列车运行时间和检修时间，以保证每列列车都有日常的维护保养时间，又能使各列车的走行千米数接近，达到各列车均衡使用。

5. 司机作息时间安排

司机的作息时间与列车交路、交接班地点、途中用餐、工时考核等因素有关，应均衡安排司机的休班和工作时间。

6. 车站的存车能力

城市轨道交通中大部分车站不设配线，没有存车能力，只在区间个别车站或终点站设有停车线，可以存放一定数量的列车，可做日常维护用或作为备车，夜间作为停车线，以减少列车的空驶，均衡早晨的发车秩序。

7. 投运列车数目

列车是城市轨道交通运营的主要行车设备，是唯一的载客工具。增加投运列车数目是提高运营能力的主要措施，但绝非投运列车数目越多越好。作为城市轨道交通运营企业，首先要考虑运营成本，要做到运能和运量之间很好的配合，经济合理地安排列车的数量，如此才能取得较好的社会效益和经济效益。

6.5 列车运行图的编制

随着城市轨道交通客运量的不断增长，尤其是当轨道交通形成网络之后，客运量的增长日益显著，同时运输市场不断发展变化，各项新技术、新设备投入使用和运输组织工作不断得到改进，列车运行速度得到不断提高，因此，每经过一定的时期，就要重新编制一次列车运行图。

6.5.1 编制列车运行图的原则和要求

1. 编制列车运行图的原则

为了使列车运行图能满足实际客运需要，编制列车运行图应遵循以下原则：

(1)在保证安全可靠的条件下,提高列车的运行速度,缩小列车的运行时分。列车运行速度高是城市轨道交通系统的主要优势,在安全得到保证的前提下,通过提高列车运行速度、压缩折返时间、减少出入库作业时间等,可提高系统的运行效率和服务水平。

(2)尽量方便乘客。城市轨道交通系统是城市公共交通的重要组成部分,编制列车运行图时,在满足运行技术的前提下,列车发车间隔应尽量选择最小值,从而减少乘客的候车时间。在安排低谷运行时,最大的列车运行图间隔不宜过大。如果能改变列车编组,保持较小的列车间隔,则为一种节省运能并减少乘客候车时间的良策。

(3)充分利用线路的能力和车辆的能力。通常情况下,折返站的折返能力是限制全线能力的关键,因此必须对折返线的折返作业时间进行精确计算,尽可能安排平行作业。当车辆周转达不到运营要求时,要合理安排车辆,解决高峰客流组织问题。

(4)在保证运量需求的条件下,运营列车编组辆数达到最少。综合考虑高峰时段列车运行速度、折返时间、列车开行方式等要素,在保证运量需求的条件下,使运营列车数量达到最少,从而降低城市轨道交通系统的车辆保有量与运营成本。

2. 编制列车运行图的要求

编制列车运行图应符合以下要求:

(1)确保行车安全。列车运行图应符合各种行车规章的有关规定,严格遵守行车作业程序和时间标准。

(2)合理运用设备。列车运行图应充分利用线路的通过能力,达到运力与运量的匹配,在满足客流需求的同时,注意提高车辆满载率和运行速度。

(3)优化运输产品。列车运行图应根据客流的特点开行运行间隔、编组数量、站停次数和运行速度不同的列车,以吸引客流。列车运行图应合理规定列车的到达、出发时刻,合理规划停站时间,缩短乘客出行时间。另外,应注意与其他交通运输工具的衔接配合。

(4)配合站段工作。列车运行图应合理安排列车使其均衡、交错到达换乘站,使车站作业能力比较均衡。

6.5.2 编制列车运行图的准备资料与步骤

1. 编制列车运行图的准备资料

在编制列车运行图之前,需要准备以下资料:

(1)线路通过能力和车站折返能力。

(2)车站的换乘能力。

(3)追踪列车间隔时间。

(4)列车区间运行时分。

(5)列车停站时间标准。

(6)列车在折返站停留时间标准。

(7)列车出入车辆段作业时间标准。

(8)能够提供的运用车辆数。

(9)列车编组辆数。

(10)轨道交通运营时间。

(11)全日分时行车量。

(12)列车交路计划。

(13)车辆连续运用圈数和乘务工作制度。

(14)供电部门停送电时间。

(15)现行列车运行图的完成情况的分析。

2. 编制列车运行图的步骤

在新线开通或线路客流量、技术设备和行车组织方式发生变化时,都需要编制列车运行图。其编制步骤如下:

(1)按要求和编制目标确定编图的注意事项。

(2)收集编图资料,对有关问题组织调查研究和试验。

(3)对于修改运行图,应总结、分析现行列车运行图的完成情况和存在的问题,提出改进意见。

(4)确定全日行车计划。

(5)计算所需运用列车数量。

(6)征求调度部门、行车部门、客运部门和车辆部门的意见,对行车运行方案进行调整。

(7)根据列车运行方案制定详细的列车运行图、列车运行时刻表和编制说明。

(8)对列车运行图的编制质量进行全面的检查,并计算列车运行图的指标。

(9)将编制完毕的列车运行图、列车运行时刻表和编制说明报有关部门审核,批准后执行。

6.5.3 实行新列车运行图之前的准备工作

列车运行图经过最后的批准后,为了保证新图能够正确、顺利地实行,必须在实行前进行以下准备工作:

(1)发布实行新图的命令。

(2)印刷并分发列车运行图和列车时刻表。

(3)拟订执行新列车运行图的技术组织措施。

(4)组织有关人员学习新列车运行图。

(5)根据新列车运行图的规定组织各站段修订《行车工作细则》。

(6)做好车辆和司乘人员的调配工作。

学习评价

学习完本模块后,请根据自己的学习所得,结合表6-4所列内容进行打分评价。

表 6-4 模块 6 学习评价表

评价内容	评价方式			评价等级
	自 评	小组评议	教师评议	
课前预习本模块相关知识、相关资料				A. 充分 B. 一般 C. 不足
知道什么是列车运行图,熟悉列车运行图的表示形式				A. 充分 B. 一般 C. 不足
掌握列车运行图的意义,能识别列车运行图的符号				A. 充分 B. 一般 C. 不足
熟悉列车运行图的分类,掌握车次规定				A. 充分 B. 一般 C. 不足
掌握列车运行图的组成要素				A. 充分 B. 一般 C. 不足
熟悉编制列车运行图的原则和要求				A. 充分 B. 一般 C. 不足
掌握编制列车运行图的步骤				A. 充分 B. 一般 C. 不足
参加教学中的讨论和练习,并积极完成相关任务				A. 充分 B. 一般 C. 不足
善于与同学合作				A. 充分 B. 一般 C. 不足
学习态度,完成作业情况				A. 充分 B. 一般 C. 不足
总评				

思考与练习

(1)什么是列车运行图？简述列车运行图的表示形式。

(2)简述列车运行图的意义，并说明列车运行图中各个符号的意义。

(3)列车运行图分为哪几类？

(4)列车运行图的组成要素有哪些？

(5)简述编制列车运行图的步骤。

模块 7 城市轨道交通行车调度工作

学习目标

(1)熟悉行车调度的基本任务，掌握行车调度指挥的原则。
(2)能说出运营调度的组织架构，掌握行车调度员的职责。
(3)熟悉行车调度的控制方式。
(4)掌握行车调度的组织工作。
(5)掌握行车调度的工作制度。
(6)掌握列车运行调整方法。

学习重点

(1)行车调度员的职责和行车调度主要设备。
(2)行车调度的控制方式。
(3)行车调度的工作制度。
(4)列车运行调整方法。

7.1 行车调度概述

城市轨道交通系统是技术密集型的公共交通系统，行车调度工作由调度控制中心实施，实行集中领导、统一指挥的原则，以使各个环节紧密配合、协同动作，从而保证列车安全、正点地运行。

7.1.1 行车调度的基本任务

行车调度是城市轨道交通日常运输组织的指挥中枢，以安全运送乘客、满足设备维护的需要，按列车运行图的要求实现安全、准点、舒适、快捷的运营服务为宗旨。各单位、各部门必须在集中领导、统一指挥的原则下，紧密配合、协调动作，确保行车和乘客安全，完成各项工作任务。

(1)负责组织各站及有关行车部门，按列车运行计划行车，监督各站及有关行车部门的执行情况，及时、正确地发布有关行车命令和指示。

(2)监督列车到发及运行情况，遇到列车晚点和突发事件时，及时采取运营调整措施，迅速恢复列车正常运行。

(3)遇到列车进行运行调整时，正确指导车站及有关行车部门进行工作。

(4)负责入轨施工作业的管理。

(5)负责工程车、试验列车等上线车辆的调度指挥工作。

(6)当发生行车事故时，按规定程序及时向上级主管部门汇报，并采取措施防止事故扩大，同时积极参与救援工作的指挥。

(7)建立、健全运营生产、调度指挥等各项原始记录台账及统计，分析报表，并按规定向上级主管部门报告。

(8)密切关注客流动态，协同有关部门根据客流变化采取相应的组织方案。

7.1.2 行车调度指挥的原则

行车调度指挥的原则有以下几点：

1. 安全生产原则

在列车调度指挥工作中，必须坚持安全生产的原则，正确指挥列车运行。不能发布没有安全保障依据的命令和指示。当得到有关危及行车安全的信息时，要正确、及时、妥善处理，以保证列车的安全为重点，组织列车安全运行。

2. 按图行车原则

列车正点率是评价城市轨道交通运营质量的重要技术指标，也是组织管理水平的综合反映。只有按图行车，才能保持正常的运输秩序，进而保证列车的正点率。

3. 单一指挥原则

城市轨道交通的行车工作是一个由互相联系、互相影响的多部门、多单位、各工种所组成的完整系统。在这个系统中，各部门、各单位、各工种间应紧密联系、协调一致，这对于保证行车安全和运输效率有着决定性的意义。行车调度员是为适应城市轨道交通行车特点而设置的行车工作的统一指挥者。在列车运行调整工作中，与行车有关的人员，必须服从所在区段当班行车调度员的集中统一指挥。其他任何人不得发布与行车有关的命令和指示。

4. 下级调度服从上级调度的原则

在列车运行组织与调整过程中，相邻调度台之间应保持紧密联系，以保证列车的正常交接。对出现的问题，双方要主动协商解决，当出现意见不一致的情况时，由上一级调度进行仲裁。一经上级调度决定，有关人员必须无条件执行。

7.1.3 运营调度组织架构

运营调度是城市轨道交通系统的核心组成部分，包括负责对整个运营网络内所有列车的运行实施计划、监控和调整，组织列车或车列在车辆段运行，以及正线的施工检修作业组织，等等。其基本工作内容包括编制列车运行图、组织列车运行和应对突发事件的调整。

目前，我国城市轨道交通调度控制中心一般分为两个层次，即中央运营协调与应急指挥中心和线路运营控制中心。

1. 中央运营协调与应急指挥中心

随着城市中轨道交通线路的增加，单一设置线路运营控制中心将导致各条线路之间信息传递不畅，单条线路采取的调度措施往往不适应整个轨道交通网络的客流需求，因此，集成多条线路对整个运营网络进行协调控制成为必然，中央运营协调与应急指挥中心应运而生。

中央运营协调与应急指挥中心负责协调整个运营网络中的各条线路运营控制中心和相关部门，对路网的运营状态、设备运行情况进行实时监控。在遇到突发事件时，根据影响程度及时发布预警指令，控制影响范围，减少不利影响，根据公司信息传递的相关规定做好内外部信息的传递工作。特别是发生影响两条及以上线路的紧急情况时，实现运营资源的统筹、协调和联动，提升应急突发事件的处置能力。中央运营协调与应急指挥中心的基本任务如下：

(1)管辖范围为试运营及运营载客的线路、车站、出入口、通道、停车场、车辆段等的列车服务，客流变化、设施设备运转状态的处置与协调。

(2)实时监督运营状态，监督日常行车组织、客运组织、设备状态等各类生产活动。

(3)协调运营生产，协调企业内部各单位和部门之间、各运营线路之间的日常运营生产。

(4)实时诱导路网客流。

(5)收集反映路网运营生产情况的基础数据，汇总每日路网运营生产情况。

(6)对外发布运营实时信息与信息控制。

(7)指挥与协调社会影响较大的突发事件。

2. 线路运营控制中心

线路运营控制中心是城市轨道交通系统的运营生产指挥部门，负责所管辖线路的运营调度和突发事件处理，是城市轨道交通日常运营工作的指挥中枢。其基本任务是组织指挥线路与列车运行有关的各部门和各工种协同工作，确保列车按照列车运行图运行，保证行车秩序和乘客安全，提高列车的运输效率。

线路运营控制中心实行分工管理原则，按照业务性质的不同，可设置不同的调度工种。各个城市轨道交通调度生产组织机构不尽相同，通常设置行车调度、电力调度、环控调度和客运调度等调度工种，也有一些城市将行车调度和客运调度合并为运营调度，电力调度和环控调度合并为设备调度。某些城市的线路运营控制中心还设置车辆检修岗位和列车指导司机岗位，其能够在应对列车故障时，给予运营调度员一定的支持。

线路运营控制中心经理全面负责运营线路的调度管理工作，运营主管负责运营调度行车业务方案的制定及实施、突发事件分析、运营统计、周报及月报的编制，设备主管负责线路的施工作业管理、安全生产管理和电力环控专业领域内的技术指导。其中,运营调度工作是城市轨道交通系统的核心。

7.1.4 行车调度员的职责和行车调度主要设备

1. 行车调度员的职责

行车调度员应履行以下职责:

(1)组织各部门、各工种严格按照列车运行图工作。

(2)监控列车到达、出发及途中运行情况,确保列车按正常秩序运行。

(3)随时掌握客流情况,必要时调整列车运行方案。

(4)检查督促各行车部门执行运行图情况。

(5)当列车运行秩序不正常时,及时采取措施,尽快恢复正常运行秩序。

(6)及时、准确地处理行车异常情况,防止行车事故发生。

(7)当发生行车事故时,按规定程序及时向上级主管部门汇报,并采取措施防止事故扩大,积极参与组织救援工作。

(8)收集并填写与线路运营工作有关的数据指标,做好原始记录。

(9)服从值班主任的指挥,与电力调度员、环控调度员和维修调度员等配合,共同完成行车和施工组织工作。

2. 行车调度主要设备

(1)中央运营协调与应急指挥中心的运营生产监督设备主要包括以下内容:

①显示大屏。显示大屏是中央运营协调与应急指挥中心设备的核心系统,主要显示各种信息、全网线路示意图、AFC 全网客流情况等图像。

②智能公共交通调度系统(advanced transit dispatching system,ATDS)。智能公共交通调度系统的显示界面由若干显示器组成。它实时获取各条线路列车的运行信息,对各线路的 ATS 进行监督,但不控制。

③监控和数据采集(supervisory control and data acquisition,SCADA)系统。监控和数据采集系统的显示界面由若干显示器组成。其具有遥信功能,但不具备遥测功能,包含一次接线图相关的所有位置信号,可定制画面,但不包含事故信号报警。

④闭路电视(closed circuit television,CCTV)。通过闭路电视可查看各线路运营控制中心调度选择的画面,调度员可了解车站站台、站厅的客流和列车到发等情况。

⑤中央运营协调与应急指挥中心调度电话。中央运营协调与应急指挥中心调度电话供中央运营协调与应急指挥中心调度员选呼各线路运营控制中心调度员、轨道交通公安指挥室、各运营单位。

⑥公务电话。公务电话供中央运营协调和应急指挥中心调度员与内部各单位、生产部门进行业务联络。

⑦自动分析系统。自动分析系统对路网在线列车与站间区间的实时延误、在线列车与站间区间客流饱和度进行实时跟踪。

(2)线路运营控制中心行车调度相关设备如下:

①综合显示屏。城市轨道交通线路运营控制中心一般装有行车、供电、环控中央监控终端设备,各模拟屏能够显示现场(车站、车辆段)设备的使用和占用情况,包括列车运行状态、供电系统情况和车站环控设备工作情况,如下图所示。

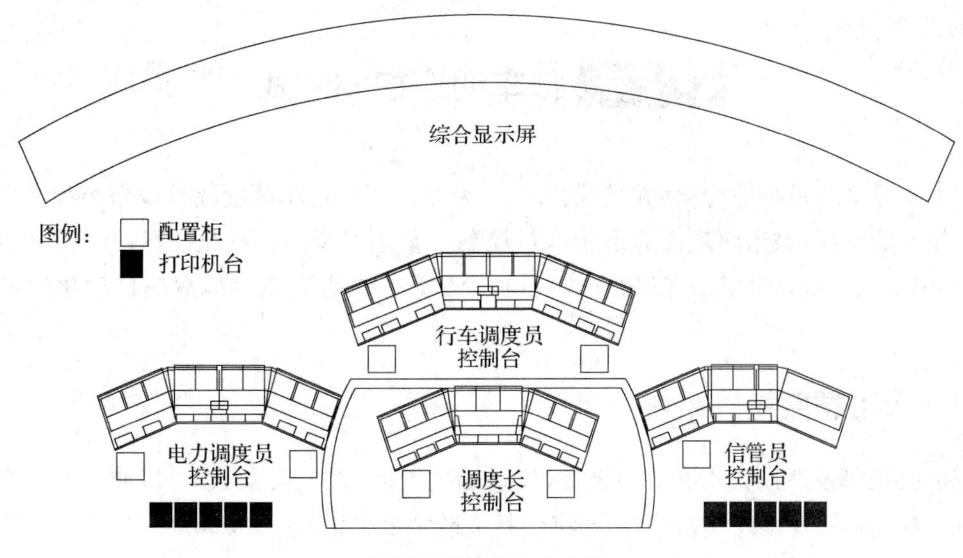

线路运营控制中心布置

综合显示屏主要显示有关行车的信息,包括轨道电路、线路、信号平面布置,各站及区间线路布置,以及列车车次及其运行状态。

②中央级 ATS 工作站。在线路运营控制中心内,综合显示屏可供所有人员监察,而各类工作台的设备按各种专业功能的不同而分别设置。控制中心的工作台分别设置了列车自动控制系统、自动售检票终端监控系统、通信系统、电力监控、防灾报警等操作设备,供有关人员操控、监察日常客运作业及处理故障和事故使用。

行车调度员配备若干监视终端和一个操作盘,通过监视器可以监视各车站的情况,可对各车站的站台、站厅进行图像监视,并可对监视图像进行切换,同时也可使用移动摄像机进行监控,并对监视的对象进行录像。

③通信设备。控制中心的通信设备主要有调度电话、无线调度电话、中央广播设备等。

a. 调度电话。调度电话是为列车运行、电力供应、维修施工、发布命令等提供指挥手段的专用通信工具,包括调度直通电话、公务电话等。控制中心设置有防灾调度、行车调度及电力调度直通电话。调度直通电话具有单呼、组呼、全呼、紧急呼叫和录音等功能。各工作台设置有数字话机,可实现与其他部门的通信,并具有会议电话、来电显示、呼叫转移等业务功能。

b. 无线调度电话。无线调度电话包括无线调度台和手持台。

· 无线调度台:值班调度主管工作台及行车调度员工作台均需设置无线调度台(互为备用),用于对列车司机、站场无线工作人员实施无线通信。该设备具有组呼、紧急呼叫、私密呼叫及对列车进行广播等功能。

· 手持台:控制中心配备多部手持台,用于无线调度台发生故障时的备用设备,其分为车站维修台与电力调度台等，在日常交接班时需保持手持台处于良好状态。

c. 中央广播设备。值班调度主管、行车调度及电力调度工作台分别设置广播控制台，其可对各车站、停车场、车辆段等相关单位进行广播，具有人工和自动广播两种模式，并可指定区域广播。

7.2 行车调度控制方式

城市轨道交通系统的行车调度控制方式主要与采用的行车调度指挥设备类型有关。随着科学技术的发展，城市轨道交通系统运行控制设备正逐步向自动化、远程化、计算机化发展，行车调度工作逐步由人工控制方式向电子调度集中系统和行车指挥自动化控制系统发展。

7.2.1 人工调度指挥系统

该系统主要包括控制调度中心设备（包括调度电话、无线调度电话、传输线路）、车站设备（包括调度电话、传输线路）、列车设备（包括无线调度电话）。人工调度指挥系统只起督导作用，不具备直接控制功能。

该系统主要由行车调度员通过调度电话向车站值班员直接发布指令，按电话闭塞法组织行车。车站值班员负责排列接发列车进路，调度员通过与车站值班员联系，掌握列车到达、出发信息，下达列车运行调整调度命令。调度员通过无线调度电话呼叫列车司机，发布调度指令，指挥列车运行。列车运行图由行车调度员手工绘制。这种方式通常在线路开通初期，设施设备尚未到位等特殊情况下才使用。

7.2.2 电子调度集中系统

该系统主要包括调度控制中心设备（包括集中总机、运行显示屏、运行图自动控制仪等）、车站设备（包括调度集中分机、传输线路）、机车设备（包括无线调度电话、信息接收装置）。由行车调度员人工排列列车进路，组织指挥列车运行。控制中心行车调度员利用计重设备对车站上列车的到发、通过、折返等作业进行远程控制和调整。行车调度员是唯一的行车指挥者和操作者，车站一般不参与行车指挥工作，只是对有关作业进行监督。

调度集中控制设备是一种远程控制的信号设备，目前能实现运行调度指挥的遥信和遥控两大远程控制功能。它的特点是区间采用自动闭塞，车站采用电气集中联锁，并利用电缆引接到指挥控制中心。控制中心的行车调度员通过中央 ATS 工作站对车站进行集中控制，可以直接排列进路，直接指挥列车的运行调整，并通过运行显示屏监控列车到达、出发及途中运行情况，及时掌握线路上列车运行及分布情况、各信号机的显示状态和道岔开通位置，确保列车运行秩序正常。基本闭塞方法为自动闭塞法，列车运行采用自动驾驶。在必要时，可由调度集中控制改为车站控制，即将列车运行进路排列权限下放给车站，由车站值班员操作。

7.2.3 行车指挥自动化控制系统

行车指挥自动化控制系统是一个实时控制系统，一般由调度控制和数据传输电子计算机、工作站、显示盘、绘图仪等构成，电子计算机按双机冗余配置。

行车指挥自动化控制系统是目前城市轨道交通采用的主要列车运行方式。它是利用计算机技术对列车实行自动指挥和自动运行监护，并利用列车自动防护系统保护列车运行安全。在正常情况下，系统能够根据列车运行图自动排列车站的接发车进路。列车运行一般采用 ATO 系统模式，必要时转换为人工控制，列车占用区间的凭证为列车收到的速度码。列车自动防护系统为列车运行安全提供保证，使前后列车保持必要的间隔。

行车指挥自动化控制系统的主要功能有如下几个：

(1)具有运行显示及人工控制功能。

(2)能发出控制需求信息，并从轨道线路及信号设备上接收信息。

(3)由行车调度员人工或自动地将调度指挥信息(如停站时间、运行等级)传递至各集中站 ATC 设备上。

(4)实现了列车的动态显示，如列车位置、车站到发时分、车次号等。

(5)能储存多套列车运行图，如基本运行图、双休日运行图、客流组织运行图，并按照当前使用的运行图调整。

(6)监督列车运行，调整列车发车时刻，控制列车停站时分和终点站列车折返方式。

(7)自动进行列车运行调查，自动绘制列车运行图并生成各种运行报告。

7.3 行车调度组织工作

7.3.1 行车调度工作制度

为了保证调度工作质量，就必须坚持标准化作业，按各项规章制度办事。我国许多城市的轨道交通系统根据自身的特点，制定了完整的调度工作制度，这些制度可以归纳为日常工作制度、安全管理制度、业务培训制度和填写书面报告制度等几种。

1. 日常工作制度

日常工作制度包括交接班制度、文件传阅制度、员工大会制度、调班申请制度、卫生轮值制度等。

(1)交接班制度。交接班会在调度工作中具有承上启下的作用，当班的调度人员必须提前 10 min 到岗，全面了解上一班需要跟进的工作和本班的生产任务。接班值班主任主持召开交接班会，听取各岗位的汇报，布置本班的工作重点，分配工作任务，并制定具体的工作措施。

(2)文件传阅制度。当值人员必须按时传阅最新文件，学习、贯彻文件的相关精神。在传阅文件后，当值人员应按要求签名并注明日期。

(3)员工大会制度。每月月初召开一次全体员工大会，总结上月的工作情况，并布置本月的工作任务，对重点工作内容提出具体要求，同时传达上级(公司或部门)会议精神。

(4)调班申请制度。调度岗位轮值必须按照排班表进行，遇雨雪等特殊情况无法按照班表上班时，应与相同岗位的同事协商，双方一致同意调班后，由申请人填写调度员调班申请表，经双方值班主任同意后调班。

2. 安全管理制度

安全管理制度包括安全例会制度、安全检查制度、安全演练制度和事故分析制度。

(1)安全例会制度。每月月初召开一次安全例会，总结上月的安全工作情况，对上月发生的故障、事件和事故处理进行分析与学习，同时布置本月的安全工作任务，对安全工作的重点内容提出具体要求，同时传达上级(公司或部门)安全会议精神。

(2)安全检查制度。安全检查制度包括运营前检查制度、每周一查制度、非正班检查制度、消防日查制度及安全大检查制度。

①运营前检查制度。行车调度员在每天运营开始前 30 min 检查各车站的运营准备情况，填写运营前准备工作检查记录表，并进行一次 MMI 操作功能检查，发现设备设施发生故障或出现其他异常情况时，应做好记录，并及时通知设备维修调度处理。

②每周一查制度。安全员每周检查安全培训记录、设备运行的安全、调度日志(兼交接班簿)、调度命令、线路施工作业登记表登记情况，故障及延误报告的填写等，发现问题应及时提出整改。

③非正班检查制度。在非正班时间段，控制中心或上级部门领导不定期对控制中心进行突击抽查，检查各班组的“两纪一化”(作业纪律、劳动纪律以及标准化作业)和安全运作情况。

④消防日查制度。部分城市的轨道交通系统的消防设施采取自查形式，大多数城市的轨道交通系统的消防设施委托物业管理检查。

⑤安全大检查制度。逢元旦、春节等大型节日时，在节前对安全网络进行一次安全大检查，检查内容除了日常的安全检查外，还包括节假日的运营组织方案和运作命令等。

(3)安全演练制度。为了使调度员熟练掌握各种应急方案，提高调度指挥水平，各班组每月应至少进行一次桌面演练。此外，各班组还需参加上级部门组织的突击演练。

(4)事故分析制度。发生事故后，当值班组要进行全面分析，分析不足，总结经验，完成事故处理报告，由控制中心上报部门安全网络；控制中心视情况召开全体成员的分析会，对事故的责任进行内部分析，制定防范措施，教育广大员工，防止出现同类事故。

3. 业务培训制度

业务培训制度包括班组学习制度和每日一问制度。

(1)班组学习制度。所有调度员必须参加培训网络组织的班组学习。学习内容包括规章文件、运营方案和各种故障、事故处理案例。

(2)每日一问制度。为了检查员工对近期重点工作内容和安全关键点的掌握，值班主任每班会抽问调度员成员，了解班组成员的掌握情况，发现有不熟练的情况时要进行有针对性的培训。

4. 填写书面报告制度

(1)运营日报。

①值班主任每日 7:00 前编写运营日报,报告前一天 6:00 至当日 6:00 的营运计划完成情况。

②运营日报需送交分公司领导、相关部门领导。

③日报的主要内容如下:

a. 列车服务情况,包括列车事故、列车故障和列车延误及处理等。

b. 当日晚曾运送客运量、列车开行情况、兑现率及正点率。

c. 列车晚点、清客、下线、抽线、救援、加开等服务情况。

d. 当日施工计划件数及截至 6:00 的施工完成件数,有关工程车、试验列车运行方面的信息。

e. 耗电量(总耗电与牵引耗电)和车站温湿情况。

f. 接待情况说明。

g. 派班员上报的当日运营列车运营里程、空驶里程、载客里程。

④运营日报的格式按城市轨道交通运营部门的规定执行。

(2)故障和延误报告。

①行车调度员应在行车设备发生故障及造成列车延误时,及时填写故障和延误报告。

②故障和延误报告作为编写运营日报原始资料的一部分。

③故障和延误报告主要内容如下:

a. 发生故障的时间、地点、列车编组、报告人员及概况(故障现象)等情况。

b. 发生故障导致行车延误(直接延误、本列延误)、影响情况。

c. 所采用的调整列车运行措施。

d. 恢复正常运作的时间。

④故障及延误报告。

(3)行车事故概况。

①行车调度员应根据每件行车事故及时填写行车事故概况。

②行车事故概况应按《行车事故管理规则》规定的时间报分公司安全保卫部。

7.3.2 列车运行调整原则和方式

1. 列车运行调整原则

列车运行调整原则如下:

(1)按图行车,提高列车正点率原则。列车正点率是衡量城市轨道交通运行质量的重要指标,是运输管理水平的综合体现。在列车运行调整中,要加强调度指挥水平,严格按图行车,提高列车正点率,确保列车正点运行。

(2)单一指挥原则。行车调度员要努力提高调度指挥的科学性,在列车运行调整的过程中,与行车有关的各部门的工作人员必须服从行车调度员的集中统一指挥,各级领导和主管领导对列车运行的指示要通过所在线路的行车调度员去实现，坚决杜绝出现多口或多头指挥，维护调度命令的严肃性和权威性。

(3)下级调度服从上级调度指挥原则。在列车运行调整中，必须严肃调度纪律，下级调度必须服从上级调度的指挥，行车值班员必须听从行车调度员的指挥。

(4)安全生产原则。调度指挥必须坚持安全生产原则，正确、及时地指挥列车运行。杜绝因调度指挥不当造成事故隐患，当出现危害行车安全的情况时，要正确、及时、妥善地处理，提高应变能力。行车调度员必须正确、及时、清晰地发布调度命令，以保证列车安全为重点，组织列车安全运行。

(5)按列车运行状态及等级进行调整原则。行车调度员在进行列车运行调整时，对处于正常状态下运行的各次列车，应按列车运行图正常办理；对不能按列车运行图运行的列车，应及时做出调整，尽快恢复其正点运行。在调控上，晚点列车应服从正点列车，一般列车服从重点列车。列车等级顺序依次排列为专运列车、客运列车、调试列车、回空列车、其他列车，在抢险救灾的情况下，优先放行救援列车。

2. 列车运行调整方式

列车运行调整分为自动列车运行调整和人工列车运行调整。

(1)自动列车运行调整。在执行自动列车运行调整时，ATS 系统不断地对计划时刻表与列车实际所在位置及时间进行比较，在比较的同时，系统将在预定数值的基础上自动产生列车的出发时间。同时，系统能计算出每列列车在每个车站的停站时分与每个区间的运行时分同时刻表的偏差，常态下列车相关的运行将消除任何时间偏差。

当列车运行偏离运行图的时间偏差超过定义值时，MMI 工作站将发出警告。系统可自动采用调整策略，最大限度地减少这种偏差对后续列车运行的影响。由于车辆性能、线路条件和站停时间等约束，当这种误差较大时，往往不可能一次性调整到位，此时系统可采取弹性的调整策略，通过改变前后多辆列车的运行状态逐步消除当前列车的运行偏差对系统总体的影响。

(2)人工列车运行调整。若列车实际运行偏离时间超过自动列车运行调整的能力，或者列车运行秩序较紊乱时，控制中心 ATS 可执行人工干预功能，由行车调度员进行人工列车运行调整。

7.3.3 列车运行调整方法

列车运行调整方法有以下几种：

1. 提前或推迟发车

行车调度员根据情况可通过调度命令通知司机在始发站提前发车或推迟发生，也可以通过系统设备操作实现，如进行扣车或在系统设备中通过修正列车运行时间来实现。

2. 缩短区间运行时间

行车调度员根据列车的技术状态、司机操作水平及线路允许速度改变列车登记，组织列车提高速度，压缩区间运行时间，以恢复到正点运行。

3. 缩短停站时间

行车调度员通过指挥司机和车站行车值班员组织列车在车站快速作业，使乘客快上快下，缩短在车站的停留时间。

4. 组织列车载客通过

组织列车载客通过又称为列车跳停，一般情况下不采取此措施。只有当某一列车因故晚点，后行列车大量拥堵，且在短时间内无法恢复，造成运行秩序紊乱，系统无法及时调整时，行车调度员可以适当地采取不停车(放站)通过某些车站，缩短该列车运行时间，减少对后续列车的影响，恢复列车的正常运营秩序。

5. 扣车

当一条线路上的列车由于车辆及其他设备发生故障或因某种原因不能正常运行，造成换乘站站台上乘客拥挤时，行车调度员应采取扣车措施，即将另一条线路的上下行列车扣在换乘站附近的各个车站，以缓解换乘站的压力。扣车时间一般应控制在 10 min 内，如果堵塞线路的列车在短时间内不能恢复正常运行，可组织扣下的列车在换乘站通过。同时，行车调度员应发布畅通线路各站停售跨线票的命令。另外，行车调度员视情况将第二列列车后面的各列列车扣在车站。

6. 调整列车运行时间间隔

当换乘站由于客流骤增造成列车运行作业困难时，行车调度员可根据列车的运行情况适当调整列车运行时间间隔，尽量避免各线列车同时到达换乘站。

7. 加开备用车

当出现列车晚点、客流异常、列车发生故障、开行专列等情况时，可以使用加开备用车的调整方法。备用车可以从自备车停车线或车库进入正线投入运营，从而提高运能，解决运输“瓶颈”。该方法可以有效地解决短时运力紧张的局面。

8. 变更列车运行交路

当有些故障持续时间比较长，有可能造成线路的堵塞时，在列车自动控制系统功能良好区段运行的列车可采取分段小交路运行，在具备条件的中间站折返。

9. 组织列车反方向运行

一般情况下，城市轨道交通线路均为双线设置，上下行列车各自运行，互不影响。列车反方向运行主要适用于特殊情况下的列车运行调整及救援列车的开行。通常列车反方向运行都没有 ATP 保护，因此只有在满足一些必要条件后，行车调度员才可以考虑使用这一调整措施。

10. 组织乘客换线乘车

在环形线情况下，当一条线路运行秩序紊乱时，要尽力维持另一条线路列车的正常运行，并通知各站组织乘客乘坐畅通线路方向的列车。

11. 停运列车

由于故障区段列车运行速度低、办理作业时间长，而 ATC 正常区段列车运行速度高、行车作业时间短，势必会造成列车堵塞的情况。通过减少线上列车数量(抽线)的方法来实现均衡运输，这样既便于调度指挥，又方便客流组织。

行车调度员对列车运行调整方法的选择，取决于列车运行的具体情况。而在实际工作中，往往又可以结合几种列车运行调整方法加以运用。

学习评价

学习完本模块后，请根据自己的学习所得，结合下表所列内容进行打分评价。

模块 7 学习评价表

评价内容	评价方式			评价等级
	自　评	小组评议	教师评议	
课前预习本模块相关知识、相关资料				A. 充分 B. 一般 C. 不足
熟悉行车调度的基本任务，掌握行车调度指挥的原则				A. 充分 B. 一般 C. 不足
能说出运营调度的组织架构，掌握行车调度员的职责				A. 充分 B. 一般 C. 不足
熟悉行车调度的控制方式				A. 充分 B. 一般 C. 不足
掌握行车调度的组织工作				A. 充分 B. 一般 C. 不足
掌握行车调度的工作制度				A. 充分 B. 一般 C. 不足
掌握列车运行调整方法				A. 充分 B. 一般 C. 不足
参加教学中的讨论和练习，并积极完成相关任务				A. 充分 B. 一般 C. 不足
善于与同学合作				A. 充分 B. 一般 C. 不足

（续表）

评价内容	评价方式			评价等级
	自　评	小组评议	教师评议	
学习态度，完成作业情况				A. 充分 B. 一般 C. 不足
总评				

思考与练习

(1)简述行车调度的基本任务和指挥原则。

(2)行车调度员的职责有哪些?

(3)行车调度的主要设备包括哪些?

(4)行车调度的控制方式有哪些?

(5)什么是人工调度指挥系统?

(6)简述列车运行调整的原则和方式。

模块 8 正常情况下的行车组织

学习目标

(1)熟悉行车组织指挥体系。

(2)了解列车调度指挥中心的主要工作,熟悉列车运行组织方式的分类。

(3)熟悉不同的列车驾驶模式。

(4)掌握列车司机作业流程。

(5)熟悉行车指挥自动化子系统的主要功能。

(6)掌握调度集中控制下的行车组织。

(7)掌握调度监督下半自动控制的行车组织。

学习重点

(1)列车运行组织方式。

(2)列车驾驶模式。

(3)行车指挥自动化时的列车运行组织。

8.1 行车组织指挥体系

城市轨道交通是一个复杂、技术密集型的城市公共交通系统,具有各项作业环节紧密联系和各部门、各工种协同工作的特点。因此,城市轨道交通行车组织必须贯彻安全生产的方针,坚持高度集中、统一指挥、逐级负责的原则。同一个调度区段应由该区段的行车调度员统一指挥,相关行车人员必须执行调度命令,服从指挥。一般城市轨道交通行车组织指挥体系结构如图 8-1 所示。

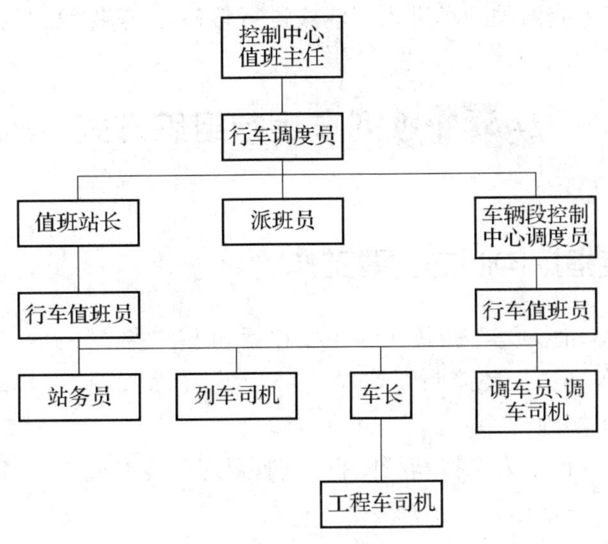

图 8-1　一般城市轨道交通行车组织指挥体系结构

正常情况下，城市轨道交通列车的一个运行周期为：列车根据列车运行图按照规定时间从车辆段存车线出来，进入正线并投入运营，一直到运营结束退出服务回到车辆段进行整备，整备完毕后再次从车辆段存车线出来进入正线并投入运营服务为止。

正常情况下，列车的一个运行周期是 24 h。这一过程需要由行车调度员指挥，车辆段控制中心调度员、车辆段值班员、车站行车值班员、站台站务员、司机等人员共同完成。

城市轨道交通行车组织阶段性比较强，主要分为运营前准备、运营中的行车组织和运营结束后的作业 3 个阶段。不同的作业人员在不同的阶段有不同的行车组织作业，这里主要介绍行车调度员、车站和司机的行车组织作业。

1. 行车调度员的行车组织作业

行车调度员在运营前主要进行试验道岔、检查人员到岗情况和设备情况、装入运营时刻表等工作。运营期间主要是利用各种调度设备组织指挥列车按照列车运行图的计划安全、准点运行。运营结束后，行车调度员要对当天的行车工作进行分析、总结，主要是打印当日计划、实际运行图，编写运营情况报告，进行列车统计分析等工作。

2. 车站的行车组织作业

正常情况下，城市轨道交通车站的行车组织作业主要包括首班车组织、运营期间的接发车作业等工作。开行首班车前，车站各岗位工作人员要准时开门、开启照明和电扶梯，并进行试验道岔、巡视车站等工作。车站末班车发出前，应在规定时间开始广播，通知停止售检票工作，检查付费区乘客均已上车，确认无异常情况后向司机发出发车信号。

3. 司机的行车组织作业

司机在一个运营周期的作业也分为运营前准备、运营中的行车组织和运营结束后的作业 3 个阶段。在运营前，司机主要进行列车整备作业(如检查车体内外情况、车载电器、制动设备、无线电话等)；在运营期间，司机主要是负责列车的正线运行作业、站台作业和折返作业；在运营结束后，司机应驾驶列车进入车辆段进行整备，以确保第二天的正常运行。

8.2 列车运行组织方式

8.2.1 列车调度指挥中心的主要工作

列车调度指挥中心有关列车指挥工作主要包括如下一些：

(1)组织制定行车、电力、环控调度规程，参与运营技术管理、行车组织等规程及突发事件预案的制定，并组织实施。

(2)组织、控制有关行车人员按运行图行车；遇到列车晚点或突发事件时，应及时采取调整措施，迅速恢复列车正常运行。

(3)密切注意客流动态，并按规定负责下达和通知自动售检票系统有关单位实行相关运营方案。

(4)负责行车、设备事故及突发事件的救援抢修的调度指挥，采取有效措施防止事故扩大，尽快恢复正常运行；按事故报告程序及时做好上报和下达工作。

(5)负责编制和组织实施正线的施工、调试列车的作业计划。

(6)建立、健全生产运营、调度指挥等各项原始记录及统计分析报表，并按规定向上级主管部门上报。

(7)维护调度纪律，督察各基层单位执行行车调度员调度命令和有关规章制度的情况，发现问题应立即采取相应措施。

8.2.2 列车运行组织方式分类

列车运行组织按照组织控制主体的不同，分为遥控和站控两种方式。列车运行组织按照列车运行设备和过程，分为调度集中控制下的列车运行组织、调度监督下的列车自动运行组织和调度监督下的半自动运行组织3种方式，如图8-2所示。

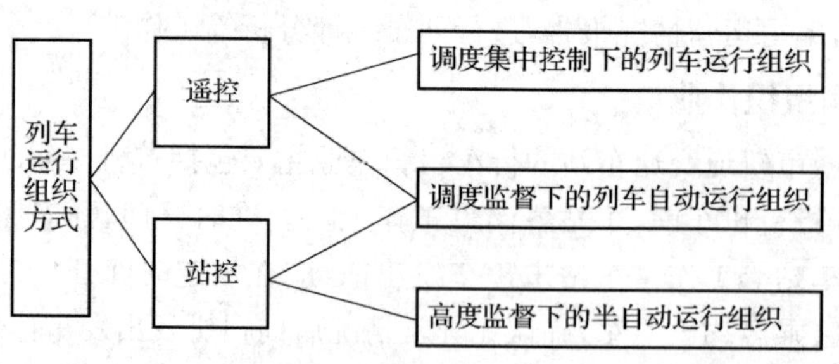

图8-2　列车运行组织方式分类

(1)调度集中控制下的列车运行组织。调度集中控制下的列车运行组织是在行车调度员的统一指挥下，采用自动闭塞技术，利用调度集中的行车设备对列车进行直接指挥运行的组织方式。此时，调度集中设备能实现以下功能：

①远程控制各车站信号机、道岔和进路安排。

②远程监督列车运行状态、信号机状态、道岔及区间占用情况等。

③可自动或人工绘制实际列车运行图。

④远程指挥组织进行列车运行调整。

(2)调度监督下的列车自动运行组织。调度监督下的列车自动运行组织，是指行车调度员能监督现场设备和列车运行状态，但不能直接进行控制列车运行的组织方式。

调度监督下的列车自动运行组织与调度集中控制下的列车运行组织两种组织方式，主要区别在于是否远程控制各车站信号机、道岔和进路安排。

正常情况下，多数城市轨道交通线路采用调度监督下的列车自动运行组织。此时，调度监督设备一般采用 ATC 系统，可以实现以下功能：

①储存多套列车运行图，按照列车运行图自动进行行车指挥。

②对正线列车实行自动跟踪，显示列车运行状态、信号机状态、道岔及区间占用情况等。

③自动或人工对列车进行运行调整。

④可以实现控制权在控制中心和车站之间的转换。

⑤具有 ATO 系统。

⑥可自动或人工绘制实际列车运行图，并进行运营数据统计。

(3)调度监督下的半自动运行组织。调度监督下的半自动运行组织是在控制中心行车调度员的统一指挥下，由车站行车人员操作车站计算机联锁或电气集中联锁设备或临时信号设备控制列车运行的组织方式。早期的城市轨道交通线路部分采用该方式组织列车运行，一些新线由于信号系统尚未安装调试完毕，在过渡期采取这种方式进行行车组织。这种组织方式可实现以下功能：

①车站行车人员利用车站信号系统具有的联锁功能，对进路排列、道岔转换、信号开放实行人工操作。

②实时反映进路占用、信号机道岔等工作状态，对列车运行进行监护。

③储存信号开放时刻、道岔动作、列车运行等运行资料并供需要时调用。

④车站根据中央指令对列车运行进行调整。

⑤计算机自动或人工绘制列车实际运行图。

8.2.3 列车运行组织的原则

列车运行组织应遵循以下原则：

(1)在 ATC 系统正常的情况下，客车以 ATO 模式驾驶，司机需在客车出库或交接班时输入乘务组号。在有 ATS 计划运行图时，客车进入正线运行时自动接收目的地及车次信息；在没有 ATS 计划运行图，且客车在正线运行时，司机或行调需要输入目的地码和车次号信息。

(2)正常情况下，正线上司机凭车载信号显示或行调命令行车，按运营时刻表和发车计时器(departure time indicator，DTI)显示时分掌握运行及停站时间。

(3)非正常情况下行车时，司机应严格掌握进出站、过岔、线路限制等特殊运行速度。

(4)客车在运行中,司机应在前端驾驶;如推进运行,则由副司机或引导员在前端驾驶室引导和监控客车运行。

(5)在车场范围内指挥列车或车场调车的信号以地面信号和调车专用电台为主,手信号旗/灯为辅。

(6)调度电话、站车无线电话用于行车工作联系,须使用标准用语。

(7)客车司机可使用客车广播系统向乘客进行信息广播。遇到信息广播发生故障时,可使用人工广播,若人工广播也不能使用,则报告行调,按行调的指示办理。

(8)当客车晚点时,行调应根据客车晚点情况及时采取措施,调整客车运行。

8.3 列车驾驶模式

对于不同的城市、不同的线路、不同的车型,车辆的驾驶模式略有区别。城市轨道交通车辆的列车驾驶模式主要有5种,即列车自动驾驶模式、列车自动折返(automatic reversal, AR)模式、受监控的人工驾驶(supervised manual, SM)模式、受限制的人工驾驶(restricted manual, RM)模式和不受限制的人工驾驶(unrestricted manual, URM)模式。

8.3.1 列车自动驾驶模式

1. 列车自动驾驶模式的基本特征

列车自动驾驶模式的基本特征如下:

(1)列车自动驾驶模式是优先级最高的驾驶模式,通过列车自动控制ATC信号系统实现。

(2)在该模式下,两站间的列车自动运行,列车的运行不取决于司机。

(3)司机负责监督ATP/ATO指示,列车状况,列车所要通过的轨道、道岔、信号的状态,必要时加以干预。

2. 列车自动驾驶模式的基本运用

该模式一般用于正线的正常运行,包括折返线和试车线。

8.3.2 列车自动折返模式

1. 列车自动折返模式的基本特征

列车自动折返模式的基本特征如下:

(1)该模式包括列车的自动换向和有折返轨的自动折返。

(2)有折返轨的自动折返又可分为人工折返和无人折返。

2. 列车自动折返模式的基本运用

该模式主要用于折返站和具有换向功能的轨道区段。

8.3.3 受监控的人工驾驶模式

1. 受监控的人工驾驶模式的基本特征

受监控的人工驾驶模式的基本特征如下：

(1)该模式是次优先级的驾驶模式，正常情况下在培训时采用，或在列车自动驾驶 ATO 设备发生故障，但车载和轨旁的列车自动防护 ATP 设备良好时必须采用。

(2)在该模式下，司机必须根据显示屏显示的推荐速度驾驶列车，当实际速度与推荐速度相差超过－1 km/h～4 km/h 时，会有报警声音；当实际速度超过推荐速度 4 km/h 时，列车自动防护 ATP 会产生紧急制动。

(3)司机要负责监督列车状况，包括所要通过的轨道、道岔、信号的状态。

(4)司机以该模式驾驶时，要按下警惕按钮，否则会产生紧急制动。

(5)司机以该模式驾驶列车进站，且停在停车窗内时，列车自动防护 ATP 给出门释放命令后，司机手动开门。

2. 受监控的人工驾驶模式的基本运用

该模式主要应用于以下状态：

(1)列车自动驾驶 ATO 发生故障时的降级运行。

(2)列车运行时，轨道上发现有障碍物(如人、杂物)。

(3)列车在下雨时的地面站行驶。

8.3.4 受限制的人工驾驶模式

1. 受限制的人工驾驶模式的基本特征

受限制的人工驾驶模式的基本特征如下：

(1)该模式是较低级的驾驶模式。

(2)在该模式下，列车由司机驾驶，司机负责监督 ATP/ATO 指示显示列车所要通过的轨道、道岔、信号的状态。

(3)速度不能大于 25 km/h，列车自动防护 ATP 只提供 25 km/h 的超速防护。

2. 受限制的人工驾驶模式的基本运用

该模式主要应用于以下状态：

(1)车辆段运行。

(2)联锁、轨道电路、列车自动防护 ATP 轨旁设备。

(3)列车紧急制动以后。

8.3.5 不受限制的人工驾驶模式

1. 不受限制的人工驾驶模式的基本特征

不受限制的人工驾驶模式的基本特征如下：

(1)该模式是故障级驾驶模式。

(2)在该模式下,列车的运行安全由司机负责,没有列车自动防护 ATP 的监控。

(3)国内部分地铁车辆采用该模式时,列车前进最高速度可达到 80 km/h,后退最高速度可达到 10 km/h。

2. 不受限制的人工驾驶模式的基本运用

该模式主要应用于以下状态:

(1)车载列车自动防护 ATP 设备发生故障,不能使用。

(2)列车部分设备检修和调试。

8.4 列车司机作业

在非全自动驾驶地铁系统中,地铁列车司机是地铁运营服务的最基本工作人员之一,面对地铁线网的发展、客流量的增大、行车密度的增大,必须更有效地规范地铁司机的作业行为。

8.4.1 出勤流程及携带物品

1. 司机出勤流程

签到、领取轮值班表、测试钥匙、阅读相关安全指引及通告,了解和抄阅有关行车命令、指示和安全注意事项,检查司机手提包、领取出车纸。签到、领取轮值班表时,认真回答运转值班员的提问、听取运转值班员传达的有关事项,向当值人员报告。其报告格式为:××组×××担当××××××任务,出库时间××××,申请出勤。经值班人员检查确认后,方可上岗,并领取有关行车用品(钥匙、时刻表、相关单据及其他行车用品)。

2. 携带物品

司机上车所带物品包括:司机手提包、钥匙、手持电台、轮值表、出车纸、列车运行状态记录单、手信号灯、手电等。出发前登车查车,按时发车。禁止携带与工作无关的物品。

8.4.2 在车站站台的作业程序

以表 8-1 为例,模拟演练司机在站台的作业过程,也可以根据其他线路的操作规程规定的程序进行。

表 8-1 自动防护人工驾驶模式下的站台作业

序号	作业内容	呼唤内容
1	使用司控器控制列车以 30～35 km/h 的速度进站	列车进站(对标停车)
2	缓慢制动,并控制列车车速在 20 km/h 时,距离码为 50 m 左右	无
3	缓慢制动,并控制列车在距离码为 10 m 时,车速为 10 km/h	无

（续表）

序号	作业内容	呼唤内容
4	实施制动，对标停车	无
5	观察列车司机操作盘（train operator display，TOD）（泊位或发车栏）显示 YES	开左门或开右门
6	按压（相应站台）侧开门按钮	无
7	站在驾驶室侧门处等待人机界面（human machine interface，HMI）显示列车门打开情况	门全开
8	开启驾驶室门，通过就地控制盘（platform screen door local control panel，PSL）确认屏蔽门打开情况	门灯亮
9	通过 CCTV 查看乘客乘降情况，完毕后按关门按钮	关左门或关右门
10	通过 PSL 确认屏蔽门关闭情况	门全关
11	确认车门与屏蔽门之间的缝隙	无异物
12	等（出站信号）开放后，关闭驾驶室侧门	无
13	观察（门全关闭指示）灯及 HMI 显示屏情况	门关好
14	观察 TOD 显示屏（发车栏）显示 YES 等情况	发车条件具备
15	确认一切正常后，驾驶列车出站	出站绿灯

8.4.3 在列车终点站的作业程序

司机在列车终点站的作业程序如下：

(1)在停车点范围内停车。

(2)车门开启后，司机走出驾驶室进行监护。

(3)确认全部乘客下车。

(4)广播播放关门通知。

(5)关门，完成终点站清客作业。

8.4.4 交接班规定

司机的交接班规定如下：

(1)接班时应按规定时间提前到站台规定位置候车。

(2)交班前值乘人员须将各种记录及交接内容准备好，向接班司机交接清楚并不得影响列车运行。

(3)确认列车到达时刻、列车编号、车次、车号。

(4)确认车辆运行情况、继续有效的行车调度命令及其他行车注意事项。

(5)交接钥匙（车门钥匙、屏蔽门就地控制盘钥匙、司机手推门钥匙等）、手持电台及其他工具备品。

8.4.5 列车故障报修和退勤

列车故障和退勤的规定如下：

(1)值乘后，司机应将列车在运行中发生的故障及处理情况如实填写在规定的单据上。

(2)列车回库后，值乘司机应及时报修，并说明列车运行情况、运行中发生的故障及其他必要的事项。

(3)掉线列车入库后，值乘司机要与试车调车司机共同确认故障。

(4)交班后司机到规定地点退勤。

(5)退勤时，将填写好的相关单据交值班人员，并将值乘中的车辆状况、运行情况等事宜汇报清楚；必要时(如发生事故、服务纠纷等)写出书面报告并服从安排。

8.4.6 司机作业标准化

为了规范司机作业程序，提高司机队伍整体素质，有的地铁公司制定了司机作业标准化的要求。下面以某地铁运营公司作业标准化为例进行说明：

司机在出乘前 8 h 内严禁食用含有酒精类的食品，出乘前必须保证休息充分(至少有 4 h 的卧床休息时间)，身体条件应符合乘务工作的需要，准时出勤作业。司机出勤和接车时间：一般在距开车前 20 min 出勤和接车，并在开车时间前 3 min 到达指定地点立岗、接车。动车司机在出勤时，应了解和抄阅有关行车命令、指示和安全注意事项，领取报单后方可上岗。司机应按规定标准化着装，携带地铁电动客车驾驶证、司机手账等，并领取钥匙、时刻表、相关单据等。禁止携带与工作无关的物品。

1. 接班作业标准化

(1)在接班时，要进行“六确认”和“一了解”，具体内容如下：

①确认列车到达时刻和运行早晚点情况。

②确认列车车号和车次。

③确认列车故障记录单和司机报单。

④确认车门钥匙、屏蔽门就地控制盘开关门钥匙、司机手推门钥匙等工具备品齐全。

⑤确认列车车辆技术状况。

⑥确认继续有效的调度命令。

⑦了解有关行车注意事项。

(2)出勤时唱诵。出勤轮乘组按规定时间到达出勤地点唱诵“××组×××担当平(节假、双休)日××轮乘日××时××分，申请出勤”。

(3)二次出勤。按接车规定时间提前 5 min 到轮乘值班室轮乘组唱诵“××组接××表××××次列车，提前 3 min 到接车位置”。

2. 交班作业标准化

在交班退勤时，应做到以下几点：

(1)交(接)班司机必须到规定地点退勤。

(2)退勤时将填写好的司机报单交乘务调控员,并将值乘中的车辆状态、运行情况、出现的问题等事宜汇报清楚;发生事故或服务纠纷时,应写出书面报告,必要时回段退勤。退勤时,到轮乘值班室唱诵"××组值乘××车××次列车运行正常,下次出勤时间××时××分"。轮乘结束退勤唱诵"××组担当××表××车,列车运行正常,轮乘结束"。然后,填表后唱诵"××组×××于××××年××月××日担当(白、夜)××时××分,××地,出勤"。

3. 正线驾驶作业姿势标准化

关于正线驾驶作业姿势及要求也有以下规定:

(1)正司机。正线驾驶时必须挺胸抬头,右手握住牵引手柄,不做呼唤应答时左手食指放于电笛按钮上;双脚平放,不得将双腿双脚交叉,不得抖动双腿。

(2)副司机。副司机在驾驶室立岗时,必须位于正司机左侧,姿势端正,双手自然下垂,不得将手放于裤兜或交叉在胸前;身体不得倚靠车内任何部位,不许东张西望,在电客车运行不稳时可用右手扶住司机台扶手;副司机也可将左脚向前跨立一小步,以保持身体平衡。

(3)司机值乘时,身上不允许背负任何包裹,手里禁止携带任何物品。司机不许接打任何与工作无关的电话,手机必须调为振动状态。在有副司机时,如有紧急情况,须让副司机接听并传达;严禁在驾驶室内闲聊、嬉笑打闹。禁止向轨行区内抛弃任何杂物。副司机应严格按照正司机的命令执行各项工作任务。

4. 呼唤应答动作标准化

左臂端平,左手握拳,食指中指并拢平伸,指尖须指向要确认的部位;同时眼看需确定的部位;口中呼唤确认内容,声音洪亮,吐字清晰。有副司机时,一般情况下正司机先呼唤,副司机后复诵;只有在确认驾驶室门是否锁好时才由副司机先呼唤,正司机复诵。常见作业呼唤标准如表8-2所示。

表8-2 常见作业呼唤标准

适用作业	呼唤时机	呼唤用语	动作标准
道岔防护信号呼唤	司机能看清信号机的显示时	(1)绿灯。 (2)黄灯,注意限速。 (3)红灯停车	手指眼看信号机,口呼信号颜色,绿灯通过/黄灯限速/红灯停车
道岔位置呼唤	列车运行到司机能清晰看出道岔位置时	(1)道岔好。 (2)停车	手指眼看道岔,口呼"道岔好",如果道岔位置不正确时,立即停车

(续表)

适用作业	呼唤时机	呼唤用语	动作标准
列车进站呼唤	(1)列车运行至最后一个进站预告标时(大约距离车站尾端墙100 m处)。 (2)列车鸣笛	进站注意!(注意的内容包括进站限速、车站轨行区是否有异物侵入限界、客流量大小和停车标位置等)	正司机端正坐姿,副司机摆正站姿,口呼"进站注意"
对标停车呼唤	列车运行至站台中部时	对标停车	手指眼看停车标,口呼"对标停车",司机注意控制速度
开门作业呼唤	列车停稳,还未打开驾驶室侧门时	开左/右门	副司机到达站台时眼看口呼"开左/右门",正司机执行开门操作,副司机直接到安全门控制箱附近立岗,听到车门开门提示铃响两声时,打开安全门
确认车门已全部打开	正司机按压开门按钮,车门已打开后	车门已开	手指眼看TMS屏上显示开门侧车门全部为黄色时口呼"车门已开"

8.5 行车指挥自动化时的列车运行组织

行车指挥自动化是利用电子计算机控制调度集中设备,指挥列车运行的一种自动远程遥控设备。在行车指挥自动化时,自动闭塞为基本闭塞法。

8.5.1 行车指挥自动化子系统的主要功能

行车指挥自动化子系统的主要功能如下:

(1)由基本列车运行图或计划列车运行图生成使用列车运行图。

(2)自动或人工控制管辖范围内各车站的发车表示器、道岔及排列列车进路。

(3)跟踪正线列车运行,显示各车站发车表示器开闭、进路占有和列车车次、列车运行状态等。

(4)自动或人工进行列车运行调整。

(5)自动绘制实际列车运行图并生成运营统计报告。

8.5.2 列车运行组织方法

在行车指挥自动化情况下,由电子计算机通过调度集中设备实现当日使用列车运行图、列车进路自动排列和列车运行自动调整，指挥列车运行。控制中心ATS通常储存数个基本列车运行图，经过加开或停运列车等修改后的基本列车运行图称为计划列车运行图。使用列车运行图是当日列车运行的计划，由基本列车运行图或计划列车运行图生成。行车调度员通过显示盘与工作站显示器，准确掌握线路上列车运行和分布情况、区间和站内线路的占用情况及发车表示器的显示状态和道岔开通位置等。行车调度员也可应用人工功能，通过工作站终端键盘输入各种控制命令，控制管辖线路上的发车表示器、道岔及排列列车进路，进行列车运行调整。

在行车指挥自动化情况下，列车占用区间的行车凭证为列车收到的速度码，凭发车表示器显示的稳定白色灯光发车，如发车表示器发生故障无显示，则凭行车调度员的命令发车。追踪运行列车间的安全间隔由列车自动防护ATP子系统自动实现。

8.5.3 控制中心ATS

控制中心ATS包括控制中心ATS设备、车站ATS设备和车载ATS设备3个部分。控制中心ATS是一个实时控制系统，由调度控制和数据传输电子计算机、工作站、显示盘和绘图仪等构成，电子计算机按双机备份配置；车站ATS由列车与地面间数据传输设备和电气集中联锁或计算机联锁设备等构成；车载ATS由列车与地面间数据传输设备等构成。

8.5.4 列车正线运行

列车正线运行时可采用以下几种驾驶模式：

(1)列车自动驾驶模式。列车出发前，在列车进路已设置完毕、车门及屏蔽门已关闭的条件下，司机可操作列车进入自动驾驶模式。车载列车自动驾驶ATO系统根据从线路上接收到的速度码，自动控制列车加速、巡航、惰行、制动，控制列车按要求停车，并自动控制车门、屏蔽门的开启。车门、屏蔽门的关闭是由司机按压关门按钮完成的。司机主要监督车载ATP/ATO设备的状态显示，并注意列车运行所经过的线路(如道岔、信号机)状况，必要时可进行人工干预，以保证行车安全。列车在站台停车时，如果超出了停车区域，则车门和屏蔽门均不能打开。

(2)列车自动防护系统监控的人工驾驶模式。在列车自动驾驶ATO设备发生故障，但车载和轨旁的列车自动防护系统ATP设备良好，列车发车前，列车进路已设置完毕、车门及屏蔽门已关闭的条件下，司机操作列车进入列车自动防护系统ATP监控的SM模式。列车由司机驾驶，运行速度受列车自动防护系统ATP的实时监督。当列车运行速度接近列车自动防护系统ATP的限制速度时，系统对司机给出声、光报警信号，提醒司机注意。如果司机未采取措施，列车的运行速度超过了限制速度，并达到了列车“紧急制动曲线”确定的速度，列车自动防护系统ATP将对列车实施紧急制动。一旦产生紧急制动，不能进行人工缓解，必须待列车停稳并经特殊操作后才能重新启动列车。到站停车时，采用人工驾驶SM模式的列车与采用列车自动驾驶ATO模式的列车停站规定相同。

(3)受限制的人工驾驶模式。司机根据信号显示等要求，操作列车进入受限制的人工驾驶模式，若列车运行速度超过列车自动防护系统ATP的限制速度，则产生紧急制动。

在此模式下运行时，司机对列车的运行安全负责。此运营模式主要作为联锁设备故障情况的降级运行模式及列车在车辆段内的运行模式。

(4)不受限制的人工驾驶模式。在此模式下，列车自动防护系统ATP将不起任何作用，列车运行的安全完全由调度员、车站值班员和司机人为保证。司机必须使用特殊的钥匙开关才能进入该模式。

8.5.5 列车出入段

车辆段内的列车驾驶模式采用受限制的人工驾驶模式。在所有设备运行正常的情况下，列车按照设计的模式运行。因车辆段没有安装轨旁列车自动防护系统ATP设备，且联锁设备为6502电气集中联锁或计算机联锁，与列车自动防护系统ATP设备没有接口关系，列车在车辆段范围内只能用RM模式运行，车载列车自动防护系统ATP提供25 km/h的超速防护。

列车出入段的程序如下：

(1)列车整备完毕、列车状态符合正线服务后，报告车场信号值班员列车整备完毕。

(2)确认出厂信号开放，按该列车出车场时刻以RM模式驾驶列车出库，整列离开库门前限速5 km/h。在库门前、平交道口应一度停车，确认线路状况良好后动车。

(3)列车运行到转换轨一度停车，待显示屏收到速度码，ATO灯亮后，司机确认进入进路防护信号开放，以ATO/SM模式运行至车站。

8.5.6 列车运行调整

1. 自动列车运行调整

在执行自动列车运行调整功能时，列车自动监控系统ATS根据使用列车运行图对早、晚点时间在一定范围内的图定列车自动进行列车运行调整。

自动列车运行调整通过控制列车的停站时间和列车的运行等级来实现。列车运行等级的自动降低或升高可实现对列车运行速度的自动控制。列车运行等级的设置如下：

(1)运行等级1。列车自动监控系统ATS限速等于列车自动防护系统ATP限速，列车在列车自动监控系统ATS限速±2 km/h范围内调速。

(2)运行等级2。列车自动监控系统ATS限速等于列车自动防护系统ATP限速，但经过惰行标志线圈后，在列车速度高于30 km/h时，惰行进站停车；在列车速度低于30 km/h时，提速至30 km/h运行。

(3)运行等级3。除列车自动防护系统ATP限速为20 km/h和30 km/h外，列车自动监控系统ATS限速等于75%的列车自动防护系统ATP限速。例如，列车自动防护系统ATP限速为65 km/h，列车自动监控系统ATS限速为48 km/h。

(4)运行等级4。列车自动监控系统ATS限速等于65%的列车自动防护系统ATS限速。

2. 人工列车运行调整

凡列车早点早于太早、晚点晚于太晚或列车运行秩序较紊乱时，控制中心ATS可执行人工功能，由行车调度员进行人工列车运行调整。

在列车早点早于太早或晚点晚于太晚时，可在不退出自动功能的情况下执行人工功能进行列车运行调整，此时人工功能优先于自动功能。但执行人工功能时设定的列车停站时间和列车运行等级仅对经过指定车站的指定列车一次有效。当指定列车经过指定车站后，系统将自动恢复对经过该站的后续列车进行自动列车运行调整。

在列车运行秩序较紊乱时，应退出自动功能，进行人工列车运行调整，待列车运行基本恢复正常后，再进入列车运行调整的自动功能。人工列车运行调整的主要方法如下：

(1)列车跳站停车。列车跳站停车分为列车载客跳站停车和列车空驶跳站停车两种。对列车载客跳站停车应严格掌握，客流较大的车站原则上不应组织列车跳停通过，仅在由于列车或其他设备发生故障、出现事故、车站因乘客滞留造成拥挤等原因引起列车运行秩序紊乱，以及特殊需要时，方准列车载客跳站停车通过。安排列车跳站停车时，应考虑跳站乘客是否有返回乘坐的列车，末班列车不办理列车载客跳站通过。为了缓解客流压力或因列车晚点影响后续列车运行时，准许始发列车空驶跳停，但不宜连续两个空驶列车跳站停车。组织列车跳站停车时，行车调度员要加强预见性和计划性，提前下达命令。司机和车站有关人员应对乘客做好宣传解释工作。车站应维持秩序，组织好乘客乘降，保证乘客安全。

列车跳站停车的设置可由行车调度员在工作站上进行，也可由行车调度员命令司机在当次列车上进行，前者称为中央设置，后者称为列车设置。

中央设置对允许跳停车站有所限制，并且不能设置同一列列车在两个车站连续跳停。列车设置对允许跳停车站没有限制，并且具有连续设置跳停功能。

在行车组织上，为保证一定的服务水平和行车安全做以下规定：

①一般情况下，不采取列车跳站停车措施。

②图定首、末班客运列车不办理列车跳站停车。

③同一车站不允许连续两列车跳停通过。

④除特殊情形外，客流较大的车站不准列车跳停通过。

(2)扣车(详见7.3.3小节)。行车调度员实施扣车应在列车到达指令站台停稳，并在发车表示器闪光前完成。如多列车分别在各站进行扣车，行车调度员应及时命令司机在指定车站扣车。实施扣车后，如要终止列车停站，行车调度员应进行催发车。

(3)设置列车运行等级。除系统自动调整列车运行等级外，行车调度员还可人工设置列车运行等级，即由初始设定的运行等级2改设为其他运行等级。列车运行等级的设置可由行车调度员在工作站上进行，也可由行车调度员命令司机在当次列车上进行。行车调度员设置只对指定列车一次有效。

8.6 调度集中控制下的行车组织

调度集中是指挥列车运行的一种远程遥控设备。在调度集中时，自动闭塞为基本闭塞法。

8.6.1 调度集中控制的类型与主要功能

1. 调度集中控制的类型

调度集中控制分为调度集中和行车指挥自动化时两种情况。

(1)调度集中情况下,由行车调度员通过进路控制终端控制管辖线路上的信号机、道岔,直接排列列车进路,办理列车接发作业。

(2)在行车指挥自动化情况下,控制中心 ATS 能根据当前使用列车运行图及列车运行实际情况,自动办理与实时控制车站上的列车接发作业,即自动完成与接发列车有关的列车进路排列和发车表示器显示控制。

因此,在上述两种情况下,车站的接发列车作业实际上由行车调度员集中办理或控制中心 ATS 自动完成,车站行车值班员通过行车控制台监视列车进路排列、信号显示和列车到发、通过情况及列车运行状态是否正常等。

2. 调度集中控制的主要功能

调度集中控制的主要功能如下:

(1)控制管辖范围内各车站的信号机、道岔及排列列车进路。

(2)显示各车站信号机开闭、进路占用和列车车次、列车运行状态等。

(3)自动绘制列车实际运行图。

8.6.2 调度集中控制下的列车运行组织方法

在调度集中控制下,由行车调度员人工排列列车进路,指挥列车运行及运行列车调整。行车调度员通过进路控制终端键盘输入各种控制命令,控制管辖线路上的信号机、道岔及排列列车进路;通过显示盘与显示器,准确掌握线路上列车运行和分布情况、区间和站内线路的占用情况及信号机的显示状态和道岔开通位置等。

在调度集中控制下,列车进入区间的行车凭证为出站信号机的绿灯显示。如出站信号机故障,凭行车调度员的命令发车。追踪运行列车间的安全间隔由自动闭塞设备实现。

8.6.3 调度集中控制下的列车运行调整

为了实现按图行车,行车调度员要努力阻止列车正点运行,而组织列车正点始发又是列车正点运行的基础。对始发列车,行车调度员应在列车出段、列车折返交路和客流情况等各方面进行具体掌握和组织,以确保正点始发。

在始发站列车正点始发的情况下,由于图中运缓、作业延误或设备发生故障等原因,难免出现列车运行晚点的情况。因此,行车调度员应根据列车运行的实际情况,按恢复正点和行车安全兼顾的原则,根据列车登记规定进行调整,尽可能地在最短时间内使晚点列车恢复正点运行。

对同一等级的客运列车,可根据列车的接续车次和载客人数等情况进行运行调整。列车运行调整的主要方法如下:

(1)始发站提前或推迟发出列车。

(2)根据车辆的技术状况、司机驾驶水平和线路允许速度,组织列车加速运行、恢复正点。

(3)组织车站快速作业,压缩列车停站时间。

(4)组织列车跳站停车。

(5)变更列车进行交路,组织列车在具备条件的中间站折返。

(6)组织列车反方向运行。在双线线路上,如果一个方向上的列车密度较大,而另一个方向上的列车密度较小,为了恢复正点运行,可利用有道岔车站的渡线将列车转到列车密度较小的线路上反方向运行。

(7)扣车。

(8)调整列车运行时间间隔。当换乘站由于客流骤增造成作业困难时,行车调度员可根据列车的运行情况,适当调整列车运行时间间隔,尽量避免各线列车同时到达换乘站。

(9)在环行线情况下,当一条线路运行秩序紊乱时,要尽力维持另一条线路列车的正常运行,并通知各站组织乘客乘坐畅通线路方向的列车。

(10)停运列车。

行车调度员对列车运行调整方法的选择,取决于列车运行的具体情况。而在实际工作中,往往又可以结合几种列车运行调整方法加以运用。

8.7 调度监督下半自动控制的行车组织

城市轨道交通系统由于装备了列车自动控制 ATC 系统,ATC 系统的 ATS 子系统能根据列车运行图自动排列进路、开放信号。当中央 ATS 系统发生故障时,可通过 LOW 办理接发列车作业。

8.7.1 调度监督时的接发列车作业

在调度监督情况下,由于行车调度员只能监督现场设备和列车运行状态,不能直接控制现场列车运行,因此下放调控权,由车站行车值班员运用车站信号、联锁和闭塞设备办理接发列车作业。

车站行车值班员办理接发列车作业时必须按规定的程序和要求进行。车站接发列车作业的内容与程序如下:

(1)准备进路。有道岔车站的列车接发车进路可根据行车调度员下达的列车运行计划预先办理。

(2)办理闭塞。发车站行车值班员用车站集中电话向接车站请求闭塞;接车站行车值班员接到请求闭塞电话后,确认前次列车已经到达前方站,接车区间空闲、接车进路畅通、有关道岔位置正确和影响接车进路的调车作业已经停止后,按同意接车按钮。此时,接车站接车表示灯由黄灯显示变为灭灯。

(3)开放信号。发车站行车值班员再次确认发车进路正确无误后,按压发车信号按钮。

此时，发车站出站信号机为绿灯显示；发车表示灯变为红灯显示，接车站接车表示灯变为红灯显示及闭塞电铃鸣响。

(4)列车出发。列车出发后，发车站行车值班员操作发车信号按钮，向接车站行车值班员和行车调度员报点，填写行车日志；接车站行车值班员接到报点后填写行车日志。此时，发车站出站信号机变为红灯显示。

(5)列车到达。列车到达后，接车站行车值班员向发车站行车值班员和行车调度员报点，填写行车日志，发车站行车值班员接到报点后填写行车日志。此时，接车站列车到达表示灯为红灯显示及闭塞电铃鸣响，接车站接车表示灯为红黄灯显示，发车站发车表示灯为黄灯显示。

(6)取消闭塞。当发车站请求闭塞、接车站同意接车和发车站尚未开放出站信号时，如因故需要取消闭塞，由发车站行车值班员用车站集中电话向接车站行车值班员请求取消闭塞，接车站行车值班员接到请求取消闭塞电话后，破封登记，按压故障按钮。此时，发车站发车表示灯为黄灯显示，接车站接车表示灯为红黄灯显示。

(7)接送列车。列车在车站到发或通过时，站台站务员应按规章要求站在规定地点接送列车，密切注意列车运行状态及乘客乘降情况，发现有危及行车安全和乘客安全的情况时应立即采取有效措施妥善处理。

8.7.2 改用电话闭塞法时的接发列车作业

改用电话闭塞法或恢复基本闭塞法行车，必须要有行车调度员命令。当停止使用基本闭塞法、改用电话闭塞法行车时，调控权下放，实行车站控制，即由车站行车值班员办理接发列车作业，由于电话闭塞法行车室无设备控制，为了防止因疏忽而占用区间发车，造成同向列车追尾，要求车站行车值班员在进行接发列车作业时，严格按照规定的作业程序和要求进行，以确保接发列车作业安全和能按调整后的列车运行计划不间断地接发列车。

根据是在集中站间办理电话闭塞还是在相邻站间办理电话闭塞，电话闭塞法接发列车作业程序与办法有所不同。

1. 集中站间电话闭塞法行车时的接发列车作业程序与办法

(1)办理闭塞。电话闭塞在集中站间办理。由发车站向接车站请求闭塞，接车站在确认接车区间空闲、接车线路空闲、接车进路准备妥当后，向发车站发出承认某次列车闭塞的电话记录号码。

(2)发出列车。发车站接到接车站承认闭塞的电话记录号码后，填写行车凭证路票并交与司机，向列车显示发车手信号。列车出发后，发车站向接车站通报列车车次、出发时分，并向行车调度员报点、填写行车日志。

(3)闭塞解除。列车整列到达并发出或进入折返线，以及列车进路准备妥当后，接车站可向发车站发出列车到达信号，闭塞解除电话记录号码，并向行车调度员报点，填写行车日志。

(4)取消闭塞。闭塞办妥后，因故不能接车或发车时，立即发出停车手信号进行防护，由提出一方发出电话记录号码作为取消的依据。列车由区间退回发车站时，由发车站发出电

话记录号码作为闭塞取消的依据。取消闭塞后应及时向行车调度员报告。

2. 相邻站间电话闭塞法行车时的接发列车作业程序与办法

(1)办理闭塞。电话闭塞在相邻站间办理。由发车站向接车站请求闭塞,接车站在确认接车区间、接车线路空闲、接车进路准备妥当后,向发车站承认某次列车闭塞。接车站向发车站承认闭塞,对最初列车、反方向运行列车,以及在车辆段与相邻站间运行列车发出承认闭塞的电话记录号码;对其余列车则可用电话闭塞解除法来承认闭塞。

电话闭塞解除法,是指接车站在前次列车已经由本站发出或进入折返线,接车进路已经准备妥当后,用车站集中电话通知发车站前次列车闭塞解除,作为对后次列车闭塞的承认。

(2)发出列车。发车站接到接车站承认闭塞的电话记录号码或电话通知后,列车凭出站信号机的绿灯显示发车。如出站信号机发生故障,以绿色许可证作为列车占用区间的行车凭证,向列车显示手信号发车。应在确认接车站承认闭塞和发车进路正确无误后开放出站信号。

列车出发后,发车站关闭出站信号机,向接车站行车值班员和行车调度员报点,填写行车日志。

(3)闭塞解除。列车到达或进入折返线,以及接车进路准备妥当后,接车站通知发车站前次列车闭塞解除,并向行车调度员报点,填写行车日志。

(4)取消闭塞。闭塞办妥后,因故不能接车或发车时,立即发出停车手信号进行防护,由提出一方发出电话记录号码,作为闭塞取消的依据;如列车已经出发,但接车站因故无法接车,应派专人到进站方向站界附近,向驶近列车显示停车信号。列车由区间退回发车站时,由发车站发出电话记录号码,作为闭塞取消的依据。取消闭塞应及时向行车调度员报告。

(5)行车凭证。电话闭塞法行车时,如果是反方向运行,列车占用区间的行车凭证是路票;在出站信号机发生故障时,列车占用区间的行车凭证是绿色许可证,凭助理行车值班员的手信号发车。

行车凭证由车站行车值班员负责填发,助理行车值班员负责与司机办理交接。

行车凭证在取得接车站承认闭塞,并确认闭塞区间空闲后方可填发。行车凭证填写,要求内容完整,字迹清楚,出现填写错误时,应重新填写。行车凭证在车站行车值班员确认无误并签名后,方可递交司机。

8.7.3 改用时间间隔法时的接发列车作业

当车站的一切电话中断时,为维持列车运行,双线区间可改用时间间隔法行车。此时,车站行车值班员具体组织和直接办理接发列车作业。由于与行车调度员和邻站行车值班员均无法联系,为了安全、不间断地接发列车,须按照特定的行车组织办法进行列车接发作业。

(1)将出站信号机或发车表示器置于停车信号显示,将中间站道岔一律置于正线列车运行位置。

(2)停止办理一切妨碍正线列车运行的调车作业。

(3)列车进入区间的行车凭证是红色许可证,凭助理行车值班员手信号发车。

(4)列车发车间隔和列车运行速度应符合有关规定。

(5)通信设备恢复正常后,立刻向行车调度员报告列车运行情况,并根据调度命令恢复原行车闭塞法。

8.7.4 站间电话联系法组织行车

目前,国内部分城市轨道交通系统为了提高正线通过能力,规定当正线信号联锁发生故障时,采用站间电话联系法组织行车,只有车辆段和与其相邻的车站间的信号联锁发生故障时,方可采用电话闭塞法组织行车。

采用站间电话联系法组织行车时,行车调度员应及时向有关车站及司机发布命令"从×时×分起,在××站至××站间采用站间电话联系法组织行车";行车调度员亲自或通过车站通知司机口头调度命令的内容。车站及行车调度员共同确认第一趟发出的列车运行前方的车站和区间空闲,列车的行车凭证为行车调度员的口头命令,不需要交给司机书面凭证,在确认发车进路准备妥当,并得到前方接车站同意接车的电话记录后,向司机显示发车信号,列车即可启动。列车采用 RM 驾驶模式运行,每一站间区间及前方站内线路只允许一趟列车占用。

学习评价

学习完本模块后,请根据自己的学习所得,结合表 8-3 所列内容进行打分评价。

表 8-3 模块 8 学习评价表

评价内容	评价方式			评价等级
	自　评	小组评议	教师评议	
课前预习本模块相关知识、相关资料				A. 充分 B. 一般 C. 不足
熟悉行车组织指挥体系				A. 充分 B. 一般 C. 不足
了解列车调度指挥中心的主要工作,熟悉列车运行组织方式的分类				A. 充分 B. 一般 C. 不足
熟悉不同的列车驾驶模式				A. 充分 B. 一般 C. 不足
掌握列车司机作业流程				A. 充分 B. 一般 C. 不足

（续表）

评价内容	评价方式			评价等级
	自　评	小组评议	教师评议	
熟悉行车指挥自动化子系统的主要功能				A. 充分 B. 一般 C. 不足
掌握调度集中控制下的行车组织				A. 充分 B. 一般 C. 不足
掌握调度监督下半自动控制的行车组织				A. 充分 B. 一般 C. 不足
参加教学中的讨论和练习，并积极完成相关任务				A. 充分 B. 一般 C. 不足
善于与同学合作				A. 充分 B. 一般 C. 不足
学习态度，完成作业情况				A. 充分 B. 一般 C. 不足
总评				

思考与练习

(1)简述列车调度指挥中心的主要工作。

(2)简述列车运行组织方式分类。

(3)什么是列车自动驾驶模式?

(4)简述列车司机出勤流程。

(5)简述行车指挥自动化子系统的主要功能。

(6)简述调度集中控制的类型与主要功能。

(7)简述调度监督时的接发列车作业流程。

模块 9 非正常情况下的行车组织

学习目标

(1)熟悉 ATC 系统发生故障时的行车组织。
(2)掌握信号联锁设备发生故障时的列车运行组织。
(3)熟悉特殊情况下的行车组织。

学习重点

(1)ATC 系统发生故障时的行车组织。
(2)信号联锁设备发生故障时的列车运行组织。

9.1 ATC 系统发生故障时的行车组织

当城市轨道交通运营期间设备故障影响到正线行车组织时,一般由相关设备维修部门对故障进行先期处理,确保维持运行。如果短时间内不能处理完毕,则需要采取其他方式保证列车的运行,维持一定水平的客运服务。当非运营期间设备发生故障时,需要立即组织维修人员进行抢修,以保证不影响正常的运营服务。

ATC 系统,即列车运行自动控制系统,主要包括列车自动监控系统、列车自动防护系统和列车自动驾驶系统,其中任何一个子系统发生故障时,都将影响地铁的正常运营,因此需要及时处理。

9.1.1 ATS 系统发生故障时的行车组织

ATS 系统的主要功能是控制和监督列车运行。ATS 系统按列车运行图指挥列车运行,办理列车进路,控制列车发车时刻,及时收集和记录列车运行信息,跟踪列车位置、车次,绘制列车运行图,并在控制中心的模拟盘上显示列车信息及线路情况。

当ATS系统发生故障时,ATS系统功能将不能实现,需要行车调度中心人工控制所管辖线路上的信号机和道岔办理列车进路,组织和指挥列车运行。如果中央ATS系统发生无显示等故障,则行车调度中心应与联锁站办理监控权切换,实现站控。

联锁站值班员首先应确认联锁工作站上ATS的远程终端控制单元(remote terminal unit ,RTU)降级模式是否激活,当"RTU降级模式"被激活时,联锁站不用操作,列车可自动排列进路并自动取消运营停车点。当"RTU降级模式"未被激活,行车调度中心没有特殊指示时,车站必须在工作站上按正常情况下人工排列进路并人工取消运营停车点。

ATS系统发生故障时,将影响列车位置、车次等列车运行信息的记录,进一步影响列车运行图的自动绘制。故ATS设备发生故障时,司机应人工输入车次号,换向运行时,输入新的车次。各规定报点站向行车调度中心报告各次列车的到开点,行车调度中心以报点站为单位人工铺画客车运行图。

如果车站在工作站上不能取消运营停车点,应立即报告行车调度中心,由行车调度中心转告司机,用RM模式驾驶列车出站,直至转换为ATO模式;当车站取消运营停车点而客车目标速度仍为零,且超过规定的时间时,车站值班员应报告行调,由行调指示司机开车,当ATO驾驶恢复正常时,应向行车调度中心报告。

9.1.2 ATP系统发生故障时的行车组织

ATP系统是确保列车安全的关键设备,由轨旁地面设备和车载设备组成。列车通过地面ATP设备接收在该区段运行的目标速度,保证列车在不超过此目标速度的情况下运行,从而保证后续列车与先行列车之间的安全距离。对于联锁车站,ATP系统确保只有一条进路有效。ATP系统同时还监督列车车门和车站站台屏蔽门的开启与关闭,保证操作安全。

1. ATP地面设备发生故障

当ATP地面设备发生故障时,ATO车载设备接收不到限速命令,无法按自动闭塞法行车。此时,如果是小范围的设备发生故障,可由行车调度人员确认故障区间空闲后,命令司机在故障区间以RM模式限速运行,如果经过规定数量的轨道电路还未恢复ATO模式时,以RM模式驾驶至前方车站或终点站。如果是大范围的设备故障,须停止使用自动闭塞法,改为车站控制,按电话闭塞法组织行车。

2. ATP车载设备发生故障

ATP车载设备发生故障时,因故障列车无法接收ATP限速命令,故此时主要是解决列车的驾驶模式问题。一般ATP车载设备发生故障,司机根据行车调度命令人工驾驶限速运行,即以URM(有限速规定)模式驾驶列车至前方站;列车到达前方站(或在车站发生故障)仍不能修复时,由车站派行车人员上驾驶室添乘,沿途协助司机瞭望、监控速度表,超速时,立即按压紧急停车按钮。司机以URM模式按规定的限速要求继续驾驶列车至前方终点站退出服务。此时,行车调度人员应随时注意ATP车载设备发生故障的列车运行情况,严格控制速度以确保列车与列车之间的最小间隔在一个区间及以上。

列车在运行中因道岔显示发生故障造成紧急停车(停在岔区)时,车站应报行车调度人员,由其通知信号检修人员,车站人员到现场将道岔锁定后,司机根据行车调度人员命令限速离开岔区。

如果客车在站台发车前收不到 ATP 速度码,司机应报行车调度人员,在得到行车调度人员同意后方可使用 RM 模式动车。

9.1.3 ATO 系统发生故障时的行车组织

ATO 系统的主要功能是站间运行控制,使列车实现按时刻表的时间和最大可能的节能原则自动调整实际运行时分和在站内的停留时间、在车站的定位停车控制、车门控制及站台屏蔽门的开启等。

当 ATO 系统发生故障时,列车自动运行功能不能实现,此时列车改为 SM 人工驾驶,在 ATP 车载设备的监护下,按车内速度信号显示运行。

ATO 系统一旦发生故障,列车将无法按照 ATO 自动驾驶模式行车,但在 ATS 系统可根据当时赋予的用户身份(identification,ID 或 DID)办理相应的进路。故障现象通常表现为电客车驾驶室内特征显示单元(aspect display unit,ADU)面板上 ATO 报警灯点亮,TMS 中有相应的报警信息。ATO 发生故障时的处理程序如下:

(1)行车调度员接到司机车载 ATO 相关的报警信息,认真记录。

(2)行车调度员确认 ATS 控制终端显示及设备正常。

(3)行车调度员将故障情况通知转运室值班人员及停车场控制中心(depot control center,DCC),并要求跟车维修人员及时上车抢修。

(4)行车调度员须保持自动进路功能与中央控制。

(5)行车调度员通知本次列车司机将驾驶模式转换为“ATP 监督下的人工驾驶模式”继续运行。在站台的发车凭证仍参照“倒计时发车表示器”执行,如因列车车载 ATO 故障延误造成晚点,行车调度员可要求该次列车在站台乘降完毕、车门关好的情况下发车,并在区间根据情况加速运行。

(6)车载 ATO 故障恢复后,行车调度员采取相应措施恢复系统原时刻表控制功能。

9.2 信号联锁设备发生故障时的列车运行组织

当信号联锁设备发生故障时,根据故障发生的地点,可分别采用不同的行车组织方法。

9.2.1 采用电话闭塞法组织行车

一般情况下,城市轨道交通信号联锁设备发生故障时,应采用电话闭塞法组织行车。

电话闭塞法是在没有机械、电气设备控制的条件下,仅凭电话联系来保证列车空间间隔的行车闭塞法,其安全程度较低。

改用电话闭塞法行车时的作业办法与要求如下:

(1)基本行车闭塞法的变更或恢复。为保证同一区间在同一时间不会采用两种闭塞法，在停止使用基本闭塞法改按电话闭塞法或恢复基本闭塞法时均应有调度命令。行车调度员应及时调整列车运行计划，车站值班员根据行车调度员的命令办理闭塞、准备进路、开闭信号(或交接凭证)和接发列车。采用电话闭塞法行车时，一个闭塞区段内只允许一列列车占用。列车占用闭塞区间的行车凭证为路票。

(2)办理闭塞。首先使用电话闭塞行车的发车站行车值班员在发车前，必须得到接车站行车值班员以电话记录号码承认的闭塞，其余列车则实行电话闭塞解除法。

接车站报告发车站前次列车闭塞解除的条件：接车站接到发车站发车通知，该出发列车到达本站，并且已由本站发出或已进入折返线，下一列列车的接车进路已准备妥当。接车站解除前次列车闭塞即表示接车站承认后一次列车闭塞。

(3)准备进路。接车站在准备好接车进路后，同意发车站的闭塞请求，发车站准备发车进路。当道岔在控制终端上表示正常时，把道岔单独操作到正确位置并使用单独锁定，当道岔在控制终端上无表示或表示不正常时，须人工将进路上的有关道岔开通于正确位置，使用钩锁器钩锁，并实行现场两人确定制。

国内部分城市轨道交通系统总结出了手摇道岔的标准作业程序，即“手摇道岔六步曲”。

①一看：看道岔开通位置是否正确，是否需要改变位置。

②二开：开盖孔板及钩锁器，拆下钩锁器。

③三摇：摇道岔转向到所需的位置，在听到“咔嚓”的落槽声后停止。

④四确认：手指尖轨，口呼“尖轨密贴开通×位”，并和另一人共同确认。

⑤五加锁：另一人在确认道岔位置开通正确后，用钩锁器锁定道岔尖轨。

⑥六汇报：向车站行车控制室汇报道岔开通位置正确。

(4)接发列车。发车站接到接车站的车站闭塞承认号后，填发路票并交付司机，司机确认路票正确后凭车站发车指示信号开车，列车凭路票占用闭塞区段。

(5)路票的填写规定。路票是列车占用区间的行车凭证，填写路票是采用电话闭塞法办理行车作业的重要环节。错填、漏填路票都容易导致行车事故，因此车站值班员在办理电话闭塞法组织行车时，对填写路票这一环节应高度重视。

路票须在确认闭塞区间空闲，取得接车站承认闭塞，且发车进路准备妥当后，方可填发。路票应由车站行车值班员(或值班站长)亲自填写。填写路票时要求内容齐全，字迹清楚，不得涂改。出现填写错误时，应画“×”注销，重新填写。车站值班员对于填写完毕的路票，应与电话记录进行核对，确认无误并签名后，方可交给司机。

(6)正确填记行车日志。在改用电话闭塞法行车时，行车日志内应正确填记列车的车次、承认闭塞的电话记录号码、列车到达时间、出发时间及闭塞解除时间。

(7)电话记录号码。电话记录号码是采用电话闭塞法行车时，区间两端站正确办理行车闭塞事项的记录。车站在发出电话记录的同时还要编以号码，以明确办理的事项和责任。承认闭塞、列车到达、取消闭塞等行车事项均应发出电话记录。

9.2.2 采用调车方式组织行车

部分城市轨道交通系统规定当换乘站信号联锁设备发生故障时，联络线的行车组织应采用调车方式。

当换乘站信号联锁发生故障,影响到进出联络线进路的正常办理,行车调度人员发布同意调车的书面调度命令,授权该换乘站按调车方式现场办理列车进出联络线,需人工现场准备进路时,由站务人员在确认进路准备后,向司机显示道岔开通信号,司机凭道岔开通信号或地面信号显示动车。当进路在联锁工作站上排列好,但不能开放信号时,由车站使用车站无线电通知司机动车。

9.3 特殊情况下的行车组织

9.3.1 应急扣车时的行车组织

当出现紧急情况采取应急扣车措施时,应合理、有效地利用扣停的调度手段,根据不同的扣车方式采取对应措施,避免列车进入故障或运营影响区段。

1. 扣车的方式

(1)通过 ATS 命令扣车。当行车调度员需要扣停列车时,需要在控制中心调度终端人机界面 MMI 上进行操作,并通知司机和车站。通过调度终端操作扣车的前提条件:一是列车必须以 SM、ATO 或 AR 模式驾驶,二是列车未进入站台或在站台停稳时,运营停车点未取消。扣车的有效区段是站台区段。

(2)车站人员应急扣车。当车站遇紧急情况需要立即将进站或出站列车扣停时,车站人员(站务员或行车值班员)可按下车控室或站台的紧急停车按钮,使站台方位内的列车紧急停下,当情况紧急不具备第一时间按下按钮的条件时,也可向司机猛烈摇动红色信号旗(灯)或高举双手并左右交叉、急剧摇动,以此作为紧急停车的手信号,指示司机将列车停下。

2. 扣车后应采取的措施

(1)扣车后,应及时通报相关人员,通过广播等方式通知乘客扣车原因及预警扣停恢复时间,如为车站扣停列车应及时向行车调度员汇报情况。

(2)扣车后的放行原则是“谁扣谁放”,只有在 ATS 发生故障时,对原 MMI 扣停的列车,经行车调度员授权后由相关车站放行。

(3)取消扣车作业时,行车调度员或车站值班员确认列车已经停稳后方可操作。放行的具体操作方法是:首先在现场控制盘(local control panel,LCP)上按压“取消扣车”按钮,之后 LCP 上相应的扣车指示灯灭,再按压相应的“扣车”按钮一次(复位),最后按压相应的“取消扣车”按钮一次(复位),同时在 LOW 上对应的 B 类报警的第三栏有“扣车恢复”的提示信息。

9.3.2 列车反方向运行时的行车组织

列车反方向运行时的行车组织作业过程如下:

(1)在没有列车自动防护系统ATP保护的情况下,除降级运营时,组织单线双方向运行或开行救援列车外,载客列车原则上不能反方向运行。

(2)在列车自动防护系统ATP正常使用情况下:

①列车反向运行时,在各站不能通过、不能自动停车、没有跳停功能,停站时刻由司机掌握。

②列车须反向运行时,在人机界面MMI(计算机联锁区域操作员工作站LOW)上排列进路,列车根据列车自动防护系统ATP的允许速度以列车自动驾驶系统ATO或受监控的人工驾驶SM模式运行。

(3)当列车自动防护系统ATP轨旁设备发生故障时,行车调度员通知司机以受限制的人工驾驶RM模式运行。

(4)工程车需在明确行车计划和进路已安排好的情况下,方可反方向运行。

9.3.3 列车退行时的行车组织

列车退行是指列车在区间因自然灾害、线路故障、迫停等原因不能继续向前运行而退回原发车站,列车部分或全部车厢越过站台须退回站台内办理乘降作业。

1. 列车退行的基本规定

(1)当列车需要在两站之间进行退行作业时,应参照列车反方向运行作业办理。

(2)当列车在区间因前方车站或列车发生火灾、自然灾害、线路故障、迫停等原因无法继续前进,须退行作业时,行车调度员应在确保退行列车运行进路空闲的前提下,安排列车退行至指定地点。

(3)当列车在站台停车,列车部分或全部车厢越出站台,须退回办理乘降作业时,行车调度员应在组织做好站台人流秩序控制的情况下指挥列车退行。

2. 列车退行的具体程序

(1)报告通知。当列车的一部分冒进车站发车显示器时,司机应使用无线电话向行车值班员报告,按车站行车值班员的调车手信号将列车退回到规定的停车位置。

列车整列冒进车站发车显示器时,司机应使用无线电话向行车值班员申请退行,按车站行车值班员的引导手信号退回到规定停车位置。

列车因故障等特殊原因在站间停车必须退行时,司机应使用无线电话及时报告行车调度员,在得到行车调度员的命令后方可退行。行车调度员应及时通知有关车站。

(2)车站防护。列车退行进入车站时,车站接车人员应在进站站台端处显示引导信号,列车在进站站台端外必须一度停车,确认引导信号正确后方可进站,后端推进退回车站难以确认时,车站应做好站台防护工作。

(3)清客或运行。退行列车到达车站后,司机应及时向行车调度员报告,同时根据行车调度员的命令处理。行车调度员根据情况可做出继续运行或清客停运的处置。

因前方车站或列车发生火灾、自然灾害、线路故障、迫停等原因,退行列车到达车站后,待故障或事故处理完毕后方可恢复正常运行。

列车部分或全部车厢越过站台需退回站台，具备发车条件后继续运行。

9.3.4 列车推进运行时的行车组织

当开展列车救援、调车作业等工作时，经常需要采取列车推进运行。列车推进是指在列车尾部驾驶室操纵列车运行或救援列车在前端驾驶室推送被救援客车运行。列车推进运行应严格按照下列规定进行：

(1)列车推进运行，必须得到列车调度员的调度命令，应有引导员在列车头部进行引导。

(2)因天气影响，难以辨认信号时，禁止列车推进运行。

(3)在3‰及以上的下坡道推进运行时，禁止在该坡道上停车作业，并注意列车的运行安全。

9.3.5 恶劣天气时的行车组织

恶劣天气通常是指发生大雾、暴风、雨、雪、极端高/低温等天气变化。这样的天气条件会对城市轨道交通运营设备的稳定性及行车人员作业造成一定影响，可能会给运营组织带来安全隐患。

(1)在恶劣天气条件下的行车组织，应以确保行车安全为原则，采取降低运行速度、严格控制一个站间区间只准同方向一列列车占用的办法组织行车。

(2)当恶劣气候影响运营时，车站(高架及地面)应做到以下两点：

①各岗位要按照分工，加强对各自负责区域的检查和巡视，发现危及运营安全的情况时，立即向控制中心行车调度员、维修调度员汇报。

②车站值班站长要立即赶往现场了解情况，并及时组织人员、物资，进行先期处理。

(3)当恶劣气候影响司机瞭望或危及运营安全时，司机立即向行车调度员汇报。在特殊地段(如出入基地、进站、区间弯道等)操纵列车，应采取减速运行、加强瞭望等安全措施，确保列车正常运营。

(4)控制中心根据气象预报的预警信息，立即向运营公司领导和有关部门、中心通报，当大雾、暴风、雨、雪、严寒等恶劣天气来临时，须提供不同等级的预警、预报。

(5)控制中心根据各类天气的影响程度和相应级别向运营公司领导报告，经同意后，指挥机构和现场处置机构自然成立。

(6)控制中心应对现场恶劣气候条件下的防范措施进行检查、指导，及时向车站发布运营信息。

(7)控制中心执行指挥机构指令，对不具备安全运营条件的车站下达关闭命令，启动公交接驳方案。

(8)控制中心组织具备运行条件的区段维持运营。

学习评价

学习完本模块后，请根据自己的学习所得，结合下表所列内容进行打分评价。

模块9学习评价表

评价内容	评价方式			评价等级
	自　　评	小组评议	教师评议	
课前预习本模块相关知识、相关资料				A. 充分 B. 一般 C. 不足
熟悉 ATC 系统发生故障时的行车组织				A. 充分 B. 一般 C. 不足
掌握信号联锁设备发生故障时的列车运行组织				A. 充分 B. 一般 C. 不足
熟悉特殊情况下的行车组织				A. 充分 B. 一般 C. 不足
参加教学中的讨论和练习，并积极完成相关任务				A. 充分 B. 一般 C. 不足
善于与同学合作				A. 充分 B. 一般 C. 不足
学习态度，完成作业情况				A. 充分 B. 一般 C. 不足
总评				

思考与练习

(1)简述改用电话闭塞法行车时的作业办法与要求。
(2)简述列车退行的基本规定。
(3)简述列车推进运行应遵循的规定。

模块 10 列车折返方式与列车运输能力

学习目标

(1)熟悉列车折返方式的分类。
(2)熟悉列车运输能力,能说出影响通过能力的因素。
(3)掌握提高列车运输能力的措施。

学习重点

(1)列车折返方式。
(2)列车运输能力。

10.1 列车折返方式

在城市轨道交通中,列车通过在连接多个车站的固定线路上的往返运行,完成运输乘客的任务。列车需要在线路的两端站完成转换驾驶端和转换线路的作业。列车通过进路改变和道岔转换,经由车站的调车进路,改变运行方向,由一条线路运行至另一条线路的方式称为列车折返。具有列车折返设施的车站称为折返站。折返作业时,司机驾驶列车到达终点站或折返站,车站行车人员及司机按有关规定完成折返操作的程序与步骤。根据折返线布置的不同,列车折返可分为不同的方式。

10.1.1 站前折返方式

站前折返方式是列车在中间站或终点站利用站前渡线进行折返作业的方式。

1. 站前折返方式的优点

站前折返方式主要有以下优点:

(1)由于渡线设置在站前,缩小了车站的建筑规模,因而可以在一定程度上减少项目建设的投资。

(2)利用区间运行时间完成列车折返,缩短了列车的走行距离,也相应缩短了折返时间。

(3)在同一个站台同时上下车,列车无空车走行。

2. 站前折返方式的缺点

站前折返具有以下缺点:

(1)上下车乘客同时上下车,在客流量大的情况下,站台秩序会受到影响。

(2)出发列车和到达列车存在进路交叉,对行车安全保障要求较高。

(3)列车进出站需通过道岔区段,列车旅行速度受到影响,乘客舒适度会降低。

(4)到发作业产生的交叉干扰会降低折返效率。列车在折返的过程中会占用区间线路,从而影响后续列车的闭塞。

在城市轨道交通行车组织中较少采用站前折返方式,尤其是在行车密度高、列车运行时间间隔短的情况下,一般不采用站前折返方式,特别是单渡线的站前折返。

10.1.2 站后折返方式

站后折返方式是列车在中间站、终点站利用站后渡线进行折返作业的方式。

1. 站后折返方式的优点

站后折返方式具有以下优点:

(1)接发车采用平行作业,不存在进路交叉,保证了行车安全。

(2)列车进出站速度高,有利于提高列车的运行速度。

(3)列车进出站不需要通过道岔区段,乘客无不适感。

(4)当利用尽端线折返设备进行折返时,折返线既可供列车折返,也可供列车临时停留检修。

2. 站后折返方式的缺点

站后折返方式的主要缺点是列车折返时间较长,空行距离较长。

10.1.3 混合折返方式和环形线折返方式

1. 混合折返方式

混合折返方式是将站后折返方式和站前折返方式混合布置的方式。采用混合折返方式的目的是提高列车折返能力与线路通过能力。混合折返兼有站后折返与站前折返的特点,有利于行车组织的调整,适用于对折返能力要求较高的终端站。

2. 环形线折返方式

环形线折返方式是一种特殊的站后折返方式。它的优点是:因为没有道岔,所以能保证最大的通过能力,节约了设备费用与运营成本。但它也存在一些缺点,如列车在小半径曲线上运行将造成单侧钢轨磨耗,折返线不能停放检修列车且难以进一步延长,以及若用明挖法施工会增大开挖范围，等等。因此，环形线折返方式不常被采用。

10.2 列车运输能力

为了实现日常运输生产，完成乘客运输任务，城市轨道交通系统必须具备一定的运输能力。

10.2.1 列车运输能力概述

运输能力是通过能力和输送能力的总称。

(1)通过能力。通过能力是指城市轨道交通线路的各项固定设备在采用一定的设备、车辆和行车组织方法的条件下，单位时间内(通常指高峰小时)所能通过的最大列车数，常用单位为“列/h”。它的大小取决于信号系统、车辆等设备的性能，折返站折返能力、列车停站时间等。

(2)输送能力。输送能力是指城市轨道交通线路在一定的车辆类型、固定设备和行车组织方法下，按照现有的活动设备和乘务人员的数量，单位时间内(通常指高峰小时)所能运送的乘客人数，常用单位为“人/h”。

通过能力反映出线路上所能开行的列车数目，而输送能力反映了在开行列车数量一定的前提下，线路所能运送的乘客人数，它与载客列车的载客能力及车辆编组数量有关。

有了通过能力，就能推算出输送能力，因此这里主要介绍通过能力。

10.2.2 影响通过能力的因素

在影响城市轨道交通通过能力的诸多因素中，权重最大的是列车运行控制方式和列车停站时间。

1. 列车运行控制方式

列车运行控制方式是指列车运行间隔、速度的控制方式和行车调度指挥的方式，它的选取取决于采用的列车运行控制设备的类型。3 种列车运行控制方式下的城市轨道交通线路通过能力比较如表 10-1 所示。

表 10-1　城市轨道交通线路通过能力比较

序号	闭塞设备	列车运行间隔控制	列车速度控制	行车调度指挥	通过能力
1	自动闭塞	追踪运行＋列车自动防护	连续速度控制	行车指挥自动化	高
2	自动闭塞	追踪运行	点式速度控制	调度集中	中
3	双区间闭塞	非追踪运行	点式速度控制	调度监督	低

2. 列车停站时间

由于城市轨道交通车站一般不设置配线，列车只能在车站正线停车办理客运作业，致使列车追踪运行经过车站时间的间隔时间远大于列车在区间追踪运行时的间隔时间。因此，列车停站时间是限制城市轨道交通线路通过能力的又一主要因素。

10.2.3 通过能力的计算

1. 线路通过能力的计算

在列车追踪运行的情况下，线路通过能力的计算式为

$$n_{max}=3\ 600/h \tag{10-1}$$

式中，n_{max}为线路在单位小时内能够通过的最大列车数(列)；h 为追踪列车间隔时间(s)。

2. 追踪列车间隔时间的计算

在行车组织方法不变的条件下，正线追踪列车间隔为列车在正线运行时，因各种作业时分要求而形成的前后两列列车通过正线上同一点的时间间隔，这些作业包括列车在区间及车站范围内的运行及在正线轨道上的停车。

列车追踪运行时，续行列车的运行位置及速度取决于前行列车的运行位置，因此，追踪列车间隔时间的计算应从分析追踪运行列车间的最小空间间隔开始。由于列车是以排队方式进站停车办理作业的，因而在把区间和车站作为一个整体进行研究时，计算追踪列车间隔时间的最小空间间隔应是：当前列车出清了车站，在确保行车安全的条件下，续行列车以列车运行图规定的速度恰好位于某一防护信号机或列车自动防护子系统保护区分界点的前方。按追踪运行列车先后经过车站必须保持的最小空间间隔计算得到的间隔时间，即为追踪列车间隔时间。

追踪运行列车先后经过车站时的运行位置如下图所示。

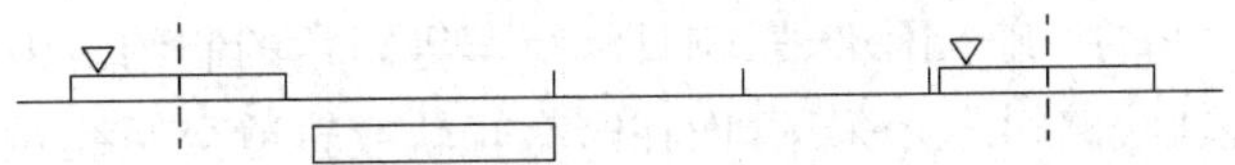

追踪运行列车先后经过车站时的运行位置

续行列车从初始位置到前行列车所处位置，须经历进站运行、制动停车、停站作业和加速出站 4 项作业过程，即追踪列车间隔时间应由 4 个单项作业时间组成，其计算公式为

$$h=t_{运}+t_{制}+t_{站}+t_{加} \tag{10-2}$$

式中，h 为追踪列车间隔时间(s)；$t_{运}$ 为列车从经过某一通过信号机或闭塞分区分界点时起至开始制动时止的运行时间(s)；$t_{制}$ 为列车从开始制动时起至站内停车时止的常用制动时间(s)；$t_{站}$ 为列车时刻表/运行图规定的列车停站时间(s)；$t_{加}$ 为列车从车站启动加速时起至出清车站闭塞分区时止的时间(s)。

以上各项时间与诸多因素有关，如列车性能、选用的制动率、信号设备性能、站台限制速度、乘客上下车所需时间、司机确认乘客上下车情况的时间、行车规则等。在硬件设备性能确定的情况下，乘客上下车、司机确认等“软件”环节的作用就显得非常重要。

10.3 提高列车运输能力的措施

在既有轨道交通系统运营过程中，线路运输能力通常是相对固定的。但客流则往往是呈逐年增长的态势，线路能力不足的问题就逐渐凸显出来。因此，为了适应客流的增长，轨道交通系统应及时并有计划地采取加强运输能力的措施，不断提高运输能力。

(1)提高运输能力措施的类型。运输能力是通过能力与输送能力的总称，而通过能力又主要是由线路通过能力和列车折返能力两者中能力较小者所决定的。加强运输能力的措施大体上可以分为运输组织措施和设备改造措施两大类。

①运输组织措施。它是指运用比较完善的行车组织方法，更好和更有效地使用既有技术设备，无须大量投资就能使运输能力提高到一定水平。

②设备改造措施。它是指需要大量投资来加强技术设备的措施。

(2)提高线路通过能力的措施。线路通过能力是由追踪列车间隔时间决定的，而追踪列车间隔时间是追踪运行的续行列车从某一初始位置至前行列车所处位置所经历的时间总和，即续行列车的进站运行、制动停车、停站作业与加速出站 4 个单项作业的时间总和。因此，根据追踪列车间隔时间计算的原理，可以通过缩短列车的运行时间、加减速附加时间和停站时间等措施来最终达到缩短追踪列车间隔时间，加强线路通过能力的目的。

①在既有单线或双线基础上建成双线或四线。采用该措施能大幅度提高线路通过能力。

②改造线路平、纵断面。采用该措施能提高行车速度，进而提高线路通过能力。但改造线路平、纵断面受到经济性、施工困难、影响日常行车等因素的制约。因此，该措施在旧式有轨电车线路改造为轻轨线路时较多采用，而在既有轻轨或轨道交通线路情况下，则更倾向于采用新型列车来适应线路条件的做法。

③在客流量较大的中间站修建侧线。采用该措施使侧式站台变成岛式站台，单向运行列车能在站台两侧轮流停靠，这样可以缩短构成追踪列车间隔时间的列车停站时间，较大幅度提高线路通过能力。该措施一般适用于地面线路情况。

④在客流量较大的中间站增建站台。该措施通常是在岛式站台情况下采用，使停站列车的两侧均有站台，乘客能从两侧上下车或上下车分开，缩短列车停站时间，提高线路的通过能力。此外，在增建站台时，也可根据客流需求同步修建侧线，并且该措施一般也适用于地面线路情况。

⑤使用新型列车。新型列车的含义包括列车运行性能改善和安装车载控制设备等。列车运行性能主要包括列车构造速度、列车启动平均加速度、列车制动平均减速度等运行参数。车载控制设备主要有车载制动控制设备和车载道岔自动转换设备等，改善列车运行性能和安装车载控制设备能提高列车运行速度，缩短追踪列车间隔时间。

⑥改进列车设计。列车上的新设计通常是针对缩短列车停站时间、增加列车定员和提高乘车舒适程度等进行的。就缩短列车停站时间、提高线路通过能力而言，国外已设计制造

出六车门列车，以缩短乘客上下车总时间。

⑦采用先进的列车运行控制系统。其包括安装自动闭塞、三显示带防护区段的信号设备及采用调度集中控制方式的线路，该措施能较大幅度提高线路通过能力。

⑧分割车站区域轨道电路。

⑨改用移动闭塞。在列车追踪运行过程中，移动闭塞能使后行列车与前行列车始终保持一个自动控制程序规定的最小安全间隔距离，而不是原先固定闭塞时规定必须间隔若干个闭塞分区所形成的安全间隔距离。因此，用移动闭塞取代固定闭塞，能缩短追踪列车间隔时间。

⑩加强站台乘车组织。乘客到站后为了能减少出站走行距离和避免出站验票人多时的时间延误，往往喜欢在靠近出站口的位置候车，而列车内乘客分布的不均匀又造成列车在车站的停站时间延长。采用该措施就是通过站台客运员的组织，使列车内的乘客尽可能地分布均匀，以减少列车停站时间、提高线路通过能力。

(3)提高列车折返能力的措施。在行车密度比较大的情况下，线路终点站的列车折返能力往往会成为限制通过能力的薄弱环节。影响列车折返能力的主要因素包括：在站后折返情况下，有图定终点站列车停站时间、出发列车驶离车站闭塞分区时间、车站折返线列车办理调车进路时间、列车从折返线至出发站线的走行时间等；在站前折返情况下，有列车从进站信号机到达站线的走行时间、图定终点站列车停站时间、出发列车驶离车站闭塞分区时间、车站为进站列车办理接车进路时间等。针对上述各种影响因素，提高列车折返能力的措施主要有以下几项：

①在终点站修建环形折返线。

②增建侧式站台。

③优化折返站的道岔与轨道电路设计。

④折返站采用自动信号设备。

⑤在折返线上预置一列列车用于周转。

⑥改变折返方式。

⑦调整列车乘务组劳动组织。

(4)提高输送能力的措施。

①增加列车编组辆数。采用该措施可较大幅度地提高输送能力，但列车扩大编组受到站台长度、运营经济性等因素的制约。

②采用大型列车。由于大型列车定员多，故大型列车是目前新建客流较大的线路的优选车型。

③优化列车内部布置。该措施的基本出发点是在列车尺寸一定的条件下，通过将双座椅改为单座椅或将纵向的固定座椅改为折叠座椅来增加列车载客人数，达到增加列车定员的目的。改为折叠座椅后，在高峰运输期间可翻起座椅，增加车内站立人数，同时也提高了乘客乘车的平均舒适程度。

学习评价

学习完本模块后，请根据自己的学习所得，结合表 10-2 所列内容进行打分评价。

表 10-2　模块 10 学习评价表

评价内容	评价方式			评价等级
	自　评	小组评议	教师评议	
课前预习本模块相关知识、相关资料				A. 充分 B. 一般 C. 不足
熟悉列车折返方式的分类				A. 充分 B. 一般 C. 不足
熟悉列车运输能力，能说出影响通过能力的因素				A. 充分 B. 一般 C. 不足
掌握提高列车运输能力的措施				A. 充分 B. 一般 C. 不足
参加教学中的讨论和练习，并积极完成相关任务				A. 充分 B. 一般 C. 不足
善于与同学合作				A. 充分 B. 一般 C. 不足
学习态度，完成作业情况				A. 充分 B. 一般 C. 不足
总评				

思考与练习

(1)简述站前折返方式的优缺点。
(2)简述站后折返方式的优缺点。
(3)什么是混合折返方式？
(4)影响通过能力的因素有哪些？
(5)如何提高列车的运输能力？

模块 11 城市轨道交通行车事故处理与预防

学习目标

(1)了解城市轨道交通行车事故的定义和分类。
(2)熟悉城市轨道交通行车事故的处理原则。
(3)掌握城市轨道交通行车事故的调查处理原则。
(4)掌握城市轨道交通行车事故处理流程。
(5)掌握城市轨道交通行车事故的预防措施。

学习重点

(1)城市轨道交通行车事故处理原则。
(2)城市轨道交通行车事故调查处理原则。
(3)城市轨道交通行车事故处理流程。

11.1 城市轨道交通行车事故的定义及分类

城市轨道交通作为大容量的公共交通工具,直接关系到广大乘客的生命安全,安全运营是运营组织工作的基本原则和首要目标。为此,必须严格按照有关规定行车,不得违规操作,以防事故的发生。

11.1.1 城市轨道交通行车事故的定义

在行车工作中,因违反规章制度,违反劳动纪律或因技术设备不良及其他原因造成人员伤亡、设备损坏,影响正常行车或危及行车安全的,均构成行车事故。

11.1.2　城市轨道交通行车事故的分类

按照不同的分类标准，城市轨道交通行车事故可分为不同的类别。

1. 按照事故损失及对运营造成的影响和危害程度分类

依据事故损失及对运营造成的影响和危害程度，城市轨道交通行车事故一般分为特别重大事故、特大事故、重大事故、大事故、险性事故、一般事故和事故苗头 7 类。

(1)特别重大事故。造成下列后果之一的为特别重大事故：

①死亡 30 人及以上。

②事故直接经济损失在 500 万元及以上。

③造成 100 人及以上的急性中毒。

④其他性质特别严重且产生重大影响的事故。

(2)特大事故。造成下列后果之一的为特大事故：

①死亡 10 人及以上。

②中断正线(上下行正线之一)行车 240 min 及以上。

③事故直接经济损失在 300 万元及以上。

(3)重大事故。造成下列后果之一的为重大事故：

①死亡 3 人或死亡、重伤 5 人及以上。

②中断正线(上下行正线之一)行车 180 min 及以上。

③事故直接经济损失在 100 万元及以上。

(4)大事故。造成下列后果之一的为大事故：

①死亡 1 人或重伤 2 人及以上。

②中断正线(上下行正线之一)行车 120 min 及以上。

③事故直接经济损失在 20 万元及以上。

(5)险性事故。凡事故性质严重，但未造成损害后果或损害后果不够大事故及以上事故的，造成下列后果之一的为险性事故：

①正线列车冲突。

②正线列车脱轨。

③正线列车分离。

④向占用区段接入或发出列车。

⑤未准备好进路接入或发出列车。

⑥列车运行中擅自撤除车载安全装置。

⑦列车错开车门、运行途中开门或车未停稳就开门产生紧急制动。

⑧列车冒进信号或越过警冲标。

⑨列车夹人开车。

⑩机车、列车溜入区间或站内。

⑪未拿或错拿行车凭证发车。

⑫列车运行中，齿轮箱吊挂装置、空压机、牵引电机等重要部件脱落。

⑬变电、动力供电、接触网系统操作中发生错送电、漏停电。

⑭运营线路积水浸过轨面，影响行车。

⑮运营线路走行轨由轨头到轨底贯通断裂。

⑯正线各类设施、设备、物资等侵入车辆限界。

⑰列车或列车载物超出车辆限界，装载货物脱落。

⑱运营线路几何尺寸四级超限。

(6)一般事故。凡事故性质及损害后果不够特别重大事故、特大事故、重大事故、大事故及险性事故的为一般事故，包括如下一些内容：

①非正线列车冲突。

②非正线列车脱轨。

③非正线列车分离。

④应停列车全列越过停车标或在站通过。

⑤挤道岔。

⑥通过的列车在已封闭的车站停车，造成后果。

⑦列车运行中车辆部件脱落，危及运营安全。

⑧终端正线行车 30 min 及以上。

⑨错误办理行车凭证发车。

⑩各类因列车、设备、设施异常，造成 1 人重伤的事故。

⑪设施、设备、器材、物品等超出设备限界。

⑫因行车有关人员违反劳动纪律漏乘、出乘迟延耽误列车运行。

⑬错误办理行车凭证耽误发车。

⑭漏发、漏传、错发、错传调度命令耽误列车。

⑮事故直接经济损失在 1 万元及以上。

⑯因错发操作命令或人员误操作造成断路器跳闸，或接触网误停电，造成后果。

⑰接地线错挂、漏挂、错撤、忘撤。

⑱运营中车站正常照明、事故照明全部停电。

(7)事故苗头。凡在地铁运营工作中，因违反规章制度、违反劳动纪律或其他原因造成设备损坏，影响正常行车或危及行车安全，但事件性质或损害后果达不到事故的为事故苗头；因违章行为性质严重，虽未造成损失，但经安全部门可以认定为事故苗头的也划为事故苗头。事故苗头主要包括如下一些内容：

①列车、设备故障，中断正线(上下行正线之一)行车 20 min 及以上。

②列车车门故障无法关闭，且无安全措施行车。

③列车夹物开车。

④通过列车在站停车。

⑤因错办进路造成变更交路或列车错进股道。

⑥运营期间，列车内灯管、广告牌、镜框等松脱。

⑦车站未按规定时间开、关站，造成影响。

⑧运营期间,设备、设施、广告、备品脱落或掉下站台、隧道,造成停车。

⑨正线作业进入隧道施工未登记或未注销。

⑩运营中,车站正常照明全部停电。

⑪运营线上,委托外部施工无安全协议和现场无甲方(或甲方指定的)安全负责人。

⑫设备故障情况下,单个道岔手摇道岔作业时间超过 20 min。

⑬列车“带”着错误的车次、车号运行,造成后果。

⑭调度电话无录音或者未到规定时间录音丢失,未到规定时间中央处理系统数据丢失。

⑮列车、设备、设施人为责任破损,经济损失在 1 000 元及以上。

⑯各类机柜门、检查孔盖未按规定锁闭或设施固定不牢,造成后果。

⑰机车、列车主风管破裂,机车、列车撞止挡,机车、列车溜逸。

⑱无证操作计算机联锁区域操作员工作站 LOW 或违章操作安全相关命令。

⑲空调季节,车站环控系统停止运行连续时间超 24 h。

⑳人为失误造成自动消防设施误喷。

㉑因设备、设施突发故障,造成正线列车限速运行。

㉒因设备、设施突发故障,危及车场行车安全。

㉓在遇到灾难、险情时,防灾报警系统(fire alarm system,FAS)未能正常报警。

㉔行车指挥无线通信联络中断或程控交换机中断 30 min 及以上。

㉕正线给水主管、消防主管产生位移、破裂。

㉖因房屋、隧道漏水,影响变电、通信、信号设备正常使用。

㉗运营线路几何尺寸三级超限。

2. 按照事故类别分类

根据事故类别不同,城市轨道交通行车事故可分为行车事故、设备事故、工伤事故、火灾事故等。

11.2 城市轨道交通行车事故的处理原则

事故的分析、调查、处理是事故发生后的重要环节,目的是及时恢复正常运营,找出事故发生的原因和形成机制,并制定相应的措施、方法与手段,减少和杜绝事故的再次发生。在处理城市轨道交通行车事故时,应遵循以下几个原则:

(1)“高度集中,统一指挥”的原则。各相关部门处理行车事故时必须遵循“高度集中,统一指挥”的原则。

(2)分级处理的原则。发生行车事故,各相关部门应采取积极措施,迅速组织救援,尽快恢复列车运营。根据发生事故的隶属关系和事故的等级分类,按照分级管理原则予以处理。

(3)“先救人,后救物;先全面,后局部;先正线,后其他”的原则。坚持“先救人,后救物;先全面,后局部;先正线,后其他”的原则,优先组织人员疏散、伤员抢救,同时兼顾重点设备和环境的防护,将损失降至最低限度。

(4)就近处理原则。应坚持就近处理的原则,即行车事故发生时,在上一级行车事故处理负责人到达现场前,员工应按表 11-1 的规定担任现场临时行车事故处理负责人;在上一级行车事故处理负责人到达现场后,则由上一级行车事故处理负责人担任现场指挥。

表 11-1 行车事故及对应的处理负责人

行车事故发生处所	现场临时行车事故处理负责人
列车上	本列司机
列车在车站	所在站值班站长
车站	所在站值班站长
区间线路上	行车调度员指定的值班站长
车厂	车厂调度员
运营单位其他场所	现场最近最高职务的员工

(5)兼顾现场保护原则。员工在行车事故过程中应兼顾现场的保护工作,以利于公安、消防和事件调查部门的现场取证。

11.3 城市轨道交通行车事故的调查处理原则

在进行城市轨道交通行车事故调查处理时,应遵循以下原则:

(1)"四不放过"的原则。四不放过,即事故原因不查清不放过、事故责任者得不到处理不放过、整改措施不落实不放过、事故教训不吸取不放过。必须查处原因,分清责任,吸取教训,制定措施,防止同类事故再次发生。

(2)"先通后复"的原则。发生紧急事故时,要积极采取措施,迅速抢救,尽快恢复运营,尽量减少损失。

(3)事故类别判定原则。根据事故责任、事故性质、经济损失、延误列车运行时间及造成的不良影响进行综合判定。

(4)以事实为依据的原则。处理事故要以事实为依据,以有关法规、规章为准绳,认真调查分析,查明原因,分清责任,吸取教训,制定对策。对事故责任者,应根据事故性质和情节予以批评教育、经济处罚、行政处分直至追究法律责任。事故性质、情节严重的,要按有关规定逐级追究领导责任。对事故分析处理拖延、推脱责任、姑息纵容、隐瞒不报或不如实反映事故情况的,应予以严肃批评教育或纪律处分。

11.4 城市轨道交通行车事故处理流程

城市轨道交通行车事故的处理主要分为事故报告、应急处理、事故调查与跟踪处理和责任判定 4 个步骤,如图 11-1 所示。

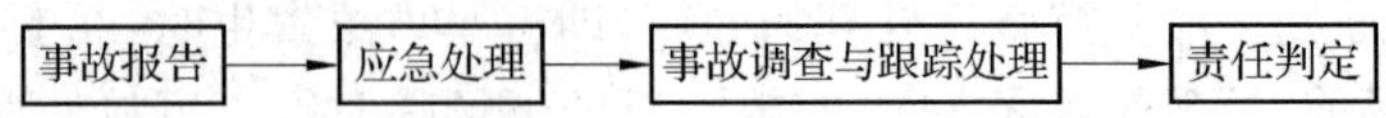

图 11-1　城市轨道交通行车事故的处理步骤

11.4.1　事故报告

事故发生后，各相关单位人员应按以下程序要求立即进行报告：

(1)发生各类事故时，有关人员按图 11-2 所示的行车事故报告流程的规定报告。

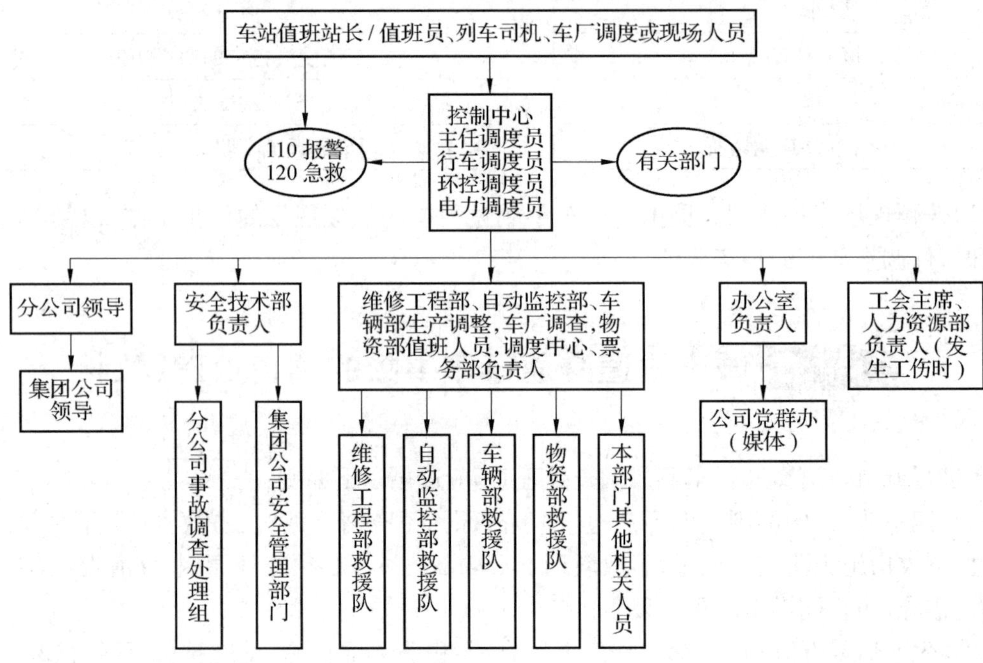

图 11-2　城市轨道交通行车事故报告流程

①如发生在车站，由车站行车值班员或现场人员立即向行车调度员报告。

②如发生在车辆段，由事发地归属部门生产调度（车务部为车场调度、物资部为值班人员）或现场人员立即向行车调度员报告。

③如发生在区间，由司机或现场人员立即向行车调度员或通过车站行车值班员向行车调度员报告。

④供电系统发生影响运营的故障，由现场值班人员立即向电力调度员报告，电力调度员接到报告后立即报告主任调度员，并向行车调度员通报。

(2)按就近处理的原则，发生立即需要外部支援的运营事故（如火灾、爆炸、人员伤亡等）时：

①现场人员有条件时应立即报 110、120。

②控制中心当值人员接到报告后应立即报 110、120。

③控制中心接报后视情况通知有关部门。

(3)控制中心所通知的有关部门是指应急指挥中心、交通局、公安局、急救中心等政府组织机构，由主任调度员决定通知范围或执行分公司领导指示。

(4)各生产部门调度负责向部门相关人员进行通报,具体办法由各部门分别另行制定。

(5)当确认公司职工患有职业病后,该职工所在部门应立即报告安全监察部和人力资源部。由人力资源部向有关行政部门提出工伤认定申请。

11.4.2 应急处理

城市轨道交通行车事故的应急处理应按照相关规定进行,同时,需要按照抢险指挥组织中的相应层级进行处理。

城市轨道交通行车事故的抢险指挥组织自低向高分为3个层级,即事故处理主任、抢险指挥小组、公司抢险指挥领导小组及现场指挥。

1. 事故处理主任

在抢险指挥小组到达现场前,现场抢险指挥由事故处理主任负责,事故处理主任由以下方法自然产生:

(1)直接影响到行车组织、客运服务及线路施工的。若事故发生在区间,涉及列车的由司机担任;事故区间临近车站值班站长(或站长)到达事故现场后,由该值班站长(或站长)担任。若事故发生在车站或列车基地,由值班站长(或站长)或车场调度员担任。

(2)未直接影响到行车组织、客运服务及线路施工的,有关责任部门当班组长或工段长担任现场事故处理主任。

2. 抢险指挥小组

抢险指挥小组到达现场后,现场的抢险指挥由抢险指挥小组组长负责,抢险指挥小组组长及副组长由以下方法自然产生:

(1)涉及行车安全的事故处理,由客运部安全领导小组成员担任现场指挥小组组长,其他相关部门领导担任现场指挥小组副组长。

(2)未涉及行车安全的事故处理,由设备所属部门安全领导小组成员担任现场指挥小组组长,其他相关部门领导担任现场指挥小组副组长。

3. 公司抢险指挥领导小组及现场指挥

若初步判定为可造成重大事故、大事故的,由运营分公司抢险指挥领导小组负责现场总指挥,运营分公司抢险指挥领导小组由运营分公司安全委员会主任、副主任及运营分公司其他领导组成。必要时,运营分公司抢险指挥领导小组可以指定现场总指挥。

11.4.3 事故调查与跟踪处理

对于不同级别的城市轨道交通行车事故,应采取不同的事故调查与跟踪处理程序。

(1)对于特别重大事故,须按国家发布的相关规定调查处理。

(2)对于重大事故、大事故,由运营分公司安全委员会负责组织调查处理。运营分公司领导接到重大事故、大事故的报告后,要立即组成以分公司总经理或副总经理为组长、轨道交通公安分局局长为副组长、安全保卫部和有关部门负责人为组员的事故调查处理小组迅速赶赴现场,组织指挥有关人员积极抢救伤员,采取一切措施,迅速恢复运营;同时,做好以下工作:

①保护、勘查现场，详细检查车辆、线路及其他设备，做好调查记录。绘制现场示意图、摄影录像，如技术设备破损或发生故障，应保存其实物。

②若事故发生地点的线路破坏严重，无法检查线路质量，则应对事故发生地点前后不少于 50 m 的线路进行测量，以作为衡量事故发生地点线路质量的参考依据。

③对事故有关人员分别调查，由本人写出书面材料。

④检查有关技术文件的编制、填写情况，必要时将抄件附在调查记录内。

⑤提高警惕，注意是否有人为破坏的迹象。

⑥必要时召开事故调查会。

⑦根据调查结果初步判定事故原因及责任，及时向分公司安全委员会汇报。

(3)对于险性事故，由安全保卫部负责组织调查处理。

(4)对于一般事故，由事故发生部门负责调查处理，并将处理情况报告给安全保卫部。涉及两个及以上部门并有争议的一般事故，由安全保卫部负责组织调查处理。

11.4.4 责任判定

事故责任判定的原则是：以事实为依据，以规章为准绳。具体如下：

(1)运营事故责任按责任程度分为全部责任、主要责任、同等责任、次要责任、一定责任和无责任。按责任关系分为直接责任、间接责任。

(2)因设备(包括零部件)质量不良造成事故时，根据设备的质量保证期、使用寿命和损坏情况分析事故原因，判定责任单位。判明产品供应者责任的，列出产品供应者责任说明。设备的所属部门或管理部门对因设备原因造成的事故，不认真分析，查不出原因的，定该部门责任事故。

(3)对发生的事故或事故苗头涉及两个以上单位的，如双方推脱辩解，不认真配合调查分析事故，由事故调查小组裁处。

(4)事故发生部门不认真组织事故调查分析，调查资料不全，列非责任事故依据不足的，定发生部门的责任事故。

(5)由于承包轨道交通设备的施工、维修而造成的运营事故，定施工维修承包单位的责任事故。凡因货物装载不良造成的事故，定装载部门的责任事故。

(6)城市轨道交通运营企业外部单位责任事故列为其他事故。

(7)因设备质量等发生的事故一律统计在该部门的事故中，能确定责任的列为责任事故。如不能确定为城市轨道交通运营企业责任的，列为该部门其他事故。

(8)凡经过公司批准的技术革新、科研项目进行试验时，在规定的试验期内，被试验的项目发生事故，不列为运营责任事故。但由于违反操作规程造成的事故及其他人为事故仍列责任事故。凡已经正式投入使用的各种技术设备，因其发生运营事故时，一律列为运营事故。对非责任事故，事故发生单位统计事故件数，但不影响安全成绩。

(9)各级安全部门负责对运营事故的定性定责，上级安全部门发现下级安全部门对运营事故的定性定责不准确时，有权加以纠正。

11.5 城市轨道交通行车事故预防

事故和灾难是难以从根本上杜绝的,必须高度重视应急预案的制定。"预防为主"是城市轨道交通行车安全正常运营的原则。

11.5.1 建立完善安全规章,安全生产有章可循

完善安全规章制度是抓好运营安全工作的保障。规章制度是管理工作的基础,应建立科学、完善、全面的安全生产管理制度,使安全生产有章可循。在地铁开通运营前,应狠抓安全规章制度的建设,用规章制度约束员工的工作行为,为员工提供安全生产指引。在严格执行国家、省、市各项安全法律法规的同时,建立健全《安全生产管理办法》《安全奖惩办法》《行车组织规章》等制度和各类操作规程,涵盖公司的各个专业、运营生产环节,使各专业的安全生产管理都有章可循,促进公司的安全生产工作向规范化、制度化迈进。

目前,国内许多地铁都开展了 ISO①9001 质量体系和 OHSMS② 18000 认证工作,国家也出台了《地铁运营安全评价标准》(GB/T 50438—2007),这都为规范运营安全生产工作提供了依据和标准。

11.5.2 建立三级安全网络,落实安全生产责任制

坚持"安全第一,预防为主"的工作方针,全面贯彻《中华人民共和国安全生产法》,强化制度化、规范化、科学化的安全管理。坚持管生产必须管安全、安全生产各级主要负责人亲自抓的原则,有效发挥"纵管到底,横管到边,专管成线,群管成网"的安全管理网络作用,形成安全工作一级抓一级、一级保一级、一级监督一级的网络化安全监督管理体系;狠抓安全生产责任制的落实,上至总经理,下至基层员工,逐级签订安全生产目标责任状和社会综合治理目标责任状,将安全生产目标纳入考核内容,明确各层级的安全职责和安全生产目标,有效落实安全生产责任,形成安全生产、人人有责的良好氛围。

11.5.3 建立安全检查制度,预防运营事故发生

加强监督检查机制是抓好运营安全工作的关键。安全检查是对安全工作实施有效管理的一项重要内容。学习运用"破窗理论":抓隐患,抓漏洞,漏洞不补必酿大祸。建立班组每周一查、中心每旬一查、专业管理系统每月一查、公司每季一查的制度,采取定期检查与不定期抽查相结合、综合检查与专项抽查相结合的形式,坚持安全检查,以自查自纠为重点,自下而上,查找不足。严抓隐患整改,按照"五个落实",即任务落实、人员落实、经费落实、质量落

①ISO,即国际标准化组织 International Organization for Standardization 的简称。

②OHSMS,即职业健康安全管理体系 Occupation Health and Safety Management System 的简称。

实、时间落实，按期整改完成；在做好安全检查工作的同时，逐步建立安全隐患管理机制，将安全检查和隐患管理统一起来，并落实到工作制度中，形成健全的检查网络，实施有效监控。

11.5.4 建立安全培训制度，营造安全文化氛围

提高员工安全意识和技能是抓好运营安全工作的基础。认真开展安全生产知识培训教育工作，组织各单位负责人和安全生产管理人员参加《中华人民共和国安全生产法》培训，取得安全生产资格证；对新进员工实行“三级”（公司级、中心级、岗位级）安全教育；除国家规定的特殊工种外，规定内部特种作业项目，如计算机联锁区域操作员工作站 LOW 操作证、列车司机证等；制定特种作业人员安全管理办法和特种作业人员培训持证上岗制度；利用安全宣传月、“119 消防日”等活动，在车站、列车等宣传阵地向市民派发安全实用手册，不断提高员工和市民的安全意识。通过广泛开展各类安全生产培训教育活动，提高干部职工的安全文化素质。

11.5.5 建立应急救援体系，增强应急处置能力

根据国内外地铁运营救援抢险的经验和突发事件的特点，建立健全应急预案体系，针对轨道交通运营线路发生火灾、列车脱轨、列车冲突、大面积停电、爆炸、自然灾害及相应设备故障、客流冲击、恐怖袭击等其他异常原因造成影响运营的非常情况制定相应的应急预案，在国家和地方发生紧急事件、疫病传播情况时，制定相应的应急预案。另外，还要针对部分预案，经政府组织相关部门、专家进行评审，报市政府。

组织员工对各种预案进行学习，按计划进行演练，演练的方式包括培训式、桌面式、突发式，在演练的过程中，每个安全点都安排评估人员把关，使演练活动有序、安全地进行。定期实战演练可以及时暴露预案的缺陷，发现救援设备是否足够、运营设备是否完好、员工是否熟悉掌握各种规章，改善各部门间的协调作战的能力，增强员工的熟练程度和信心，提高员工的安全意识；通过演练检验规章、设备和预案，提高员工的业务技能，增强员工对事故事件的应急处理能力。

11.5.6 建立事故处理机制，落实责任追究制度

建立健全事故处理机制，按照“四不放过”原则和《安全奖惩办法》，定因、定性、定责，严格惩处，通过教育和处罚使员工吸取教训，提高认识，增强岗位意识、责任意识和纪律意识；将“降低故障事件率”作为一项长效工作机制专题研究，开展地铁事故案例研究，学习一流的运营安全管理，博采众长，取长补短，用“投石头原理”预防员工思想麻痹，不断“在平静的水面上荡起水花”，让每个员工认识到任何时候都不要把安全生产形势估计得过好，要始终保持一种危机感和忧患感；同时，转变观念，对发生的事故由此及彼，由表及里，透过现象看本质，从领导层、管理层上剖析深层次的原因，从加强管理上，研究制定有针对性的措施，解决安全工作中的问题，变被动管理为主动管理，变事后惩处为事前预防，不断提高事故分析处理能力。

11.5.7 建立警地联动机制,共保地铁平安

目前,国内地铁都建立了相应的公安部门,地铁运营单位要加强与地铁公安的合作,充分依靠公安力量保障地铁的平安秩序,建立《警地联动工作实施办法》,明确联动例会制度、工作联系机制及联动应急机制。通过双方精诚合作,共保地铁平安。

学习评价

学习完本模块后,请根据自己的学习所得,结合表 11-2 所列内容进行打分评价。

表 11-2 模块 11 学习评价表

评价内容	评价方式			评价等级
	自　评	小组评议	教师评议	
课前预习本模块相关知识、相关资料				A. 充分 B. 一般 C. 不足
了解城市轨道交通行车事故的定义和分类				A. 充分 B. 一般 C. 不足
熟悉城市轨道交通行车事故的处理原则				A. 充分 B. 一般 C. 不足
掌握城市轨道交通行车事故的调查处理原则				A. 充分 B. 一般 C. 不足
掌握城市轨道交通行车事故处理的流程				A. 充分 B. 一般 C. 不足
掌握城市轨道交通行车事故的预防措施				A. 充分 B. 一般 C. 不足
参加教学中的讨论和练习,并积极完成相关任务				A. 充分 B. 一般 C. 不足

（续表）

评价内容	评价方式			评价等级
	自　　评	小组评议	教师评议	
善于与同学合作				A. 充分 B. 一般 C. 不足
学习态度，完成作业情况				A. 充分 B. 一般 C. 不足
总评				

思考与练习

（1）简述城市轨道交通行车事故的概念。

（2）城市轨道交通行车事故分为哪几类？

（3）在进行城市轨道交通行车事故调查处理时，应遵循哪些原则？

（4）简述城市轨道交通行车事故处理的流程。

附　　录

附录 A　城市轨道交通运营管理规定

第一章　总　　则

第一条　为规范城市轨道交通运营管理，保障运营安全，提高服务质量，促进城市轨道交通行业健康发展，根据国家有关法律、行政法规和国务院有关文件要求，制定本规定。

第二条　地铁、轻轨等城市轨道交通的运营及相关管理活动，适用本规定。

第三条　城市轨道交通运营管理应当遵循以人民为中心、安全可靠、便捷高效、经济舒适的原则。

第四条　交通运输部负责指导全国城市轨道交通运营管理工作。

省、自治区交通运输主管部门负责指导本行政区域内的城市轨道交通运营管理工作。

城市轨道交通所在地城市交通运输主管部门或者城市人民政府指定的城市轨道交通运营主管部门（以下统称城市轨道交通运营主管部门）在本级人民政府的领导下负责组织实施本行政区域内的城市轨道交通运营监督管理工作。

第二章　运营基础要求

第五条　城市轨道交通运营主管部门在城市轨道交通线网规划及建设规划征求意见阶段，应当综合考虑与城市规划的衔接、城市轨道交通客流需求、运营安全保障等因素，对线网布局和规模、换乘枢纽规划、建设时序、资源共享、线网综合应急指挥系统建设、线路功能定位、线路制式、系统规模、交通接驳等提出意见。

城市轨道交通运营主管部门在城市轨道交通工程项目可行性研究报告和初步设计文件编制审批征求意见阶段，应当对客流预测、系统设计运输能力、行车组织、运营管理、运营服务、运营安全等提出意见。

第六条　城市轨道交通工程项目可行性研究报告和初步设计文件中应当设置运营服务专篇，内容应当至少包括：

（一）车站开通运营的出入口数量、站台面积、通道宽度、换乘条件、站厅容纳能力等设施、设备能力与服务需求和安全要求的符合情况；

（二）车辆、通信、信号、供电、自动售检票等设施设备选型与线网中其他线路设施设备的兼容情况；

（三）安全应急设施规划布局、规模等与运营安全的适应性，与主体工程的同步规划和设计情况；

（四）与城市轨道交通线网运力衔接配套情况；

（五）其他交通方式的配套衔接情况；

(六)无障碍环境建设情况。

第七条 城市轨道交通车辆、通信、信号、供电、机电、自动售检票、站台门等设施设备和综合监控系统应当符合国家规定的运营准入技术条件,并实现系统互联互通、兼容共享,满足网络化运营需要。

第八条 城市轨道交通工程项目原则上应当在可行性研究报告编制前,按照有关规定选择确定运营单位。运营单位应当满足以下条件:

(一)具有企业法人资格,经营范围包括城市轨道交通运营管理;

(二)具有健全的行车管理、客运管理、设施设备管理、人员管理等安全生产管理体系和服务质量保障制度;

(三)具有车辆、通信、信号、供电、机电、轨道、土建结构、运营管理等专业管理人员,以及与运营安全相适应的专业技术人员。

第九条 运营单位应当全程参与城市轨道交通工程项目按照规定开展的不载客试运行,熟悉工程设备和标准,察看系统运行的安全可靠性,发现存在质量问题和安全隐患的,应当督促城市轨道交通建设单位(以下简称建设单位)及时处理。

运营单位应当在运营接管协议中明确相关土建工程、设施设备、系统集成的保修范围、保修期限和保修责任,并督促建设单位将上述内容纳入建设工程质量保修书。

第十条 城市轨道交通工程项目验收合格后,由城市轨道交通运营主管部门组织初期运营前安全评估。通过初期运营前安全评估的,方可依法办理初期运营手续。

初期运营期间,运营单位应当按照设计标准和技术规范,对土建工程、设施设备、系统集成的运行状况和质量进行监控,发现存在问题或者安全隐患的,应当要求相关责任单位按照有关规定或者合同约定及时处理。

第十一条 城市轨道交通线路初期运营期满一年,运营单位应当向城市轨道交通运营主管部门报送初期运营报告,并由城市轨道交通运营主管部门组织正式运营前安全评估。通过安全评估的,方可依法办理正式运营手续。对安全评估中发现的问题,城市轨道交通运营主管部门应当报告城市人民政府,同时通告有关责任单位要求限期整改。

开通初期运营的城市轨道交通线路有甩项工程的,甩项工程完工并验收合格后,应当通过城市轨道交通运营主管部门组织的安全评估,方可投入使用。受客观条件限制难以完成甩项工程的,运营单位应当督促建设单位与设计单位履行设计变更手续。全部甩项工程投入使用或者履行设计变更手续后,城市轨道交通工程项目方可依法办理正式运营手续。

第十二条 运营单位承担运营安全生产主体责任,应当建立安全生产责任制,设置安全生产管理机构,配备专职安全管理人员,保障安全运营所必需的资金投入。

第十三条 运营单位应当配置满足运营需求的从业人员,按相关标准进行安全和技能培训教育,并对城市轨道交通列车驾驶员、行车调度员、行车值班员、信号工、通信工等重点岗位人员进行考核,考核不合格的,不得从事岗位工作。运营单位应当对重点岗位人员进行安全背景审查。

城市轨道交通列车驾驶员应当按照法律法规的规定取得驾驶员职业准入资格。

运营单位应当对列车驾驶员定期开展心理测试,对不符合要求的及时调整工作岗位。

第十四条 运营单位应当按照有关规定,完善风险分级管控和隐患排查治理双重预防制度,建立风险数据库和隐患排查手册,对于可能影响安全运营的风险隐患及时整改,并向城市轨道交通运营主管部门报告。

城市轨道交通运营主管部门应当建立运营重大隐患治理督办制度，督促运营单位采取安全防护措施，尽快消除重大隐患；对非运营单位原因不能及时消除的，应当报告城市人民政府依法处理。

第十五条　运营单位应当建立健全本单位的城市轨道交通运营设施设备定期检查、检测评估、养护维修、更新改造制度和技术管理体系，并报城市轨道交通运营主管部门备案。

运营单位应当对设施设备进行定期检查、检测评估，及时养护维修和更新改造，并保存记录。

第十六条　城市轨道交通运营主管部门和运营单位应当建立城市轨道交通智能管理系统，对所有运营过程、区域和关键设施设备进行监管，具备运行控制、关键设施和关键部位监测、风险管控和隐患排查、应急处置、安全监控等功能，并实现运营单位和各级交通运输主管部门之间的信息共享，提高运营安全管理水平。

运营单位应当建立网络安全管理制度，严格落实网络安全有关规定和等级保护要求，加强列车运行控制等关键系统信息安全保护，提升网络安全水平。

第十七条　城市轨道交通运营主管部门应当对运营单位运营安全管理工作进行监督检查，定期委托第三方机构组织专家开展运营期间安全评估工作。

初期运营前、正式运营前以及运营期间的安全评估工作管理办法由交通运输部另行制定。

第十八条　城市轨道交通运营主管部门和运营单位应当建立城市轨道交通运营信息统计分析制度，并按照有关规定及时报送相关信息。

第三章　运营服务

第十九条　运营单位应当按照有关标准为乘客提供安全、可靠、便捷、高效、经济的服务，保证服务质量。

运营单位应当向社会公布运营服务质量承诺并报城市轨道交通运营主管部门备案，定期报告履行情况。

第二十条　运营单位应当根据城市轨道交通沿线乘客出行规律及网络化运输组织要求，合理编制运行图，并报城市轨道交通运营主管部门备案。

运营单位调整运行图严重影响服务质量的，应当向城市轨道交通运营主管部门说明理由。

第二十一条　运营单位应当通过标识、广播、视频设备、网络等多种方式按照下列要求向乘客提供运营服务和安全应急等信息：

（一）在车站醒目位置公布首末班车时间、城市轨道交通线网示意图、进出站指示、换乘指示和票价信息；

（二）在站厅或者站台提供列车到达、间隔时间、方向提示、周边交通方式换乘、安全提示、无障碍出行等信息；

（三）在车厢提供城市轨道交通线网示意图、列车运行方向、到站、换乘、开关车门提示等信息；

（四）首末班车时间调整、车站出入口封闭、设施设备故障、限流、封站、甩站、暂停运营等非正常运营信息。

第二十二条　城市轨道交通票价制定和调整按照国家有关规定执行。

城市轨道交通运营主管部门应当按照有关标准组织实施交通一卡通在轨道交通的建设与推广应用，推动跨区域、跨交通方式的互联互通。

第二十三条　城市轨道交通运营主管部门应当制定城市轨道交通乘客乘车规范，乘客应当遵守。拒不遵守的，运营单位有权劝阻和制止，制止无效的，报告公安机关依法处理。

第二十四条 城市轨道交通运营主管部门应当通过乘客满意度调查等多种形式，定期对运营单位服务质量进行监督和考评，考评结果向社会公布。

第二十五条 城市轨道交通运营主管部门和运营单位应当分别建立投诉受理制度。接到乘客投诉后，应当及时处理，并将处理结果告知乘客。

第二十六条 乘客应当持有效乘车凭证乘车，不得使用无效、伪造、变造的乘车凭证。运营单位有权查验乘客的乘车凭证。

第二十七条 乘客及其他人员因违法违规行为对城市轨道交通运营造成严重影响的，应当依法追究责任。

第二十八条 鼓励运营单位采用大数据分析、移动互联网等先进技术及有关设施设备，提升服务品质。运营单位应当保证乘客个人信息的采集和使用符合国家网络和信息安全有关规定。

第四章 安全支持保障

第二十九条 城市轨道交通工程项目应当按照规定划定保护区。

开通初期运营前，建设单位应当向运营单位提供保护区平面图，并在具备条件的保护区设置提示或者警示标志。

第三十条 在城市轨道交通保护区内进行下列作业的，作业单位应当按照有关规定制定安全防护方案，经运营单位同意后，依法办理相关手续并对作业影响区域进行动态监测：

（一）新建、改建、扩建或者拆除建（构）筑物；

（二）挖掘、爆破、地基加固、打井、基坑施工、桩基础施工、钻探、灌浆、喷锚、地下顶进作业；

（三）敷设或者搭架管线、吊装等架空作业；

（四）取土、采石、采砂、疏浚河道；

（五）大面积增加或者减少建（构）筑物载荷的活动；

（六）电焊、气焊和使用明火等具有火灾危险作业。

第三十一条 运营单位有权进入作业现场进行巡查，发现危及或者可能危及城市轨道交通运营安全的情形，运营单位有权予以制止，并要求相关责任单位或者个人采取措施消除妨害；逾期未改正的，及时报告有关部门依法处理。

第三十二条 使用高架线路桥下空间不得危害城市轨道交通运营安全，并预留高架线路桥梁设施日常检查、检测和养护维修条件。

地面、高架线路沿线建（构）筑物或者植物不得妨碍行车瞭望，不得侵入城市轨道交通线路的限界。沿线建（构）筑物、植物可能妨碍行车瞭望或者侵入线路限界的，责任单位应当及时采取措施消除影响。责任单位不能消除影响，危及城市轨道交通运营安全、情况紧急的，运营单位可以先行处置，并及时报告有关部门依法处理。

第三十三条 禁止下列危害城市轨道交通运营设施设备安全的行为：

（一）损坏隧道、轨道、路基、高架、车站、通风亭、冷却塔、变电站、管线、护栏护网等设施；

（二）损坏车辆、机电、电缆、自动售检票等设备，干扰通信信号、视频监控设备等系统；

（三）擅自在高架桥梁及附属结构上钻孔打眼，搭设电线或者其他承力绳索，设置附着物；

（四）损坏、移动、遮盖安全标志、监测设施以及安全防护设备。

第三十四条　禁止下列危害或者可能危害城市轨道交通运营安全的行为：

(一)拦截列车；

(二)强行上下车；

(三)擅自进入隧道、轨道或者其他禁入区域；

(四)攀爬或者跨越围栏、护栏、护网、站台门等；

(五)擅自操作有警示标志的按钮和开关装置，在非紧急状态下动用紧急或者安全装置；

(六)在城市轨道交通车站出入口 5 米范围内停放车辆、乱设摊点等，妨碍乘客通行和救援疏散；

(七)在通风口、车站出入口 50 米范围内存放有毒、有害、易燃、易爆、放射性和腐蚀性等物品；

(八)在出入口、通风亭、变电站、冷却塔周边躺卧、留宿、堆放和晾晒物品；

(九)在地面或者高架线路两侧各 100 米范围内升放风筝、气球等低空漂浮物体和无人机等低空飞行器。

第三十五条　在城市轨道交通车站、车厢、隧道、站前广场等范围内设置广告、商业设施的，不得影响正常运营，不得影响导向、提示、警示、运营服务等标识识别、设施设备使用和检修，不得挤占出入口、通道、应急疏散设施空间和防火间距。

城市轨道交通车站站台、站厅层不应设置妨碍安全疏散的非运营设施。

第三十六条　禁止乘客携带有毒、有害、易燃、易爆、放射性、腐蚀性以及其他可能危及人身和财产安全的危险物品进站、乘车。运营单位应当按规定在车站醒目位置公示城市轨道交通禁止、限制携带物品目录。

第三十七条　各级城市轨道交通运营主管部门应当按照职责监督指导运营单位开展反恐防范、安检、治安防范和消防安全管理相关工作。

鼓励推广应用安检新技术、新产品，推动实行安检新模式，提高安检质量和效率。

第三十八条　交通运输部应当建立城市轨道交通重点岗位从业人员不良记录和乘客违法违规行为信息库，并按照规定将有关信用信息及时纳入交通运输和相关统一信用信息共享平台。

第三十九条　鼓励经常乘坐城市轨道交通的乘客担任志愿者，及时报告城市轨道交通运营安全问题和隐患，检举揭发危害城市轨道交通运营安全的违法违规行为。运营单位应当对志愿者开展培训。

第五章　应急处置

第四十条　城市轨道交通所在地城市及以上地方各级人民政府应当建立运营突发事件处置工作机制，明确相关部门和单位的职责分工、工作机制和处置要求，制定完善运营突发事件应急预案。

运营单位应当按照有关法规要求建立运营突发事件应急预案体系，制定综合应急预案、专项应急预案和现场处置方案。运营单位应当组织专家对专项应急预案进行评审。

因地震、洪涝、气象灾害等自然灾害和恐怖袭击、刑事案件等社会安全事件以及其他因素影响或者可能影响城市轨道交通正常运营时，参照运营突发事件应急预案做好监测预警、信息报告、应急响应、后期处置等相关应对工作。

第四十一条　运营单位应当储备必要的应急物资，配备专业应急救援装备，建立应急救援队伍，配齐应急人员，完善应急值守和报告制度，加强应急培训，提高应急救援能力。

第四十二条 城市轨道交通运营主管部门应当按照有关法规要求，在城市人民政府领导下会同有关部门定期组织开展联动应急演练。

运营单位应当定期组织运营突发事件应急演练，其中综合应急预案演练和专项应急预案演练每半年至少组织一次。现场处置方案演练应当纳入日常工作，开展常态化演练。运营单位应当组织社会公众参与应急演练，引导社会公众正确应对突发事件。

第四十三条 运营单位应当在城市轨道交通车站、车辆、地面和高架线路等区域的醒目位置设置安全警示标志，按照规定在车站、车辆配备灭火器、报警装置和必要的救生器材，并确保能够正常使用。

第四十四条 城市轨道交通运营突发事件发生后，运营单位应当按照有关规定及时启动相应应急预案。运营单位应当充分发挥志愿者在突发事件应急处置中的作用，提高乘客自救互救能力。

现场工作人员应当按照各自岗位职责要求开展现场处置，通过广播系统、乘客信息系统和人工指引等方式，引导乘客快速疏散。

第四十五条 运营单位应当加强城市轨道交通客流监测。可能发生大客流时，应当按照预案要求及时增加运力进行疏导；大客流可能影响运营安全时，运营单位可以采取限流、封站、甩站等措施。

因运营突发事件、自然灾害、社会安全事件以及其他原因危及运营安全时，运营单位可以暂停部分区段或者全线网的运营，根据需要及时启动相应应急保障预案，做好客流疏导和现场秩序维护，并报告城市轨道交通运营主管部门。

运营单位采取限流、甩站、封站、暂停运营措施应当及时告知公众，其中封站、暂停运营措施还应当向城市轨道交通运营主管部门报告。

第四十六条 城市轨道交通运营主管部门和运营单位应当建立城市轨道交通运营安全重大故障和事故报送制度。

城市轨道交通运营主管部门和运营单位应当定期组织对重大故障和事故原因进行分析，不断完善城市轨道交通运营安全管理制度以及安全防范和应急处置措施。

第四十七条 城市轨道交通运营主管部门和运营单位应当加强舆论引导，宣传文明出行、安全乘车理念和突发事件应对知识，培养公众安全防范意识，引导理性应对突发事件。

第六章 法律责任

第四十八条 违反本规定第十条、第十一条，城市轨道交通工程项目(含甩项工程)未经安全评估投入运营的，由城市轨道交通运营主管部门责令限期整改，并对运营单位处以2万元以上3万元以下的罚款，同时对其主要负责人处以1万元以下的罚款；有严重安全隐患的，城市轨道交通运营主管部门应当责令暂停运营。

第四十九条 违反本规定，运营单位有下列行为之一的，由城市轨道交通运营主管部门责令限期改正；逾期未改正的，处以5 000元以上3万元以下的罚款，并可对其主要负责人处以1万元以下的罚款：

(一)未全程参与试运行；

(二)未按照相关标准对从业人员进行技能培训教育；

(三)列车驾驶员未按照法律法规的规定取得职业准入资格；

(四)列车驾驶员、行车调度员、行车值班员、信号工、通信工等重点岗位从业人员未经考核上岗；

（五）未按照有关规定完善风险分级管控和隐患排查治理双重预防制度；

（六）未建立风险数据库和隐患排查手册；

（七）未按要求报告运营安全风险隐患整改情况；

（八）未建立设施设备检查、检测评估、养护维修、更新改造制度和技术管理体系；

（九）未对设施设备定期检查、检测评估和及时养护维修、更新改造；

（十）未按照有关规定建立运营突发事件应急预案体系；

（十一）储备的应急物资不满足需要，未配备专业应急救援装备，或者未建立应急救援队伍、配齐应急人员；

（十二）未按时组织运营突发事件应急演练。

第五十条　违反本规定第十八条、第四十六条，运营单位未按照规定上报城市轨道交通运营相关信息或者运营安全重大故障和事故的，由城市轨道交通运营主管部门责令限期改正；逾期未改正的，处以 5000 元以上 3 万元以下的罚款。

第五十一条　违反本规定，运营单位有下列行为之一，由城市轨道交通运营主管部门责令限期改正；逾期未改正的，处以 1 万元以下的罚款：

（一）未向社会公布运营服务质量承诺或者定期报告履行情况；

（二）运行图未报城市轨道交通运营主管部门备案或者调整运行图严重影响服务质量的，未向城市轨道交通运营主管部门说明理由；

（三）未按规定向乘客提供运营服务和安全应急等信息；

（四）未建立投诉受理制度，或者未及时处理乘客投诉并将处理结果告知乘客；

（五）采取的限流、甩站、封站、暂停运营等措施，未及时告知公众或者封站、暂停运营等措施未向城市轨道交通运营主管部门报告。

第五十二条　违反本规定第三十二条，有下列行为之一，由城市轨道交通运营主管部门责令相关责任人和单位限期改正、消除影响；逾期未改正的，可以对个人处以 5000 元以下的罚款，对单位处以 3 万元以下的罚款；造成损失的，依法承担赔偿责任；情节严重构成犯罪的，依法追究刑事责任：

（一）高架线路桥下的空间使用可能危害运营安全的；

（二）地面、高架线路沿线建（构）筑物或者植物妨碍行车瞭望、侵入限界的。

第五十三条　违反本规定第三十三条、第三十四条，运营单位有权予以制止，并由城市轨道交通运营主管部门责令改正，可以对个人处以 5000 元以下的罚款，对单位处以 3 万元以下的罚款；违反治安管理规定的，由公安机关依法处理；构成犯罪的，依法追究刑事责任。

第五十四条　城市轨道交通运营主管部门不履行本规定职责造成严重后果的，或者有其他滥用职权、玩忽职守、徇私舞弊行为的，对负有责任的领导人员和直接责任人员依法给予处分；构成犯罪的，依法追究刑事责任。

第五十五条　地方性法规、地方政府规章对城市轨道交通运营违法行为需要承担的法律责任与本规定有不同规定的，从其规定。

第七章　附　　则

第五十六条　本规定自 2018 年 7 月 1 日起施行。

附录B 城市轨道交通行车组织名词、术语解释

名词、术语	解释说明
行车事故	凡在地铁运营工作中，造成人员伤亡、中断行车、危及运营安全及经济损失等情况的，均构成行车事故
客运列车	客运列车是指以运送乘客为目的而按规定辆数编成的列车，并具备规定的列车标志
其他列车	其他列车是指回空列车、工程列车、救援列车及内燃机车单机、轨道车单机等
冲突	冲突是指列车、机车、车辆相互间或与设备(车库、站台、车挡等)发生冲撞致使列车、机车、车辆、设备等破损
脱轨	脱轨是指列车、机车、车辆、轨道车车轮脱离钢轨轨面(包括脱轨后自行复轨)
中断正线行车	中断正线行车是指不论事故发生在区间还是车站，造成运营线路双线之一不能行车的，即为中断正线行车。中断正线行车时间由事故发生的时间起至实际恢复列车行车条件的时间止。 施工封锁区间发生列车冲突或脱轨等的行车中断时间，自事故发生前原计划开通的时间起计算。 因为中断运营列车出车厂线路的行车中断时间，自原计划运营列车从始发站发车时间起计算
未准备好进路	有下列情况之一的，属于未准备好进路： (1)进路上停有车辆或危及行车的障碍物。 (2)进路上的道岔未扳、错扳、临时扳动或错误转动。 (3)邻线的机车、车辆等越出警冲标
占用区间	有下列情况之一的，属于占用区间： (1)区间已进入列车或已停留或溜入机车等。 (2)封锁的区间(如安排进行施工作业等)。 (3)区间已被列车取得占用的许可
列车冒进信号	有下列情况之一的，属于列车冒进信号： (1)列车前端任何一部分越过进路防护信号机显示的停车信号或规定的手信号显示地点。 (2)停车列车越过信号机或警冲标
错开车门	错开车门是指列车未对好站台开启车门(指列车至少有一个客室门越出站台头端墙或尾端墙并打开的)或开启非站台一侧的车门

（续表）

名词、术语	解释说明
运行途中开门	运行途中开门是指在列车运行过程中，因车门故障、操作失误等原因，客室车门打开
未办或错办行车手续发车	未办或错办行车手续发车是指未与邻站（或相邻闭塞办理站）办理手续或办理手续后的区间，同列车运行的区间不一致
夹人开车	夹人开车是指夹住人体任何部位或随身衣物开车，若未造成人身任何伤害不按事故论
挤岔	挤岔是车轮挤上道岔，使尖轨与基本轨离开或挤坏、挤过
应停列车在站通过	应停列车在站通过是指有关行车人员违反劳动纪律、违反规章制度致使应停列车在站通过
列车分离	列车分离是指编组列车因未确认车的连接状态或车钩作用不良而发生的列车分离（包括车钩缓冲装置破损）
漏乘	漏乘是指司机在列车开车时，未按规定人数出乘。若有同等职务的人员或能胜任现行职务的高职人员顶替出乘将列车正点开出，不按事故论
耽误列车运行	耽误列车运行是指列车在始发站或停车站，因有关行车和维修人员违章作业、违反劳动纪律造成列车晚开或超过运行图规定的停车时间
错误办理行车凭证发车	错误办理行车凭证发车是指与邻站（或相邻闭塞办理站）已办妥站间行发车手续，由于未交、错交、未拿、错拿、漏拿、错填行车凭证，交予司机后，发现凭证的日期、区间、车次错误
调车	调车是指除列车在正线运行、车站（车厂）到发以外的一切机车或列车有目的的移动
轨道巡视员	轨道巡视员是指工建车间专门从事轨道巡视、执行线路出清程序的员工
信号防护员	信号防护员是指在线路现场施工，根据需要设置防护信号的员工
调车员	车场调车作业时由两位司机担任，一名任司机驾驶机车，另一名任调车员指挥调车作业
车长	工程车开行时，由两位司机担任，一名任司机驾驶列车，另一名任车长，指挥列车运行及监视装载货物的安全，推进运行时负责引导瞭望
关门车	关门车是指临时发生空气制动机故障，而关闭截断塞门的车辆
头端	头端是指列车按运行方向停在车站时头部对应的车站站台端
尾端	尾端是指列车按运行方向停在车站时尾部对应的车站站台端
工程领域	将线路某一区间或车场某一区域交由维修部门施工，由施工负责人直接控制确保施工安全的领域
线路出清	线路出清是指线路巡视员巡查完毕或施工完毕时，施工负责人检查所有人员已携带工具及物料撤离行车或转换轨的某段线路，使该段线路可正常行车
辅助线	辅助线是指在正线上与正线连接的渡线、存车线、折返线及联络线

（续表）

名词、术语	解释说明
三、二、一车距离	三、二、一车距离是指调车作业时，距停留车或停车地点的距离
施工、行车通告	汇总一周的施工及工程车开行计划，临时修改规章手册的统稿等，每周出版一期
运营时刻表	运营时刻表是指列车在车站（车场）出发、到达（或通过）及折返时刻的集合
列车运行图	列车运行图，即根据运营时刻表铺画的运行图
推进	推进是指在列车尾部驾驶室操纵列车运行，或救援列车在被救援列车尾部推进运行
退行	在非正常情况下，列车以与原运行方向相反的方向运行为退行，可以推进或牵引运行
反向运行	列车运行进路分为上、下行方向运行，如违反常规运行方向的，则称为反向运行
站间电话联系法	因西门子计算机辅助信号（Siemens computer-aided signaling，SICAS）系统故障，影响范围较小时，采用站间电话联系法组织行车。列车凭调度命令占用区间，司机以RM模式驾驶列车运行。其适用于车场与车站间
电话闭塞法	电话闭塞法是指车场信号联锁设备发生故障或正线与车场的信号联锁发生故障时，车场与正线小行站使用站间行车电话办理电话闭塞手续，列车占用区间线路的行车凭证为路票，车站或车场以地面信号（或引导手信号）接车的一种行车方法
机车	机车是指内燃机车，用来调车和牵引车辆的机车
车辆	车辆是指没有自带动力的车辆，如平板车等
轨道车	轨道车是指有内燃机动力，用来在轨道上施工时，运载工具和施工人员用的车辆
使用车	使用车是指按列车时刻表上线运行的列车
备用车	备用车是指准备上线替换故障列车或需要加开列车时使用的列车
运用车	运用车是使用车和备用车的总称
检修车	在车场内大修、中修、架修各种检修及临修等车辆统称为检修车
值班主任	值班主任是运营控制中心（operational control center，OCC）调度指挥当值负责人，下设行车、电力等调度员
行车调度员	行车调度员是指负责行车指挥工作的专职人员
供电调度员	供电调度员是指负责供电系统的管理和调度的专职人员
维修调度员	维修调度员是指除车辆外的所有设备的维修、检查、施工的组织实施专职人员
值班站长	值班站长是车站当值的负责人，下设行车值班员、客运值班员、站务员等
车站值班员	车站值班员包括车站行车及客运值班员，协助值班站长管理行车及客运工作的人员
站务员	站务员负责车站某一部分的工作，包括售票员、站台服务员、站厅服务员
司机	司机是驾驶列车运行的专职人员，有列车司机、工程车司机
车场轮值工程师	车场轮值工程师在车场 DCC 当值负责车辆的检查维修工作及故障处理

（续表）

名词、术语	解释说明
联锁	联锁是指信号系统中的信号机、道岔和进路之间建立一定的相互制约关系，如进路防护信号机在开放前检查进路空闲、道岔位置正确及敌对进路未建立等。信号机开放后，道岔不能动，这种相互制约的关系称为联锁
引导员（或添乘监控员）	列车发生故障，需要司机在尾部驾驶室驾驶时，引导员（或添乘监控员）在列车前端瞭望进路，监控列车运行速度及运行安全，与司机随时保持联系，控制列车的运行及停车，等等。其由车站值班员或值班站长担任
特殊情况	特殊情况是指信号联锁发生故障，人工排进路组织列车运行的情况，或列车开到区间因故障要退回车站等情况
发车（指示）信号	行车有关人员完成一个工作任务，因距离对方较远给对方显示“好了”信号，说明任务完成；或车站行车人员给司机显示发车信号表示车站已具备发车条件，告知司机可以发车，司机还要根据列车的准备情况决定是否开车。这些所给的信号均称为（发车）指示信号。 工程车在调车作业和在正线上运行时，调车员和车长给司机的信号，或行车有关人员发现安全隐患要求司机立即停车的信号灯均属命令式的信号，司机必须马上执行。因此，不能加“指示”两字

附录C　城市轨道交通信号常见名词术语英(缩略语)中文对照

英文缩略语	中文含义	英文缩略语	中文含义
AC	信标	BTN	轨旁骨干传输网络
ACE	计轴评估器	BHJ	保护继电器
ACS	计轴系统	BUMA	总线控制板
ADM	系统管理器	CA	控制中心自动控制模式、中央自动模式
ADU	特征显示单元	CAN	现场总线
AF	音频	CAZ	冲突防护区域
AM	列车自动运行驾驶	CBN	通信系统
AMU	ATO匹配单元	CBTC	基于通信技术的列车控制系统
AP	接入点、轨旁无线单元	CC	车载控制器
APAM	ATO功率放大模块	CCTE	车载安全计算机
API	应用程序接口	CCTV	闭路电视
APR	绝对位置参考应答器	CD	载频检测模块
AR	自动折返驾驶	CDM	电码检测模块
ARS	列车进路设定	CDTA	中央数据传输系统
AS	管理服务器、接入交换机	CE	控制设备
ASK	数字调幅、幅移键控	CENELEC	欧洲电工标准委员会
A-TAG	无源应答器(信标)	CESB	中央紧急停车按钮
ATC	列车运行自动控制系统	CER	控制室
ATI	列车到达时刻显示器	CG	编码发生器
ATO	列车自动运行	CH	校核信号
ATP	列车自动防护	CI	计算机联锁
ATR	列车自动调整	CLC	线路控制器
ATS	列车自动监控系统	CM	编码人工驾驶模式
AXC	计轴器	COM	通信服务器
B&A	操作和显示	CPISA	通信处理器
BAS	环境与设备监控系统	CPS	条件电源板
BS	骨干交换机	CPU	中央处理单元
B-TAG	有源应答器(信标)	CM	ATC保护下的人工驾驶模式
BTM	应答器车载查询器	CRC	循环冗余校验

（续表）

英文缩略语	中文含义	英文缩略语	中文含义
CRT	阴极射线管显示器	DT	VCC 数据传输
CS	中央服务器	DTC	数字轨道电路
CSD	计算机安全处	DTI	发车计时器、发车时间表示显示器
CSEX	电码系统模拟器扩展	DTM	现场 LDTS 分机
CTC	调度集中	DTS	光纤网、数据传输系统、 光纤通信系统读点
CTS	光数据传输系统	EBR	紧急制动继电器
DB	数据库	EB	紧急制动
DBAU	制动保障单元	ECC	元件接口模块
DBD	定位表示灯	EFAST	列车制动元件接口模块
DBJ	定位表示继电器	EFID	入口馈电设备
DCC	元件接口模块	EMC	电磁兼容
DCJ	道岔定位操纵继电器	EPROM	可擦除可编程序只读存储器
DCS	数据通信系统	ESB	紧急关闭按钮
DCU	数据存储单元	ESS	紧急车站停车系统
DCR	车站综合控制室	ESTT	电子元件接口模块系统
DDS	数字频率合成技术	EU	电子单元
DDU	诊断和数据上载单元、 诊断和数据更新单元	FAS	火灾自动报警系统
DEBHMO	闪光元件接口模块	FBD	道岔反位表示灯
DEM	解调器	FBJ	反位表示继电器
DESIMO	信号机元件接口模块	FCJ	道岔反位操纵继电器
DEWEMO	道岔元件接口模块	FEC	向前纠错
DI	安全型输入、列车发车时刻显示器	FEP	前端处理器
DIOM	离散输入/输出模块	FFT	快速傅里叶变换
DOC	驱动输出模块	FID	馈电设备
DOT	倒换方向	FOTL	光纤传输线
DPU	车辆段程序单元	FSK	数字调频、频移键控
DS	模拟 MMI、演示系统、 数据服务器	FTGS	西门子公司的遥供 无绝缘音频轨道电路
DSP	数字信号处理技术	GO	ATP 速度命令选择和核准电路
DSTT	接口控制模块	HMI	人机界面
DSU	数据存储单元	I/O	输入/输出

（续表）

英文缩略语	中文含义	英文缩略语	中文含义
ICM	输入控制模板、输入模块	MMS	维护管理系统
ICU	区域控制中心、控制单元、计算模块	MODEM	调制解调器
ID	识别、标识	MPM	主处理器模块
IEC	国际电工委员会	MR	车载无线台
IRU	接口继电器单元	MSK	最小移频键控
ISCS	综合监控系统	MSS	最大安全速度、维护支持系统
JTC	无绝缘轨道电路	MT	轨道联锁、城市轨道交通
KOMDA	开关量输出板	MTIB	列车动态初始化定位、校准编码里程计及其轮径值信标
KVM	多计算机切换器	MTO	无人驾驶
LAN	局域网	MUX	多路转换器
LC	车站控制、线路控制器	NDO	非安全数字输出板
LCC	本地控制台	NFS	网络文件系统
LCD	液晶显示器	MC	网络接口卡
LCP	局部控制盘	MSAL	数字集成安全保障逻辑
LDTS	现场数据传输系统	NMS	网络管理系统
LED	发光二极管	NRM	非限制人工驾驶模式
LEU	轨旁电子单元、信号接口	NRZI	不归零倒置
LFU	环路馈送单元	NSS	网络安全支撑系统
LISTE	信号机元件接口模块	NVI	非安全型输入
LIU	环线调谐单元	NVLE	非安全逻辑模拟器工作站
LMA	移动授权权限	NVO	非安全型输出
LMM	环路调制解调器模块	OBE	车载设备
LOM	逻辑输出模块	OBRU	车载无线单元
LOW	现场操作工作站	OCC	控制中心
LPU	车站程序单元	OCM	输出控制模板、输出模块
LZB	连续式列车自动控制系统	ODI	操作/显示接口
MCU	微控制器单元	OLM	通信模块、光连接模块
MD	调制检测模块	OLP	光连接插头
MELDE	开关量输入板	OPG	速度脉冲发生器
MI	联锁单元	OVW	全线表示盘子系统
MMI	人机界面	PAC	环路调制解调器

（续表）

英文缩略语	中文含义	英文缩略语	中文含义
PAL	逻辑处理模块	RMO	限速模式
PAS	乘客广播系统	ROM	只读存储器
PB	停车制动	RTOS	实时操作系统
PC	道岔控制	RTU	车站远程终端单元
PCB	控制器、印制电路板	RX	接收器
PCU	过程耦合单元、协议转换单元	SAP	服务接入点
PCM	脉冲编码调制	SB	脚踏闸
PD	多项式除法器	SBO	安全型单断输出
PEP	站台紧急按钮	SC	运行图编缉子系统
PF	工频	SCADA	电力监控系统
PI	站台显示器	SCC	车站控制计算机、串行通信控制器板
PID	乘客导向系统	SCEG	车站控制器紧急通路
PIIS	乘客信息显示器、乘客导向系统、乘客导向显示牌	SCI	计算机联锁
PIS	乘客导向系统	SCR	车站控制室
PM	道岔转辙机	S&D	服务和诊断、检修和诊断
PROFIBUS	过程现场总线	SD	安全装置
PROM	可编程计数器	SDH	同步数字体系
PSBD	有源信标	SDM	联锁系统维护工作站
PSD	站台屏蔽门	SER	信号设备室
PSU	电源单元	SICAS	西门子计算机辅助信号系统
PTI	列车识别系统	SIL	安全完整度等级
PVID	永久性车辆标识	SIOM	串行输入/输出模块
PWD	梯形波调幅	SIR	安全联锁继电器
RAMS	安全性	SISIG	熔断器板
RB	重定位信标	SIWE	熔断器板
RC	进路控制	SJC	同步环线盒
RCC	远程通信控制器	SLM	速度和位置模块
RCM	远程通信控制模块	SM	列车自动防护驾驶、系统维护台、系统维护模块
RM	受限制的人工驾驶	SM ATP	监督人工驾驶(模式)

（续表）

英文缩略语	中文含义	英文缩略语	中文含义
SMC	系统管理中心	TTE	时刻表编辑器
SNOOPER	列车和事件监控器	TTF	时刻表
SO	维护操作台	TU	调谐单元、轨道电路控制单元、通信板、列车单元
S-PC	模拟 PC	TVP	轨道空闲处理
SPDT	瞬间接触开关	TWC	车地通信
SQL	结构化查询语言	TX	发送器
SRS	运行图、时刻表调整服务器	URM	不受限制的人工驾驶
STA	天线	VAS	车辆报告系统
STC	车站控制器	VCC	车辆控制中心
STEKOP	现场接口计算机	VCS	车辆通信系统
STIB	有源信标，又称静态列车初始化信标	VDI	安全数字输入板
STS	厂家测试成套设备	VDO	安全数字输出板
SYN	同步环线	VEENUS	处理器板中断板
TAC	测速电机处理模块	VESUV	同步比较板
TC	轨道区段、轨道电路、报文切换	VHM	车况监视器
TCC	轨道交通指挥中心	VICOS	车辆和基础设施操作控制系统
TCM	轨道编码模块	VLAN	虚拟以太网
TCP/IP	运输控制协议/国际协议	VOBC	车载计算机、车载控制设备
TD	列车位置检测	VPI	安全型计算机联锁
TDB	线路数据库	VRD	安全型继电器驱动器
TDT	列车发车计时器、列车出发计时显示器	VSC	安全型串行控制器
TID	列车输入数据模块	WEE-Z BOND	阻抗连接器
TM	室内控制柜	WCC	轨旁通信控制器
TMT	列车监督和追踪	WE	轨旁设备
TOD	司机显示盘、列车输出数据模块	WESTE	道岔电子接口模块
TRC	列车进路计算机	WKS	调度工作站
TS	目标速度	WLAN	无线局域网

（续表）

英文缩略语	中文含义	英文缩略语	中文含义
WRF	宽带无线通信	SSSS	本地联锁
WSL	西屋信号有限公司	ZVR	零速继电器
ZC	区域控制器		

参考文献

[1] 牛红霞.城市轨道交通概论[M].2版.北京:化学工业出版社,2016.

[2] 李俊辉,郭英明.城市轨道交通行车组织[M].成都:西南交通大学出版社,2015.

[3] 于存涛,汤明清.城市轨道交通行车组织[M].北京:北京交通大学出版社,2015.

[4] 李志成,李宇辉.城市轨道交通行车组织[M].合肥:中国科学技术大学出版社,2014.

[5] 赵海静,纪娜.城市轨道交通行车组织[M].北京:机械工业出版社,2014.

[6] 余振,欧志新.城市轨道交通概论[M].成都:西南交通大学出版社,2014.

[7] 裴瑞江.城市轨道交通客运服务[M].北京:机械工业出版社,2014.

[8] 史小薇,刘炜.城市轨道交通行车组织[M].重庆:重庆大学出版社,2013.

[9] 何霖.城市轨道交通运营筹备与组织[M].2版.北京:中国劳动社会保障出版社,2013.